公務倫理的後設分析
——現代與後現代思維

許立一　著

自序

　　綜觀20世紀公共行政發展，因為其學術發展取向價值中立的科學化，導致本質上充滿價值辯證的公務倫理此一學科發展受到頗大限制。所幸上個世紀70年代以後，由於新公共行政學派（The School of New Public Administration）的倡議，加上迄今三次敏諾布魯克會議（Minnow-brook Conference）的舉行，使得公共行政學術不再侷限於如何達成「善治」（good governance）的技術性思維，而是重新正視何謂善治此種價值課題，本書便蘊含了濃厚的價值辯證題材。

　　在本書當中，作者所謂公務倫理意指「公共服務的倫理」（the Ethics of Public Service），所以本書採取的是較為廣義和宏觀的視野，並不限於傳統上所謂行政組織成員倫理行為的範疇，而是將觀點延伸至行政組織外部以及政策倫理的層次。抑有進者，本書的重點在於探討公務倫理形而上層次的課題，故稱為後設分析（meta-analysis）。作者先從作為倫理依據的道德論述著手，探討不同的道德論述對於公務倫理思維的影響，進而再剖析這些不同取向的公務倫理思維在公共行政實務的體現及其背後的哲學意涵。隨後，將先前的探討導入更為寬廣的文化意識型態系絡中，闡述公務倫理的現代主義色彩，進而呈現後現代主義的挑戰及其帶來的啟發。然後，作者提出全觀視野的公務倫理理念以及揉合後現代思維的公共利益觀點。於是在此架構下，本書理解的公務倫理意涵，並不侷限於公務組織成員行為之適當性此類課題，而是著眼於何謂善治之上。也因此，本書並非教科書，而是一種具備特定價值取向的專論，較為適合碩士

生乃至博士生閱讀。

　　藉本書付梓撰述自序之機會，特向曾經在公務倫理相關領域啓發作者良多的恩師們致上最崇高的敬意，他們是陳德禹教授、彭文賢教授、林鍾沂教授、吳瓊恩教授、蕭武桐教授以及顧慕晴教授，沒有老師們的諄諄教誨與思想傳授，絕對不會有本書的成作。其次，向鼎力協助作者校對書稿的好友劉嘉慈與彭素秋二位女士，致上萬分謝忱！最後，作者謹將本書敬獻給家嚴許澤郎先生以及家慈許吳秀霞女士，感謝他們二老給了我正確的人生價值觀。

　　雖然作者欲求周全，本書當仍有未盡之處，尚祈各界方家不吝斧正。作者必自勉精益求精，未來改版時修正訛誤，引介更多素材，俾供讀者更豐富的閱讀材料。

於台北・士林

2014/05/15

前言

　　這一本書探討的是有關於現代公務倫理的內涵以及對這些內涵背後哲學的分析。而更重要的是，透過後現代主義對現代主義的解構來理解倫理的公共行政與治理或可以從不同的角度予以建構。前一段文字中有幾個關鍵概念是作者特別要加以引伸，以闡明本書寫作的立場。第一，「倫理的」公共行政與治理意味著，作者認為，公共行政與治理應該具備倫理內涵，而且其倫理內涵必須以道德為指引，否則很可能會出現符合行政倫理卻喪失道德基礎的窘境。歷史上諸多慘絕人寰的暴政執行者，其作為堪稱符合行政倫理但卻完全違背道德，便是肇因於此。例如，納粹主義的信仰者，為了落實希特勒的種族淨化運動，忠誠地執行屠殺猶太人的上級指令，便是此類具體劣跡。然而，如果從後現代主義的解構角度觀之，作為現代公務倫理基礎之西方啟蒙運動興起的道德哲學，其以理性主義為核心，這種「被給定」的理性意涵，卻是值得被批判和反思的對象！遵循後現代的思維，整個現代公務倫理體系是不是就可以徹底加以顛覆而棄之如敝屣呢？作者的答案當然不是！因此，要再說明的另一個概念為：第二，解構是為了建構，而且建構也不一定要將解構觀點照單全收，此點所要澄清的是作者並非後現代主義的「信仰」者，只是認為後現代主義某些觀點可以對當代公務倫理思維有某種程度的啟發作用。亦即，如果一味接納後現代主義對理性的顛覆，則公共行政與治理根本就不可欲！因為行政和治理本身就是理性，但在本書中，作者想要指出的是，我們可以嘗試讓這種理性多一些人味。事實上，理性本來就是人性的一環，只是當我們習慣於現代科學對宇宙的原子論觀點後，以為人的社會也可以用原子論加以理

解，人性當中感性與理性的交互作用被視而不見，因而現代的理性完全淪於一種機械式的理性。這種理性以組合與計算被呈現出來，並且視之為理性的全貌。作者以為，此種機械式的理性才是後現代主義論者所要加以批判的對象，也因此作者在介紹後現代主義時，乃是從它對結構主義的解構著手談起。是以，若採此一角度觀之，我們似乎可以發現後現代主義論者所談論的內容似乎是一種「頗富人味的理性」。例如他們主張對差異的尊重，莫不是正蘊含著一種對那些被主流社會和文化邊緣化之人們悲天憫人的胸懷？此種立場，似乎正是倫理的公共行政與治理應該要特別留意的重點之一。

綜上所述，本書對公務倫理進行後設分析時，必然地涉及四個層面：第一，我們對身處世界的觀點—本體論；第二，基於我們對世界的觀點所產生的認知—認識論；第三，對於我們置身於世界的地位和能耐之看法—人性論；以及第四、我們對所身處之世界取得瞭解所採用的路線和工具—方法論。在本書鋪陳的順序方面，首先闡述現代公務倫理體系的道德哲學基礎；其次分析此些道德哲學在公務倫理的體現；然後析論現代公務倫理思維的現代主義內涵；最後呈現後現代社會情境與後現代主義帶來的挑戰和啟發；在結尾的部分，嘗試性地提出整合性的觀點，作者以為，它是一個起點 —— 發展倫理的公共行政與治理的另一個起點。

目錄
CONTENTS

第一章
關於人性的道德哲學：
直觀論與德性論

　　本章將引介二種關於人性的道德哲學並探討其對公務倫理的意義與影響。所謂關於人性的道德哲學，意指道德哲學的論述內涵與焦點在於人性中是否具備道德本質。此種道德哲學的代表觀點有直觀論（intuition-ism）與德性論（virtue theory），而且此二種觀點將做為本書後續從倫理角度探討與建構公共行政人員人性論的哲學基礎。

第一節　直觀論及其對公務倫理的意義

一、直觀論的內涵

　　直觀論又可譯爲直覺論。此派觀點相信人擁有一種與生俱來的能力或直覺，根據此種能力，人可以辨別行動之中的道德性，亦即直觀論的支持者相信人天生的道德意識（moral sense）（或稱道德感）（Garofalo & Geuras, 1999: 58）。所以，直觀論主張，人負有根本性的（fundamen-tal）或非衍生性的（underivative）的道德責任，意即人們的道德責任（moral duties）不是根據或是來自任何理論。相反地，當我們反思我們的道德經驗時，我們自然而然會覺得自己有義務遵守道德，例如我們會覺得自己有義務遵守如後的道德原則：信守諾言、不傷害他人、改正自己所犯的錯誤等。直觀論相信，如果我們反問自己爲什麼會知道這些道德原則，那麼答案將是這些道德原則是「自我證成的」（self-evident），也就是人的直觀使然（McNaughton, 2000: 269-270）。此即此派道德哲學名爲直觀論的緣由。

　　20世紀直觀論的代表人物英國哲學家穆爾（George E. Moore）就曾以人類對顏色的知覺比喻此一道德意識爲先天的、與生俱來的性質。穆爾主張，道德意識就像人對顏色的知覺一樣，例如人對黃色的認知，不需要經過科學的分析和研判，也不必事先學習黃色是由何種波長的光所組成，

而且根本不必去為黃色下任何的定義，只要人們看到黃色，就知道它是黃色。換言之，欲觀察黃色所需要的是（先天的）知覺而不是（後天建構的）理論（Moore, 1996: 74; Garofalo & Geuras, 1999: 58）。

此外，學者羅司（William D. Ross）曾列舉數種根本性的、非衍生性的道德責任，對於理解直觀論的道德內涵頗有助益、值得參考，茲將其扼要臚列如下（Ross, 1930: 21; McNaughton, 2000: 275）：

第一，針對自己先前行動所需負的責任，可分為如後兩類──

1. 忠貞的責任（duties of fidelity），此乃針對自己所做之承諾或某些與承諾類似的行動的義務。

2. 改過的責任（duties of reparation），此乃針對自己所犯之過錯所需負的改正義務。

第二，針對他人先前行動所需付的責任，此即感恩的責任（duties of gratitude）；對那些曾經幫助過自己的人表達謝意或予以回報。

第三，遏止那些不是根據個人功過善惡所引發的利益或損失，此即正義的責任（duties of justice）。

第四，改善他人處境的責任，此即慈悲的責任（duties of beneficence）。

第五，改善自己處境的責任，此即自我提昇的責任（duties of self-improvement）。

第六，不傷害他人的責任，此即諸惡莫作的責任（duties of non-maleficence）。

以上所列的各種道德責任，基本上都是一些初始狀態的根本原則，但在實際的生活經驗當中，這些道德責任經常以高度複雜的方式相互結合。

舉例言之，羅司就指出，人們遵守國家法律可能來自於三個根本性的道德原則的結合：感恩、忠貞、和慈悲。申言之，我們之所以認為應該遵守法律，乃是因為我們感謝國家對我們的栽培養育之恩—感恩之責，於是我們深信不疑地承諾於我們賴以生存的法律—忠貞之責，並且因為遵守法律可以讓社會變得更好—慈善之責，所以我們自覺應該對之奉行不渝（Ross, 1930: 54-55; McNaughton, 2000: 275）。

二、對直觀論的評述

　　直觀論相信人的道德判斷力是一種與生俱來的能力，人先天上就能夠辨別最基本的是非善惡，不需要憑藉任何道德理論，此一對於人性肯定的立場值得正視，它使得內省倫理的建構獲得哲學基礎。其次，在實際的生活經驗當中，道德意識的確經常是憑藉個人主觀知覺、領悟、以及體驗，道德的行動也經常是存在於實踐活動的當下，而難以用概念性的文字加以捕捉，因而更無法以抽象的理論予以系統化地呈現。所以，當論者批判直觀論缺乏系統化的理論以及無法對人為何擁有先天的道德意識提出合理解釋時，此派支持者通常以上述的理由為己辯護（cf. McNaughton, 2000: 271-272）。而直觀論的主張和辯護的確也有其一定的說服力，對公務倫理的思維、知識建構與行動而言，直觀論仍具極大參考價值。

　　不過，直觀論所存在的問題，亦值得認真思考，茲扼要闡述如下（Garofalo & Geuras, 1999: 59）：

　　第一，難以提供統一的道德標準。人們道德意識的差異似乎是直觀論無法解決的難題，尤其是面對高度爭議的道德議題，例如墮胎、死刑、安樂死等，不同的人可能抱持著全然不同的道德意識，而作為一種道德理論，直觀論顯然難以為此提供判斷標準。

　　第二，對攸關道德的議題有所共識並不意味它就是道德。意即，即便所有人對於所有道德議題都有共識，也僅是意味著人們對於何謂道德有一

致看法，並不代表它就是正確的事。舉例言之，某個社會中人們普遍接受
奴隸制度或種族沙文主義，並不意味奴隸制度或是種族沙文主義就必然為
合乎道德。換言之，直觀論無法提供一項道德原則何以值得信賴而可以視
為「道德」的合理解釋。亦即某些論者主張，道德理論必須提供理由而不
只是感覺或知覺，此種理論才能夠做為道德行動的依據，此正是直觀論所
欠缺的特質。

綜合而言，論者認為直觀論做為一種道德理論，其顯然未能具備以下
所列的四項特質或功能（McNaughton, 2000: 270-271）：

第一，呈現系統化的道德思想結構；

第二，為人們在道德衝突中指引解決之道；

第三，為道德知識提供合理的論述基礎；

第四，為某種行動是否合乎道德提供理由。

三、直觀論對公務倫理的意義與啓發

雖然某些論者認為，直觀論做為一種道德的理論有其限制，像是：
缺乏有系統的理論架構、未能提供關於道德知識合理的論述基礎、以及
無法為某種行動何以合乎道德做出解釋等（cf. McNaughton, 2000: 270-
271）。但是直觀論對於公務倫理仍有其意義，稍後本書探討人性論的課
題時，便是以此觀點做為哲學基礎之一，意即相信人性之中可以具備某種
程度的道德品質。直觀論結合本章稍後將會引介之德性論，使得人以其道
德本質做出道德行為而始有可能。於此處，作者先扼要歸納直觀論對公務
倫理的意義與啓發如下。

（一）肯定公共行政人員的道德反省能力

申言之，如果我們將人「為何」擁有與生俱來的道德意識？或者道

德意識是否眞爲「與生俱來」？此二個哲學上的難題存而不論，但相信人確實可能擁有道德意識，而此一道德意識其實也就是人們慣言之「良知」（conscience），則直觀論對於公務倫理的意義就是，假定公共行政人員從事公務作爲時，會有如下思維過程（Geuras & Garofalo, 2005: 61; 93）：

我的良知對於此一公務作爲（事件）看法是什麼？
我對此一行動（事件）的感覺好嗎？

直觀論相信人擁有道德意識，人們在行動時會受道德意識的影響（只是事實證明道德意識對行動的影響程度可能因人而異）。依此命題推論，則公共行政人員擁有道德意識，其公務行動必受道德意識影響，因而會有上述思維過程。換言之，直觀論相信人在行動時必有道德知覺過程，此一命題對於公務倫理的意義在於，公共行政人員具有道德反省能力。

（二）公共行政人員道德反省能力具有可塑性

誠如前述，直觀論相信人擁有先天道德意識，但懷疑此派的觀點則認爲直觀論無法爲先天的道德意識提供有系化的與合理的論述，然而作者卻認爲，如果我們先將道德意識究竟是否爲與生俱來的一種直觀能力存而不論，單就肯定人可以擁有道德意識（也就是所謂良知）做爲起點的話，那麼直觀論對於公共倫理的第二層意義就是：公共行政人員道德反省能力具有可塑性。此可分以下三個層面析論之。

第一，經由後天的途徑可以培育公共行政人員的道德意識：即便持反對立場者對於道德意識是否與生俱來有所質疑，我們也可經由後天的教育和訓練建構道德意識（道德直觀），此也意謂公共行政人員可以經由適當的倫理教育和訓練途徑，培育其對於公務作爲的道德判斷能力與倫理的行動能力。

第二，經由後天的途徑可以建構公共行政人員系統化與一致性的道德

意識：誠如反對者所言，直觀式的道德判斷可能導致每一個個體對於何謂是非對錯的認定標準不一，經由適當的教育和訓練以建構公務倫理的系統性與一致性更有其必要性。

第三，經由後天的途徑可以增強公共行政人員的道德意識：直觀論者羅司指出人擁有六種範疇（7項）的道德意識，姑且不論此些道德意識或道德責任是否為先天的直觀，忠貞、改過、感恩、正義、慈悲、自我提昇、諸惡莫作總是人們公認的美德。人們既然相信世界上存在著某些根本性的道德責任，因此經由適當的知識建構與教育訓練等後天途徑，將有助於這些根本性的道德責任轉化成為公務倫理的一部分，進而透過教育訓練亦可強化或喚醒公共行政人員本來就擁有的道德意識（可能來自於先天的直觀或後天的社會化教育）。

歸納言之，直觀論肯定人具有善性，進而讓孕育或彰顯人的道德反省能力成為一種可欲的課題。是以，此派觀點不啻是給予了以教育訓練途徑培養公共行政人員道德意識（道德直觀）的公務倫理建構取向一個很好的論述起點。

第二節　德性論及其對公務倫理的意義

一、德性論的內涵

簡單地說，所謂德性即美德的人格特性（character traits）。而所謂德性論的倫理學就是主張，人的倫理行動根源於人內在所具有的某些良善人格特質，意即這些人格特質是一種善性可以產生善行，即一般所稱之「美德」（virtues）。職此之故，德性論對於公務倫理而言，其意義在於相信道德是公共行政人員人格特質的一環，因此探討公共行政人員的美德（或道德人格特質）以及這些美德如何促成公共價值就是公務倫理的主

要內涵。

　　由於德性論重視的是人格特質，因此其倫理學的建構始於「全人」（whole person）的概念。全人的觀念源自古希臘哲學家的思想，其最簡單的定義就是，一個人必須兼具三種涵養——真、善、美，亦即具備真善美三種涵養之人，才算是一個「完整的」人，所以稱為全人。全人是完全符合倫理要求的人，也就是道德無暇、品格無缺而臻於完美之人，所以倫理學的建構應該在彰顯和發掘人的美德與良善的人格特質。透過倫理學的薰陶和啓迪（不論是喚醒人的道德天性還是促使人的美德獲得孕育也好）讓人皆能成為全人，是以德性論者並不認為倫理學的建構應該斤斤計較於行動的細節之上。

　　抑有進者，德性論主張一種行動之所以能夠被視為善，乃是根據「該行動所能證成的良善人格特質或美德」。舉例言之，將一個小孩從火場中救出是一種善行，因為此一行動證成了勇敢；捐款給貧窮的人是一種善行，因為此一行動證成了慷慨；到銀行提取存款，將櫃員點鈔時不愼多給的金額返還銀行是一種善行，因為此一行動證成了誠實。反之，違背倫理的行動，諸如逃漏稅或是用餐後總讓別人收拾餐桌等，乃是因為這些行動證成了不良的人格特質（Geuras & Garofalo, 2005: 59）。

　　德性論的內涵深受到古代希臘哲學家亞里斯多德（Aristotle）之思想影響。整體而言，亞里斯多德的觀點截然不同於從Augustine（奧古斯汀）[1]以降居於西方主流的倫理思想—善惡二元論（dualism）[2]（Geuras

---

[1]　聖奧古斯丁（Aurelius Augustinus），亦作希坡的奧古斯丁（Augustinus Hipponensis），天主教譯名為「聖思定」、「聖奧斯定」。生於西元354年11月13日，卒於430年8月28日。著名的神學家、哲學家。在羅馬天主教系統，他被封為聖人和聖師，並且是奧斯定會的發起人。他的著作《懺悔錄》被稱為西方歷史上第一部自傳，至今仍被傳誦。

[2]　二元論原是本體論（ontology）的一支，而所謂本體論旨在探討宇宙的組成，因此本體論的二元論意指宇宙由兩種不可缺少且獨立的元素組成，至於是哪兩種元素，則不同的學說不盡相同。二元論在不同的領域有不同的哲學發展，如笛卡兒（Rene Descartes，1596－

& Garofalo, 1999: 84）。所謂西方的善惡二元論源自基督教，善惡二元論者認為世界由兩種力量統治：善與惡。善是精神、靈魂，惡是物質、肉體，這兩種力量相互對抗，共同支配世界。在激進的二元論者如摩尼教眼中，善的力量與惡的力量相等，並且分別是兩個上帝，一個為善的上帝，一個為惡的上帝。而此二個上帝亦可以理解為：一個是新約聖經的上帝，一個是舊約聖經的上帝，祂們地位相等。而溫和二元論者則是認為，善的力量與惡的力量並不相等，因此只有一個上帝，即善的力量。惡的力量則是地位比上帝低、力量也次於上帝的路西法（Lucifer）[3]。人類也被這兩種力量所支配——善的靈魂，惡的肉體，靈魂藏在肉體之中。如果惡屬性的肉體在較量中佔優勢，那麼這個人就會被肉慾所支配，變成「惡」的人。如果善屬性的靈魂佔優勢，那麼這個人就會成為「善」的人，即是上帝的子民[4]。倫理學的二元論根源於上述基督教論述，而其主要觀點扼要言之，就是在倫理度量衡中，一個行動非善即惡、非黑即白。

不同於上述二元論的看法，亞里斯多德曾具體指出各種美德，諸如勇敢、誠實、慷慨等，就他的觀察，所有這些值得稱頌的行動都是位居兩種極端特質的中間，例如勇敢位於懦弱和魯莽二者中間；誠實位於欺騙和

1650）的精神與物質二元論（心物二元論），或如祆教（Zoroastrianism，又稱拜火教）的善惡、光明黑暗二元論，又如摩尼教的上帝與魔鬼二元論，甚至是中國的陰陽（太極），皆為二元論。歸納言之，不管在何種領域，二元論的哲學就是主張只有兩種主要元素構成一切，除此二種元素之外容不下第三種可能性。因此二元論意味著沒有所謂中間地帶或是灰色地帶的存在，所以又可以稱為「兩極論」。

[3] 根據基督教的觀點，路西法曾經是天堂中地位最高的天使（熾天使），在未墮落前任六翼熾天使長的職務，被允許陪侍於神的右側，是深受信賴的天使。他光輝耀眼，擁有凌駕周圍天使的美與勇氣，不但有六對羽翼，更擁有上帝6/7的力量。路西法極端驕傲和自信祂可以推翻上帝。不過，路西法和祂的軍隊都失敗了，因而被放逐並失去了過去所擁有的榮耀。後來，路西法在地獄重新建立了一個類似天堂的新世界，在那裡祂成為了魔王——撒但，而跟隨祂的墮落天使們則成為惡魔（demon）。上述資料引用參考網頁：http://iyaa.pixnet.net/blog/post/9251657。檢索日期：2012/03/28。

[4] 引用參考網頁：http://zh.wikipedia.org/wiki/%E4%BA%8C%E5%85%83%E8%AB%96。檢索日期：2012/03/28。

憨直二者中間；慷慨位於吝嗇和揮霍中間。所以他稱這些美德為處事中庸的行動方針，或稱之為「中庸之道」（golden mean）（Aristotle, 1980: 45-46）。從上述得知，由於亞里斯多德所主張的德行都是位居兩種惡行的中間，因此倫理的度量衡就不僅是侷限在二個元素而已，所以他的道德哲學被視為非二元論。雖然亞里斯多德的道德哲學並非二元論，而且對於德性論的影響很大，但並非所有德性論者都採取亞里斯多德的中庸道德觀。例如當代德性論者富特（Phillipa Foot）（1959）就主張，道德的人格特質是就像是人體的組成部分——眼、耳、口、鼻、手、腳等器官一樣，人不能喪失美德就好像不能失去手腳一般。所以Foot並不和亞里斯多德一樣地將處事中庸視作美德的基礎，而是將美德視作人類的天性（Geuras & Garofalo, 1999: 84-85）。

至於，人格特性中有哪些美德？學者平可夫（Edmund L. Pincoffs）認為，美德可以區分為工具性與非工具性兩大範疇，下文扼要臚列敘述之（Pincoffs, 1986: 83-89）。

工具美德（instrumental virtues）意指可以促成某種結果或達成某種目的的美德，意即此種範疇的美德是指向外在的特定目標，其又可區分為：

第一，個體施為者的工具美德（agent instrumental virtues）——如堅毅、勇敢、機警、謹慎、聰敏（點子多）、精明、精力旺盛、抗壓性強、冷靜、果決。

第二，團體性的工具美德（group instrumental virtues）——如合群以及一些領導者與被領導者所必須具備的實務智慧。

其次，非工具美德（noninstrumental virtues）意指與特定結果和目的無關之美德，亦即此類美德都是指向人類自身，也可以說就是口語中通常所稱的涵（修）養，其又可區分為：

第一，美學性的美德（aesthetic virtues），具備此種美德使人成為完美典範，其又可細分成崇高的美德（noble virtues）和魅力的美德（charming virtues）二類──(1)崇高的美德包含尊嚴、氣魄、雅量、雍容、高尚；(2)魅力的美德則包含優雅、詼諧、活潑、創意、風趣、朝氣。

第二，增益性的美德（meliorating virtues），此種美德的性質位居工具和非工具美德之間，而其被歸類為非工具美德的原因在於它們對人類共同生活有益而非侷限於個體的成功。增益性的美德可細分為調和的美德（mediating virtues）、性情的美德（temperamental virtues）、正式的美德（formal virtues）三類──(1)調和的美德包括容忍、理智、圓融；(2)性情的美德包括溫文儒雅、幽默、和藹、開朗、親切、寬容、開明、溫和、忍讓、和善；(3)正式的美德包括彬彬有禮、舉止端莊、自制、熱誠、謙遜。

第三，道德性的美德（moral virtues），可以細分為必要的美德（mandatory virtues）和非必要的美德（nonmandatory virtues）二類──(1)必要的美德包括誠實、誠懇、實在、忠誠、言行一致、可以信賴、可以依靠、值得信任、不莽撞、不記仇、不盲從；(2)非必要的美德包括仁慈、利他、無私、善體人意、寬恕、助人、同理心等。

以上關於美德的分類畢竟為一家之言，其中有些概念意涵不見得可以釐定清楚和完全切割，在分類上也未能達到充分互斥[5]的效果，例如「雅量」被歸類為美學性的美德，而增益性的美德中另有一項美德為「寬容」，究竟雅量和寬容有何差異？此在概念的界定上，學者平可夫並未明確釐清。如果就語言的習慣用法而言，其二者其實很難精確區分，於是兩個相似的概念被歸納成不同的類別，使得平可夫所做的分類呈現某種程度

5　所謂互斥意指類別之間完全無關連性，即所謂涇渭分明之意。也就是某一個概念既然因其屬性和特質被歸為A類就不得再有被歸為B類的可能性。

的問題。不過，他的歸納畢竟將美德的內涵做了頗為完整的介紹，具有參考價值，故予以引介以協助讀者理解美德的內涵。

以下茲將平可夫所歸納之各種美德繪成圖1-1以利讀者參閱。

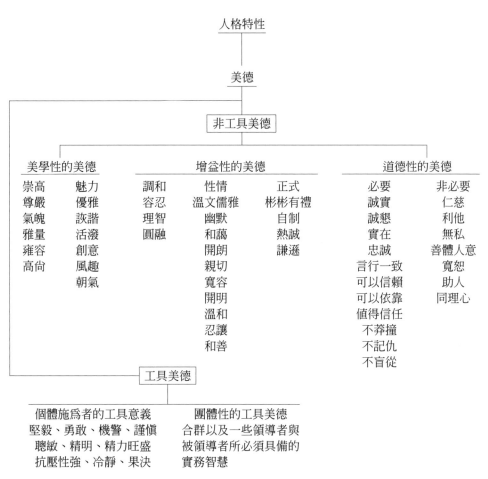

圖1-1　美德的分類

資料來源：Pincoffs, 1986: 85。

二、對德性論的評述

一如其他道德哲學，德性論也有受人爭議之處。德性論總是遭到如後質疑：為何某種人格特質被視之為善而其他則被視之為惡？例如誠實和慷慨為何是善而懦弱和自私則為惡？這些質疑乍看之下似乎很容易回答，但是實際上此一質疑正足以凸顯德性論在理論上欠缺周延（Geuras & Garofalo, 2005: 59），甚至可以發現德性論難以與前述三種道德哲學做出明確的區隔，更可以發現德性論根本是前述三種道德哲學的綜合體。茲簡單析論如下：

第一，德性論隱含直觀論的觀點——某些德性論者主張，善的人格特質或美德是人與生俱來的天性，此種觀點與直觀論的看法似乎如出一轍。

第二，德性論隱含目的論的觀點——某些論者以後果做為論證某些人格特質或美德確為善行的依據，因為此種論證方式最為簡單並具有說服力，舉例而言，論者可能會論證誠實之所以為善，乃是因為它對於維繫一個有凝聚力和信賴感的公民社會非常重要（Geuras & Garofalo, 2005: 59）。然而，此種論證途徑卻會引發進一步的質疑，因為它使得德性論實質上成為目的論。就前述論證而言，誠實之所以為善並非基於其本身就是一種善，而是基於誠實可以導致一種結果—幸福的社會。

第三，德性論隱含義務論的觀點——如果德性論者主張後天的培養是發展美德非常重要的途徑，就已經肯定了某些普世道德原則的存在（否則要以什麼內涵培養人的美德？）而此似乎又使得德性論與義務論的道德哲學難以區分。

雖然德性論似乎與其他道德哲學難以明確切割，在理論體系建構方面遭致欠缺嚴謹性的評價，不過或許此正是其特色所在，亦即它正好可以兼容直觀論、目的論、義務論三種觀點。抑有進者，德性論似乎較能擺脫道德為何可以為道德（善如何為善？）的論證泥淖，而此論證正是直觀論、

尤其是目的論與義務論二者長期以來爭辯的主要內涵，德性論直接肯定道德是一種人格特質，至於此種被稱為美德的東西是怎麼來的？在德性論者的觀點下，直觀論、目的論、義務論似乎都有道理，德性論者並不將論述重點置於此一議題之上。

三、德性論對公務倫理的意義與啓發

簡而言之，德性論是從人所具有之「本質」（nature）的角度肯定人性中的道德成分，所以作者將此一觀點做為本書後續探討人性論的哲學基礎。於此處，先扼要歸納德性論對公務倫理的意義與啓發。誠如前述，德性論源於亞里斯多德的學說，他的倫理學主要論點為：人有義務超越自利心去關懷「社群」（community）當中的其他成員。在前述定義中至少包含了兩個非常重要的質素：第一是社群的概念；第二是對於人的道德性格的重視，而此二個質素使德性論對於公務倫理的內涵產生如下影響。

（一）公共服務與治理是一種道德事業

亞里斯多德認為，人與人之間的關係應該是一種社群的關係，社群具有以下幾種特性（許立一，2008d：90）：

1.社群是個體為生存之目的採取合作行為的產物

大致而言早期的社群論者在探討社群的起源時，都立場一致地指出：個體為了生存的目的會願意採取合作行為因而形成社群，而社群的治理者以及政府則是為了處理共同利益所產生的機制。當個體遭遇不幸時，成員可以向社群尋求協助，而社群有責任為個體解決困境，此也正是政府應對人民負責之觀念的起源。至於公共治理的形式是民主還是集權政體，則是與社群成員對政權順服程度的界定有關。

2.社群是一種命運共同體

「community」一詞可譯為社群、社區以及共同體。事實上，在政治

思想家談論社群此一概念之初，就已經界定了社群是一種人與人之間命運相繫、休戚與共的集合體。在命運共同體的觀念下，蘊含著整體大於個體之和的思維（Deutsch, 1980: 82）。從古代希臘時期到近代（17、18世紀），採取社群論的政治思想家的研究重心是，將國家的性質視為社群並加以探討；到了20世紀的現代社群論卻是，將社會的性質視為社群，而研究社會在公共治理中的角色。然而，不論政治研究的重心是在國家還是社會，社群論者對於社群的假定基本一致，其內涵為：社群是命運共同體，其乃為一不可分割的整體，所以整體並不等同於個體的加總；整體優先於個體，個體不能脫離整體而獨立存在。與此命運共同體相對的觀念是，基於自利動機採取合作行為的聚合體，其認為整體利益就是個體利益的總和，故此說為大多數社群論者所否定。

3.社群蘊含著歸屬感

在社群為一命運共同體的觀念下，歸屬感便成為維繫社群整體性的重要因素（Deutsch, 1980: 82）。社群成員對於社群的歸屬感，使其認知個體為整體不可分的一部分——我群意識，有時候大我比小我還重要，所以感同身受的同理心乃是成員相互理解的方式。所以社群成員彼此相互依賴的互依性（mutuality）超越了功利取向的組合。

社會之中存在著各種社群，國家也是社群的一種，國家是一種政治性質的社群。更重要的是，亞里斯多德認為，國家的治理必須以善為宗旨，稱之為善治（good governance）。換言之，自亞里斯多德起，西方許多政治哲學家都肯定公共治理是一種取向善的、具有道德性質的事業。此種觀點在近代西方啟蒙時期（the Age of Enlightenment）[6]的哲學家思想

6　啟蒙時代或啟蒙運動通常是指在18世紀初至1789年法國大革命間的一個新思維不斷湧現的時代，與理性主義等一起構成一個較長的文化運動時期。這個時期的啟蒙運動，覆蓋了各個知識領域，如自然科學、哲學、倫理學、政治學、經濟學、歷史學、文學、教育學等等。啟蒙運動同時為美國獨立戰爭與法國大革命提供了框架，並且導致了資本主義和社會主義的興起，與音樂史上的巴羅克時期以及藝術史上的新古典主義時期是同一時期。取

中尤為突出，並成為現代民主政治的根基。例如英國哲學家John Locke
（洛克，1632-1704）主張，主張政府對於它所治理的人民或社群負有責
任，強調政府有其必須履行的使命，因此它的權力不可或缺，但此權力
卻是源自一項根本的命題：即政府是基於全民的福祉而存在（Sabine &
Thorson, 1973: 484）。又如繼洛克之後啟蒙時代最為重要的思想家盧梭
（Jean-Jacques Rousseau，1712-1778），他的思想直接影響了法國大革
命（1789-1799）以及美國獨立革命（1775-1789）[7]。盧梭認為，不論任
何形式的政府，如果它無法平等地保障每一位社群成員的權利、自由和平
等，那它就形同毀壞了社會契約（cf. Sabine & Thorson, 1973: 533-535;
Deutsch, 1980: 83-85）。

　　綜上所述，德性論對於公務倫理的意義與啟發之一，就是假定了公共
服務和治理是一種道德事業。

（二）公共行政人員應該具備公民美德

　　既然公共服務與治理是一種道德事業，實際上從事公共服務與治理的
人——公共行政人員，就應該具備道德性格。更重要的是，德性論者根據
古希臘哲學家特別是亞里斯多德的看法，所謂美德就是公民必備之善的人
格特質，而現代民主社會中公共行政人員來自公民，因此公民美德就是公
共行政人員應該具備的基本性格。因此依照德性論的看法，公共行政人員
在施展作為時，應該會經過以下的思維過程（Geuras & Garofalo, 2005:
61-62; 94）：

　　此一行動彰顯了何種人格特質？

　　自：http://zh.wikipedia.org/wiki/%E5%95%9F%E8%92%99%E6%99%82%E4%BB%A3。檢
　　索日期：2012年1月28日。

[7]　西元1776年7月4日美利堅合眾國（United States of America）宣佈成立，發表「獨立宣
　　言」正式脫離英國殖民統治，這場獨立戰爭從1775年一直持續到1783年，1789年華盛頓
　　（George Washington）當選總統（同年法國大革命爆發），美國獨立革命完成。

此一行動對我的人格特質將造成何種影響？

此一行動對他人的人格特質將造成何種影響？

此一行動所彰顯的人格特質是否為我所推崇？

然而與一般公民不同的是，公共行政涉及公共資源分配與公權運用，做為執行者的公共行政人員因此擁有特殊地位和特別權力，因此公民美德必須做進一步適當延伸建構，使之成為公共行政人員必須具備的道德人格。公共行政學界德性論之代表性著作的旨趣之一，便是在確認和界定公共行政人員應有的美德。以下茲舉白禮（Stephen K. Bailey）、哈特（David K. Hart）、多貝（J. Patrick Dobel）、庫伯（Terry L. Cooper）、凱瑟琳·但浩德（Kathryn G. Denhardt）、全中燮（Jong S. Jun）等人的論述，扼要呈現德性論之下公務倫理的對公共行政人員應具備之美德的見解。

1.白禮的觀點

白禮（1964）就指出，關於民眾和政策之中道德模糊的認知、從事公共服務時因情勢調整倫理優先次序的認知，以及對於程序弔詭的認知等，構成了具有倫理性格的公共行政人員三個主要的道德特質與心理態度：樂觀、勇敢和公平。對Bailey而言，這三種態度和道德特質揉合在一起，便構成了公共服務的規範模式與公務員道德素養的準繩（Geuras & Garofalo, 1999: 85）。

2.哈特的觀點

學者哈特（1984; 1994）認為，具有美德的公民和具有榮譽感的公共官僚彼此之間有著道德的聯結關係，以美德為基礎的倫理重視的是人的內在性格發展，而不是對道德原則的服從。抑有進者，哈特認為，要孕育具有美德的公民意識，人們應符合以下四項條件：

(1)實踐道德哲學——具有美德的公民必須負擔一種基本的和永久的責

任，堅信個人擁有道德本性，將前述信念與自身連結（也就是相信自己擁有道德天性），並且在公民的生活中實踐道德本性。

(2)信念——具有美德的公民必須相信所屬政體（regime）的基本價值。

(3)個人的道德責任——具有美德的公民必須表現得像是一個獨立而負責的道德行動者，其不能容許將任何人視為工具加以利用，也不能默許自己犯下相同的錯誤。

(4)舉止文明——包括禮貌、莊重、謹慎等，最重要的是寬容和忍讓。寬容是減少強制性的公共法規的主要因素，忍讓並非冷漠而是耐心和智慧的結晶（Geuras & Garofalo, 1999: 85-86）。

　　此外，哈特還主張公共官僚居於雙重處境：首先，一如所有公民，他（她）們負有一項基本義務，就是追求美德；其次則是以前述基本義務（即對於美德的追求）為基礎建構專業義務。他指出：「一個民主政體有賴於具有美德的公民以為具有榮譽感的官僚之基礎」（Hart, 1984: 116）。職此之故，公共行政人員要成為具有榮譽感的官僚，他（她）們必須承擔四種責任（Hart, 1984 cited by Geuras & Garofalo, 1999: 86）：

　　第一，彰顯與闡釋道德（moral significance）——界定什麼才是對於政體基本價值的完整理解，以及如何才是對於這些基本價值的徹底實踐。例如當政策違背公義時，什麼才是具有榮譽感的官僚應該展現的倫理行為。

　　第二，關懷（caring）——胸懷公民的最佳利益。

　　第三，以道德為事業（moral entrepreneurism）——願意承擔道德風險，假定公民皆為可以信任。

　　第四，奉獻的使命感（noblesse oblige）——道德的崇高性，意謂一

個人從社會得到的愈多，就應該對社會奉獻愈多。

3.多貝的觀點

學者多貝則是以七種承諾做為公共行政人員實踐廉潔的要素（Dobel, 1990 cited by Geuras & Garofalo, 1999: 87-88）：

(1)真實地對上級和公眾負起責任；

(2)闡揚政體的公共價值；

(3)尊重並建立達成目標的制度與程序；

(4)確保相關的利害關係人公平和充分的參與；

(5)追求政策與計畫執行的能力績效；

(6)政府有效率的運作；

(7)將政策計畫與公眾參與者的自我利益以一種不破壞基本價值的方式予以連結。

4.庫伯的觀點

庫伯（1987）綜合當代許多倫理學者的觀點，認為美德是一種行動的傾向或處置方式而不只是某種思維或感覺而已。而且美德是一種人格特質，在一般的情形下，它在類似的情境下會具有一致性。然而，Cooper相信美德並非與生俱來而必須加以培養，換言之，美德的發揚涉及的是認知活動（即學習）而不是自我內心的調適與反省。庫伯（1991: 169-170）指出，公共行政人員來自公民，所以他稱之為「公民行政人員」（citizen administrator），而具有倫理性格的公民意識其核心要素就是公民美德，他認為公民美德才是自利的正確理解，因此公共行政人員才會致力於實現共同利益（common good）。抑有進者，根據庫伯的看法，

公民美德是民主社會公共行政實務擁有正當性的核心要素，而且必須得到其他三個次級的美德支撐，此三個次級美德分別爲：對公眾熱情、謹愼以及實質理性[8]。

5.凱瑟琳・但浩德的觀點

對凱瑟琳・但浩德（1991）而言，公共行政的道德核心乃是由榮譽、仁慈與正義所組成。所以它們也是公共行政人員不可或缺的的美德，以下扼要說明之。

(1)榮譽──凱瑟琳・但浩德認爲榮譽是一種最突出的美德，它被理解爲胸襟開闊或度量宏大的特質，並且是其他所有美德的基礎。榮譽使得個人具備高度的責任感，並將致力於善行本身視爲目的，而不是將善行視爲獲得任何利益或是得到任何褒揚的原因（Denhardt, 1991: 103）。

(2)仁慈──仁慈不只是做好事，同時也是把做好事的動機趨向基於他人的緣故（Denhardt, 1991: 104）。意即所謂仁慈的本質就是基於利他而非自利的動機行善。

(3)正義──所謂正義是彰顯公平並重視他人的權利，而且正義的存續完全有賴於公務員的美德行動、法律以及其他保障個人權利的制度（Denhardt, 1991: 106-107）。

凱瑟琳・但浩德相信，德性論的公務倫理擁有可以扭轉公共行政並促使公共治理轉型的力量；她也認爲，德性論的公務倫理需要人們具備敏感力、洞察力以及以勇氣判斷與行動的素質；她同時指出，德性論的公務倫理讓公眾可以在自我治理過程中扮演正確的角色。

---

[8] 所謂實質理性就是對於目標和價值的理性思考。與其相對者爲工具理性或稱手段理性，工具理性或手段理性是指僅對達成目標之工具或手段的理性思考，並不涉及目標和價值層次。

6.全中燮的觀點

學者全中燮曾探討公共行政的倫理本質，他指出倫理指涉的是善與惡或對與錯的抉擇，在倫理學中何謂「善」總是先被確定，然後再界定能夠促成善的「對的行動」。倫理和道德上的責任與義務息息相關，誠如亞里斯多德所言，倫理是人類行動的指引。全中燮進一步指出，在公共行政領域，倫理的焦點將置於「公共行政人員應該如何質疑與反省，俾利於能夠負責任地行動」。道德與倫理幾乎是同義詞，道德指涉的主要是善的人格特質。而除倫理一詞之外，正直、崇高、和美德都與道德被視爲是同義詞，因而道德意謂舉止公正（equitable conduct）、不偏不倚、品德高尚、以及操守無瑕等。抑有進者，全中燮認爲，前述倫理道德的意涵可以引導出公共行政的倫理本質：公正（equity）[9]和正義（Jun, 1986: 275）。

公共行政人員的道德人格便是要從一般人所應具備的道德人格衍生發展而體現在彰顯公正和正義之上。歸納全中燮在探討公正與正義此等公共行政的倫理本質時，他所主張公共行政人員所應具備和展現的道德人格特質有：公平（justness）、持平（fairness）、無私（impartiality）、正直（integrity）、廉潔（rightness）、眞誠（honesty）等（Jun, 1986: 275-276）。

第三節　二種道德哲學在公務倫理的實踐

在本章之中介紹了二種關於人性的道德哲學及其對於公務倫理的意

---

[9] 論者或將「equity」譯爲「衡平」。公正並不等同於平等（equality），公正超越了平等的概念。平等只是單純地意謂「一視同仁」，但公正更重視弱勢者所處的不利地位，申言之，公正的概念主張透過一些措施使劣勢者獲得與強勢者平等的機會和地位。例如制訂政策保障社會中弱勢者之就業機會，所體現的便是公正而不是平等。

義，它們各有特色並對於公務倫理知識與實踐產生實質影響，而上述的分析也可一窺各家觀點的限制，本節將說明二種道德哲學如何應用於公共行政與服務的決策實務。

一、二種道德哲學的研究取向對公務倫理建構的影響

首先，根據前述對於二種道德哲學及其對公務倫理意義的分析，以下整體歸納二種道德哲學的特色以及這些研究取向對公務倫理建構的影響。

（一）直觀論著重於人性中的道德判斷能力

直觀論著重人對於其行動是否符合道德倫理的直觀能力，換言之，此派觀點的特色在於肯定人的道德判斷能力。扼要言之，此派觀點對於公務倫理建構的影響就是：

第一，從人性論的假定上肯定公共行政人員判斷是非對錯的能力，此也意謂直觀論的公務倫理研究較侷限於個體的層次。

第二，其道德判斷能力必須被激發並展現於日常的公共服務之中。

（二）德性論著重於人格中的美德

德性論有其歷史悠久的思想淵源，其肯定某些外在的道德標準之存在，但更強調人具有道德性格（即所謂美德）可以將那些外在的道德標準轉化成為具體行動。作者以為，這些美德可能來自後天培養、可能是人與生俱來的本性、也可能是人的本性再加上後天的孕育。扼要言之，此派觀點對於公務倫理建構的影響在於：

1. 姑且不論來自先天或後天，此派觀點從人性論的假定上肯定公共行政人員可以擁有美德。

2. 德性論的重點在於直接指陳公共行政和服務的美德，這些美德並不侷限於目的論與義務論，使公務倫理的建構避免了目的論與義務論的爭辯。

3. 德性論固然源自於個體人格或本性的探討，但對於公共行政和服務美德的探討，除了可以將分析單元置於微觀的公共行政人員以外，亦可將美德用來評估宏觀的政策，故其研究取向兼具宏觀與微觀、整體與個體。

二、二種道德哲學在公共行政與服務中的應用

　　直觀論與德性論都可以對公務倫理實務行動產生導引作用，因爲在某些研究公務倫理的學者眼中看來，不同觀點的道德哲學其實是可以兼容於公共行政和服務之中，應視具體情境採擇運用（cf. Cooper, 2006; Denhardt, 1988; Geuras & Garofalo, 2005）。以下試舉美國阿肯色州（the State of Arkansas）衛生套發送高中校園政策，說明二種道德哲學在公共行政與服務的應用（Geuras & Garofalo, 2005: 78-80）。

（一）個案簡述

　　1980年代末至90年代初期，美國阿肯色州公共衛生部長艾爾德（Joycelyn Elders）決心推動「發送衛生套給高中生政策」，以降低感染性病和懷孕的發生比率。此項政策執行至1990年12月，衛生套破裂比率的報告已經達到警戒水準並送到部長手上，亦即衛生套破裂比率已經高於一般水準，而衛生部長艾爾德對此訊息充分知悉。到了1992年6月，幾椿投訴案件更凸顯了衛生套的品質問題，其中包括三個愛滋病患者投訴衛生套的瑕疵導致他們染病。可是在此期間，艾爾德既未收回任何衛生套也未對公眾發布警訊。因爲她堅信發送衛生套給高中生是正確的政策，並且非常不願意做出任何傷害此一政策公信力以及一般大眾對衛生套信心的舉動。後來她在解釋自己之所以不採取任何作爲的原因時，艾爾德堅稱，雖然少數年輕人使用了有瑕疵的衛生套，還是比所有年輕人對衛生套喪失信心甚至根本不使用衛生套要好得多。

　　在1992年6月中，艾爾德將發送給高中生的衛生套樣本寄給了美國聯邦政府食品暨藥物署（Food and Drug Administration, FDA）進行檢驗，

以便確認上述投訴是否屬實。檢驗過後，食品暨藥物署做出了此一政策所使用之衛生套的不良率超過標準值十倍，而且認爲該製造商所生產的衛生套應該立即停止販售與使用。大約一個月之後，該製造商自動回收全部的衛生套。

（二）二種道德哲學導引的倫理思維

以下說明根據二種道德哲學，以此個案爲例，公共行政人員的倫理思維。

1.直觀論的作用

根據直觀論的道德哲學，人們進行倫理思考時可能提出如下命題：

我的良知告訴我對於此事應該有何種感受？
我對此一行動的感覺如何？

在前述個案中，艾爾德在政策中的決策和作爲，可以上述幾個命題理解之：艾爾德對於自己的決策是否感覺良好？自己的所作所爲是否對得起自己的良知？（Geuras & Garofalo, 2005: 82）

2.德性論的作用

根據義務論的哲學，人們進行倫理思考時可能提出如下命題：

此一行動彰顯了何種人格特質？
此一行動對我的人格特質將造成何種影響？
此一行動對他人的人格特質將造成何種影響？
此一行動所彰顯的人格特質是否爲我所推崇？

在前述個案中，艾爾德在政策中的決策和作爲，可以上述幾個命題理解之：

就第一道命題而言——是否由於艾爾德關心阿肯色州人民的福祉，使得她的行動彰顯了仁慈的美德？艾爾德的行動是否凸顯了她欠缺誠實的美德？她的人格特質是否缺乏對他人的信任？以及她的人格是否值得信賴？

就第二道命題而言——如果艾爾德的政策獲得成功，是否會使她成唯一缺乏誠信的人？此是否會導致艾爾德更加蔑視一般大眾？

就第三道命題而言——如果此種行動成為政府慣用的手段是否將造成人民更加依賴政府的專家並弱化對自我信心？

就第四道命題而言——對於此一個案的評價正可以反映某人對於政府行動之正當性的信念（Geuras & Garofalo, 2005: 82-83）。如果某位公共行政人員對於艾爾德的行動覺得反感的話，那麼此意味著他（她）對於許多政府的行動中經常展現的父權主義（專制）色彩並不認同，或許他（她）會認為透明、誠實和信賴才是公共行政人員的美德。

（三）值得進一步深思的倫理議題

以直觀論和德性論的角度思考上述個案，可以進一步深思如下的倫理議題。

1.在直觀論方面

此一個案值得深思的倫理議題或為：州政府官員是否擁有比大眾更為優越的道德判斷能力？而可以在各種道德標準或行動結果中做出適當的判斷進而決定採取何種行動？

州政府的官員也許會主張，該政策的淨效果（net effect）[10]為正數，亦即從最後結果來看，其所帶來的利仍大於弊。雖然瑕疵的衛生套導致些許懷孕和感染性病甚至是愛滋病的個案，但如果不實施此一政策，前述情

---

10 意即效益減去成本及損失之後的結果。

形將更加嚴重。然而，有些人可能會認爲，除非衛生套完全沒有問題，否則州政府提供衛生套就是一種錯誤的政策，因爲此一措施會讓使用瑕疵衛生套的學生以爲在進行性行爲時很安全。換言之，政府官員以爲自己的道德判斷和抉擇正確，但人們卻不一定相信官員有這樣的能力。

2.在德性論方面

此一個案值得深思的倫理議題或有：州政府官員是否具備適當的美德？並且憑藉這些美德爲人民做決策？進而可以擁有爲人民做決策的道德權威？

舉例而言，前述學者哈特認爲「關懷」（公共利益）是公共行政人員應該具備的美德之一，因此艾爾德對於已經發現衛生套有瑕疵卻隱而不發的回應態度，就是關懷公共利益？她隱瞞眞實資訊的理由是：她相信一旦公開此一訊息，將會導致不只是高中生連一般大眾也都沒有信心使用衛生套，並且她也相信，使用可能有瑕疵的衛生套所帶來的後果會比完全未加防護的性行爲更安全。其次，她認爲自己的決策維護了阿肯色州人民的最佳利益，但她的作法卻是剝奪了民眾自己做決定所需要的資訊，即便艾爾德的作爲是一種關懷公共利益的美德展現，但這樣的美德足以讓她擁有爲人民完全作主的道德權威？

第二章
關於行動的道德哲學：
目的論與義務論

　　本章將引介二種關於行動的道德哲學並探討其對公務倫理的意義與影響。所謂關於行動的道德哲學，意指道德哲學的論述內涵與焦點在於探討何種行動可以視為道德行動，也就是其雖然不免要涉及行動主體的探討但主要還是著重於行動而非人性。此種道德哲學的代表觀點有目的論（teleology）和義務論（deontology），並且此二種觀點將做為本書後續探討公共行政理論與實踐以及公務倫理體系建構取向時的哲學基礎。

第一節　目的論及其對公務倫理的意義

一、目的論的內涵

　　目的論與直觀論不同，前者為道德判斷提供了明確的理由。目的論有時被稱為「結果論」（consequentialism），意即一個行動的善惡判斷標準是根據其所導致的結果而決定。換言之，目的論認為，目的或目標是道德行動的最終判準，所以如果行動有助於達成善的目的，則行動便可被視為善行，也就是一種道德的行動，反之行動如果不能達成善果即非善行。倫理的自利主義（ethical egoism）主張每一個個人應該採取有利於自己的行動，此即一種目的論的觀點。在政治哲學方面，目的論的道德哲學最具代表性的論述就是功利主義（utilitarianism）。功利主義主張，如果某種行動可以促成所有人的最大幸福（greatest happiness），此種行動就是一種道德上的善行（Garofalo & Geuras, 1999: 59）。功利主義的倫理思維來自於個人對於幸福的期望，它認為人們希望獲得幸福，也希望其所愛的人也能夠幸福，而希望自己和他人都能獲得幸福就是功利主義的基礎，所以在功利主義的觀點下，幸福是一種道德上的善，倫理行動的內涵就是致力促成所有人的最大幸福（Geuras & Garofalo, 2005: 49-50）。因此就公務倫理的角度思考，最理想的行政作為就是促成社會中所有人的最大利益，其次如果無法是「所有人」的最大利益也應是「多數人」的最

大利益。以下介紹邊沁（Jeremy Bentham）、密爾（John Stuart Mill）和布蘭德（Richard Brandt）三人的功利主義觀點，俾作爲理解目的論道德哲學對公務倫理內涵影響的基礎。

（一）邊沁的功利主義：重視幸福的數量—多就是善

邊沁認爲功利主義的內涵應該是一種針對快樂和痛苦的計算，透過計算人們至少在理論上可以從各種備選方案中做出正確抉擇、採取道德的行動，意即：透過計算獲得各個行動方案的相關知識，進而選擇並採取能夠帶來最大幸福的行動，此便是道德上正確的行動（Garofalo & Geuras, 1999: 60）。成本利益分析（cost-benefit analysis）即屬此一觀點在公共政策實務上的應用。舉例言之：某國爲發展某地區之觀光產業，擬有三項交通建設政策方案，而且因爲經費有限僅能選擇其中一項——甲案是建設國內航線機場，所需經費10億元，預估1每年將帶來效益30億元，成本利益分析結果是30/10=3；乙案是擴建高速公路，所需經費15億元，預估每年將帶來效益40億元，成本利益分析結果是40/15=2.67；丙案是延長高速鐵路通車路段至該地，所需經費18億元，預估每年將帶來效益35億元，成本利益分析結果是35/18=1.94。以上三案若依照邊沁的功利主義，則所謂之合乎公務倫理的抉擇應是採取甲案。

（二）密爾的功利主義：重視幸福的品質—好才是善

密爾的觀點與邊沁大致相同，但密爾卻對於所謂幸福得以量化方法加以計算的看法，抱持較爲保守的態度。換言之，密爾認爲幸福的品質難以用數字加以衡量，而此正是評估幸福時最爲重要的元素（Garofalo & Geuras, 1999: 60）。原因就在於，幸福本身就是一個頗爲曖昧和含混的觀念。所以，密爾發現要探討幸福就必須特別關注幸福品質，而不只是關注於幸福的數量，亦即「較多」的幸福並不必然等於「較好」的幸福（Geuras & Garofalo, 2005: 51）。重視幸福品質的功利主義，在行政實務方面體現於政策效能（effectiveness）的考量上。茲以上述所舉之例而

論，甲案、乙案、丙案固然可以從成本利益的評估和比較決定採取經濟效益高者爲之，但若從品質的角度考量，則決策時不應僅將總體的經濟利益做爲評估的唯一因素，更應該關注政策的經濟利益是否可以較爲公平地分配到當地居民的身上，意即政策方案所帶來的財富不應該集中由少數分享。此外，政策方案與民眾的接近性，例如機場、高速公路、高速鐵路三者相較，哪一種交通運輸途徑可以較普遍地爲民眾所利用，也將是從品質角度衡量幸福的一種考量。在從事研究時，也許有學者會將上述的公平性、接近性以量化方式予以呈現，例如預估不同經濟階層的財富分配比例、預估不同交通建設的使用率等，但其實它們更重要的意義乃是在於政策標的人口的心理感受，此一層面的課題實難以量化。

（三）布蘭德的功利主義：道德原則的存廢取決於其所產生的效益

布蘭德的功利主義被稱爲「法則功利主義」（Rule Utilitarianism），因爲他接受一種觀點：社會中的確存在著某些源自於經驗的道德原則，並且這些道德原則形成社會成員願意遵循的道德原則。然而，社會中雖然存在某些道德原則，但是布蘭德卻不同意有所謂普世道德原則（universal moral principle）的存在。道德原則的存廢取決於其所產生的效益（結果和目的），所以不可能亙古不變。所以，布蘭德的哲學被稱爲規則功利主義，「規則」意指道德原則，但對這些道德原則的理解仍屬功利主義取向。

布蘭德歸納道德原則具有以下特質（Denhardt, 1988: 51）：

1. 道德原則不是普世性的（universal）。因爲它們只適合於特定的社會；

2. 道德原則也不是永久性的（eternal）。因爲這些道德原則可能只在某些特定時期爲人們所遵循；

3. 更重要的是，道德原則不具備本質上的善。因爲這些道德原則的存在以

其能夠產生的效益為前提。

歸納言之，布蘭德主張一個社會中或許存在某些具有共識性的道德典則（moral code），人們願意加以遵從，但是這些典則的有效性卻必須符合集體效益，而一個最理想的道德典則，應能「對每一個人都能產生最大效益」，並持續受到前述條件的考驗。因此它們不應該被視為是一種歷久不衰的普世價值被無條件地信奉不移，當環境產生變遷，基於「對每一個人都能產生效益」的算計，道德典則也將有所改變（Denhardt, 1988: 51）。

二、對目的論的評述

目的論至少有兩個優點：第一，為合乎倫理的行動提供了明確的判準。亦即：結果為善，則有助於此一善果的行動就是合乎倫理的行動；第二，為合乎倫理的決策提供了頗具科學精神的方法。邊沁和密爾對於何謂道德上的善，提供頗為具體的界定：追求最多人的最大幸福就是善。進而，邊沁更是提倡計算行動結果做為決策方法的觀點，此使得倫理課題得以數量化予以呈現，因而與科學接軌。

然而，論者指出目的論亦有其限制，而其限制主要來自於人們對於期望或是目的的態度。目的論的反對者提出如後質疑：有無可能在某些情形下或對某些人而言，原則比幸福更重要？（Garofalo & Geuras, 1999: 61）哲學家康德（Immanuel Kant）就指出，人們有時會為了更高的價值而拋棄幸福（Geuras & Garofalo, 2005: 52）。舉例言之，19世紀匈牙利爭取獨立的革命時期，詩人山鐸（Petőfi Sándor）曾經寫下一段流傳後世的名言：「生命誠可貴，愛情價更高，若為自由故，兩者皆可拋」。生命為幸福的根本，而愛情也是一種專屬個人的幸福，然某些人為了爭取國家獨立與同胞自由而願意犧牲個人生命，此不啻正是為了崇高原則（理念）而犧牲幸福的具體展現。

其次，誠如前述，目的論是一種倫理的自利主義，因自利而傷害公益的行動是否為道德？目的論蘊含著一種觀點：人們應該提升自我利益；或是一個人確保最大可能的自我利益乃是一種道德上可以接受的行為。目的論也假定沒有利他主義（altruism）或社群意識（community oriented motives）的存在，所以每一個人的行動基本上只需要從自己的立場考量，即便是個人行動的結果對他人有利，也不會是個人行動的理由，個人行動的理由總是出於自利。然而，目的論所採取的自利主義，卻可能導致公共行政人員基於個人的理由追求自我利益而不是公共利益，也是一種符合道德的行為，除非公共行政人員自利行動的後果對公眾造成損失。舉例言之，一個行政人員挪用機關的公款去投資股票，一段時日之後再神不知、鬼不覺地將公款還回機關，如果此一行為的後果是該筆公款分毫無損，依照目的論的邏輯，則此一行為並不違反倫理（Denhardt, 1988: 49）。但證諸實務，今日公部門的法令規章都對前述行為嚴格禁止，此在實際上說明了，目的論的邏輯不見得全盤適用於所有公務行為。

抑有進者，自利主義雖是當代自由主義政治理論的主流，例如多元論（pluralism）、公共選擇理論（public choice theory），且有許多實證研究成果可以解釋許多公共行政的實務現象，亦即事實證明不論是政客、公共行政人員、民眾都經常以自利動機參與公共事務。但是，對於建構一套規範性的、用以指導公共行政人員公務倫理體系而言，目的論的觀點如果只能將公共行政人員追求自利的行動予以合理化或是僅能強化公共行政人員的自利動機的話，便的確有值得商榷之處。

最後，過度簡單思考和應用目的論之「謀求最大多數人的最大幸福」此一命題，不見得與對當代先進社會的價值觀相容。舉例言之，國會希望通過一個減稅法案，此一法案一旦通過可以降低多數公民的稅賦，但也會同時削減低收入戶的生活補助。就此案例思考，大多數公民的幸福是否比提供低收入戶基本生活保障更為重要（Geuras & Garofalo, 2005: 52）？如果純粹以數量的觀點衡量此一政策議題，無疑是多數公民的幸

福重要。然而當我們從質的角度，考量以犧牲對少數人生存至爲重要的補助措施換取對多數人生存並無影響減稅措施時，前述目的論的命題是否符合當代社會正義價值觀，便是值得深思的問題。

三、目的論對公務倫理的意義與啓發

誠如前述，目的論有直觀論所未具備的優點，當然其也不可避免地有所限制。然而在實務運作上，當代公共行政或政策運作的主流，應可說是目的論道德哲學與功利主義的體現。尤其是，目的或結果的能見度以及功利主義之計算和數量方法所蘊含的科學精神，與現代公共行政的科學化不謀而合，因此其對公務倫理體系發展的影響居於重要地位。稍後本書將要介紹的工具理性取向之公務倫理便可說是以目的論爲其道德哲學基礎，意即工具理性的行政是將行政本身做爲一種工具而指向某種目的和價值，而在此觀點下所建構的公務倫理體系就是要確保各種治理作爲能夠實現該目的和價值。於此，作者先扼要歸納目的論對公務倫理的意義與啓發如下：

（一）爲公共服務和治理的決策與行動提供較爲客觀和明確的依據

當公共行政人員以目的論思考其決策和行動時，其價值判斷的依據是事實，或至少是預期的結果，並且藉助現代科學方法，如成本利益分析技術，其決策和行動的依據較爲客觀和明確。論者指出，根據目的論的精神，公共行政人員決策與行動的思維過程大致如下（Geuras & Garofalo, 2005: 61; 93）：

> 我所採取之行動的結果爲何？
> 我所採取之行動的長期效應爲何？
> 我所採取之行動是否可以提昇最大利益？

以上思維過程都指向行動所能產生的事實結果或預期結果，事實結果具有可見性，而預期結果來自於依照科學方法進行的預測，所以以結果做爲採取行動的標準，此種標準便具備客觀、明確的特性，據此公共行政人

員很容易便可決定所採取的行動是否合乎公務倫理。

（二）以計算方法和數量形式界定公共利益的內涵

功利主義認為善就是最大幸福，因此所謂公共利益就是社會中所有人或多數人的最大利益，邊沁主張以計算的方法和數量的形式呈現最大幸福，此對於公共利益的意義就是：1.可以經由計算方法加以衡量，例如政策分析當中之成本利益分析可謂即此一觀點發展出來的技術；2.根據前項的基礎，關於公共利益的選項以數量形式呈現，其特色在於可以進行排序、比較，而公務倫理行動的內涵便是根據排序和比較的結果進行選擇和決策。

第二節　義務論及其對公務倫理的意義

一、義務論的內涵

道德理論中義務論的觀點認為，某一行動是否合乎道德並非取決於結果而是道德原則。換言之，義務論觀點下所謂的道德行動意指合乎道德原則的行動，而不論此些行動的目標或所導致之結果的好與壞（Garofalo & Geuras, 1999: 63）。所以，義務論假定有所謂「普世接受」之道德原則的存在。即使這些道德原則可能無法完全清楚地為人所瞭解，人們還是有義務盡最大努力去理解並且遵循這些原則。道德原則可以為實務行動提供充分的指導且作為決策的正當理由（Denhardt, 1988: 45）。誠如人們常說：「這就是事情的道理！」根據某些被認為是道德的原則所採取之行動，經常被認為就是合乎倫理的行為，並且此意味著該行動不必然導致對的結果，但人們卻仍依據原則行事。所以，義務論主張行動的倫理性質並非外附於結果之上，而是內在於「行動本身」（Geuras & Garofalo, 2005: 53）。

　　很明顯地，不同的個體和不同的社會總是受到各種具有普遍性質的行動規則（rules of conduct）所形塑，而義務論者和目的論者對於前述現象的詮釋卻大相逕庭。目的論者認為，前述現象正足以凸顯一項事實，就是：世界上並不存在所謂「普世的道德原則」；相反地，義務論者的看法則是，普世的道德原則始終存在，只是它尚未獲得人們充分的理解。然而，姑且不論普世法則是否存在，論者認為，所有的社會或是幾乎所有的社會都至少有某些引導行動的道德規則，它們通常以信仰及日常實務的方式展現在我們的社會當中。換言之，雖然不同的社會甚至是同一個社會在不同時期，對於道德原則意義的詮釋並不一致，但仍有某些重要的行動規則為人們普遍接受而視之為道德原則的一部分，例如誠實、人格尊嚴、生命不可侵犯性、遵守承諾以及履行義務等，皆是西方世界的根本思想，因而它們成為指導決策的普遍規則，而且成為特定決策的正當理由，根據義務論的觀點，這些正當理由就是決策事實背後的道德判斷和辯護基礎，即使這些決策的結果不符原先的預期（Denhardt, 1988: 45）。

　　在西方哲學思想的發展歷程中，早期的義務論基本上與宗教緊密結合，例如舊約聖經出埃及記中的十誡便是重要的道德原則，而宗教的義務論者認為特定原則具有神聖性，因而奉行不疑。然而，此種以宗教為基礎的義務論卻有兩個缺點：第一，它可能只對信徒或接受教義者發生作用；第二，它的內容可能並不周延，因為其僅奠基於某一宗教的特定立場。誠如柏拉圖（Plato）在其《對話錄》（Dialogue）《歐伊梯孚容篇》（Euthyphro）所言：「女神允准的道德規則並不必然正確」（Garofalo & Geuras, 1999: 63）。然自從康德哲學崛起之後，義務論有了更為堅實的基礎。其次，當代哲學家羅爾斯（John Rawls）提出之正義論（Theory of Justice），則是對當代政治學、行政學以及公共治理產生具體的啟發作用。

（一）康德的無上命令

　　康德哲學對於當代義務論觀點的倫理學影響至爲深刻，他主張行動本身界就必須具備倫理性質，不需要依據目的決定行動是否合乎道德與倫理標準（Kant, 2003: 77-78）。根據他的看法，任何原則最爲重要的本質就是「一致性」（consistency），亦即「始終如一」，不論在數學、物理學、還是倫理學中皆然。此乃是因爲人類擁有理性而且排斥矛盾的本質，因此人無法接受：方形的圓圈、一個靜止的物體正承受無可抗拒的外力。對康德而言，「己所不欲勿加於人」乃爲一千古不變的黃金法則，此正是他所謂之一致性原則的展現。但康德爲了避免其所謂黃金法則遭到誤解與濫用，他特別強調黃金法則不應出於自私的意圖而加以詮釋和運用，於是他提出「無上命令」（categorical imperative）的哲學概念（Geuras & Garofalo, 2005: 53-54）。無上命令的意義就是「絕對的道德誡律」，康德認爲世界上存在著某些義務和責任是我們有充分的理由相信必須遵從不渝者，而且不是出於個人自私的目的，這些道德原則就是所謂無上命令（Hill, Jr., 2000: 228）。康德指出，如果某一行動的善是由其所欲達成之目的所決定的話，則此一行動的道德意涵是假設性的，因爲行動的結果是否眞能達成目的，總在未定之天，故稱爲假設。反之，如果某一行動本身就符合善的原則的話，則該行動的道德意涵便是絕對性的，此即無上命令（Kant, 2003: 77-78）。康德透過以下幾道命題闡述無上命令的內涵，茲臚列說明之：

　　第一，不應做那些無法成爲全稱法則（universal law）之事——康德主張無上命令的核心觀念其實就是一致性，而康德又將一致性稱爲全稱法則。所謂全稱法則就是不論時空情境爲何，可以適用於所有人身上的原則。對康德而言，「根據你可以使之成爲全稱法則的誡律行動」就是倫理道德層面的一致性（Kant, 2003: 78）。舉例言之，人們無法讓說謊變成一種全稱法則並且據以行動，因爲說謊做爲一種全稱法則違背了一致性而存在著矛盾（cf. Garofalo & Geuras, 1999: 64）。例如「你必須總是說

謊」就不能成為全稱法則，因為如果人們依照「你必須總是說謊」行動的話，則說謊本身也是一種謊言，那麼謊言就不是謊言了，此即內在矛盾，違背一致性的原則；其次，每個人的謊言將可能永遠無法產生作用，因為每個人都將預期他人所說全是謊言而不會採信，那麼說謊者的意圖如何達成？說謊的意義何在？換言之，說謊成為全稱法則將導致矛盾後果，完全不符康德所主張之道德或倫理原則應具備的一致性和始終如一的特質。就如何評價說謊此一行為的立場，亦可凸顯目的論和義務論的差異，並呈現二種道德哲學的特色。首先，目的論者會反對某人說謊理由在於，其謊言會導致不良後果或出於惡意（不良目的），然而如果某人說謊的原因出於善意或該謊言能夠導致善果的話，則目的論者並不會反對某人說謊。相反地，依照康德的觀點，義務論者反對說謊的原因不是基於目的或結果，而是基於說謊這一件事本身並不能成為一種全稱法則，所以說謊不能成為一種善行。

第二，應將人及人性本身視為目的而非手段──康德發現，他所提出的第一道命題並不能解決人出於自私之考量而扭曲倫理道德的問題，因此他提出第二道命題。例如康德主張「根據你可以使之成為全稱法則的誠律行動」原是基於人具有與生俱來的良知之假定，對康德而言此正是人的理性本質（*cf*. Kant, 2003: 78-81），但此一觀點卻很容易令人質疑和濫用，特別是自利行為也是一種理性卻不一定符合良知。因此康德主張，理性人的價值是內在的和與生俱來的，人為理性的主體，所以人不應該為了另一種目的而被當成工具加以利用，成為無上命令的第二道命題。此一命題包含了兩個重點：首先是將人本身視為目的，包含了對於個人幸福的考量，此點與功利主義相同；其次是不將他人視為是達成自己目的的工具，自己必須將他人視為是自由和負責任的行動者，則他人待我亦同，反之則亦然（Geuras & Garofalo, 2005: 55-56）。

第三，根據社會共同目的考量自己所有行動──康德意識到自己所提出的第二道命題仍有限制，因為在某些時候，欲將某人視為目的卻必須

以他人爲手段作爲代價（*cf.* Kant, 2003: 79-80）。舉例言之，對社會中某些群體的民眾課徵較高稅賦以創造其他群體之民眾的福祉，便是將前者視爲手段而將後者當成目的，此種重分配性政策在當代公共治理乃是一種無可避免的現實。所以，康德提出第三道命題，從社會共同目的的角度以彌補第一、第二道命題的限制。康德認爲有一種理想的社會在其中所有人擁有某些共同目的，在這些共同目的的引導下個體的行動必須統整爲一，他稱此理想社會爲「目的王國」（a realm of ends），此乃康德所主張之一致性的體現。爲了避免個人基於自私的立場對他人造成傷害，康德主張個人的行動必須不損害社會共同目的（Geuras & Garofalo, 2005: 56-57）。在此原則下，表面上看來不符合第二道命題的行動，例如前述的重分配性政策，因爲其符合社會共同目的，並非出於自私之立場，因此不違背無上命令，也就符合了義務論的倫理原則。

（二）羅爾斯的正義論

　　當代義務論的代表應屬羅爾斯的正義論。更重要的是，他的論述對公務倫理而言，可以產生直接的導引作用。羅爾斯以一種初始狀態爲起點建構他的理論，他認爲人在最初的時候是處於一種他所形容的「無知的簾幕」（veil of ignorance）的之後，在此情境下人們並不知道自己處境的優劣（利弊得失），因此社會秩序得以設計，包括權利、責任、政策、以及制度等（Rawls, 1971: 11-12）。進而，個人與社會可以根據以下的正義原則評價他們的政策和制度，而以下的原則正是羅爾斯正義論的核心，也是可以做爲公務倫理直接導引的方針：

1. 每一個人擁有平等的基本自由權利。

2. 社會與經濟的不平等，以如下的兩個次原則予以調處：(1)促使劣勢者獲得最大利益；(2)獲得地位與職位的機會應向所有人平等開放（Rawls, 1971: 302）。

　　羅爾斯認為以上的兩項原則，適用於社會的基本結構，它們導引了權
利和義務的賦予，並且約束社會與經濟利益的分配。首先，在第一項原則
方面，就實務上的應用而言，即公民的基本自由權，諸如言論自由、私有
財產權、法治之下的人身自由權等，此些權利皆應基於第一項原則獲得保
障，亦即在一個正義的社會當中，公民對此享有平等的基本權利（Rawls,
1971: 61）。

　　其次，對於第二項原則，羅爾斯又稱之為差異原則（difference prin-
ciple）（cf. Rawls, 1971: 75）。關於此一原則的應用，羅爾斯認為應將
之用於收入和財富的分配以及組織的設計之上，在權威、責任或指揮鍊
（chains of command）中運用差異。他指出，收入和財富的分配無須平
等，但必須使每一個人獲得利益，但在此同時，權威的地位（positions
of authority）和指揮的職務（offices of command），應讓所有人皆有機
會擔任。因此在實務上，人們可以透過職位對所有人開放此一原則，促
成社會和經濟上的不平等，進而促使所有人皆能獲得利益（Rawls, 1971:
61）。

二、對義務論的評述

　　義務論對倫理道德的研究和理論建構之意義，大致可歸納為如下二
端：

　　第一，著重先驗的方法（a priori method）而非經驗的方法（empir-
ical method）──先驗「a priori」一詞是拉丁文，意指純粹邏輯推演而
無事實根據，因此所謂先驗的方法就是研究時採取純粹邏輯推演的方法，
而與經驗的方法相左。經驗的方法重視事實證據，或至少要有在經驗世界
有印證的可能性。例如康德相信，道德理論的起點應在道德責任的理念分
析，亦即義務論的主要內涵是道德觀念的探討以及人類理性抉擇之基本原
理的辯護，對此經驗方法並不適用。換言之康德主張，道德哲學不是經驗
性的科學，有關於道德的論證並不能單純地從人類行為、情緒反應、和社

會實務的觀察中獲得（Hill, Jr., 2000: 227-228）。因爲康德自認爲他的研究主要在「發掘」（seeking out）和「建立」（establishing）道德原則（Kant, 1964: 392）。「發掘」意在呈現抽象的、基本的和全面性的原則，這些原則是人們平日道德思考的深層預設；「建立」則是進一步呈現這些原則如何理性地被接受和運用（Hill, Jr., 2000: 229）。此一發掘和建立道德原則的過程就是關於善念與責任觀的假定，本質上就是一種預先給定的價值，所以康德主張只能透過先驗的分析方法而不能使用經驗的實證途徑獲得此一知識。其次又如羅爾斯的正義論假定了一種無知的簾幕的狀態，認爲此種狀態下人們並不知道自己的利益何在，所以可以建立一種公平的（fair）的社會秩序，因而發展出他所謂的二項正義原則，特別是第二項原則之一的差異原則，此亦爲一種建立在先驗基礎之上的論述。

第二，道德的施爲者（moral agent）即是道德主體——康德認爲，理性的人既是道德原則的遵從者也是締造者（Hill, Jr., 2000: 228-229）。意即人不但應該思考自己應盡的義務（道德），也應該自覺自己作爲理性施爲者所具備的自主性（道德主體）。申言之，理性的施爲者必須將道德義務視爲無上命令，此時人便能夠遵循理性而不是個人的幸福和自利展開行動，亦即人們可以基於非工具性的理由做出抉擇。抑有進者，因爲理性施爲者相信道德義務是一種無上命令，因此遵守道德義務就不會是基於對外在的權威和傳統的屈服，也不會是因爲從眾媚俗，而是出自於個人的自主意識。最重要的是，義務論將人視爲道德主體，也就是將人視爲道德行爲的目的，不是將人視爲達成另一目的的手段，而得以避免流於工具主義。從羅爾斯的正義原則中亦明顯得見上述精神。目的論的功利主義主張最大多數人的幸福才是正義，而最大多數人的幸福意味著可能是以少數人的幸福爲代價，亦即最大多數人的幸福可能就是以其他一部分少數人爲手段所達成的目的。與功利主義相反的是，羅爾斯雖然承認社會與經濟的不平等乃無可避免，但是在此種不平等狀態下，他主張應該盡力促使劣勢者利益最大化，所以他採取的不是將居於劣勢地位者做爲手段以促成

最大多數人幸福的策略,而是將每一個人都視為目的,所以他也指出所有職位和地位應向所有人平等開放。

三、義務論對公務倫理的意義與啓發

　　義務論可說是稍後本書將要探討之實質理性的公務倫理的哲學基礎,意即在此觀點下,公共行政與治理不是實踐某種目的之手段,而是其本身就應該具備道德性質,所以公務倫理並不只是確保或促使各種治理作為實現特定價值的外在規章和典則,而是各種治理作為本身就是道德原則的體現、就是倫理的行動。於此處,作者先扼要歸納義務論對於公務倫理建構的意義和啓發:

(一) 公共行政應遵循普世的道德原則

　　簡而言之,義務論對於公務倫理而言,它的意義在於主張:符合道德原則的行動就是政府應該採取的作為。論者指出,根據目的論的精神,公共行政人員決策與行動的思維過程大致如下(Geuras & Garofalo, 2005: 61; 93):

何種原則適用於此一個案?

此一原則能夠一致性地適用於此一個案與其他相似個案嗎?
此一原則可能被做為行為的普世原則嗎?
何種行動模式可以做為將所有人自身視為目的之理念的最佳典範?
何種行動模式可以做為最佳典範,而其能夠促進一種由負責任的與自由的人們所組成之社會,在此社會中人們的目的在相互促成彼此的目的,而不是相互掣肘。

　　根據義務論的哲學,人們在行動與決策時會產生如上所述的思維過程,因此所謂符合倫理的公共行政將會以道德原則為圭臬,亦即根據道德

原則所採取的各種作為將是符合倫理的公共行政之內涵。從宏觀的層次論，公務倫理體系建構之重點在於確定何謂普世的道德原則，俾以做為政策制定的價值基礎；從微觀的層次論，個別公共行政人員符合倫理的行政行為，其主要內容在確定和適用道德原則於具體的個案之上。

　　舉例而言，殺人如果是一種違反道德原則的行為，而此種道德原則普遍適用於所有人和組織，政府自不例外，亦即政府也不應該殺人，則廢除死刑便是政府應該採取的作為。今日社會常見的許多社會福利與救濟政策，多半都蘊含著義務論的色彩，誠如救濟弱勢在今日社會被視為是一種符合社會正義的道德原則，因而可見今日政府多有制訂相關政策並採取實際作為以呼應此一原則者，具體的作法諸如：殘障專屬停車格的設置、身障人士就業名額的法制保障、為原住民族舉辦國家特種考試、對低收入戶提供生活補助措施等。以上事例可以說就是義務論所引導的公務倫理作為，因為它們主要是以某一種道德原則作為制訂政策以及採取行政措施的依據，而不是以政策與行政措施所帶來的結果為依據。

　　不過，義務論在當代公共行政的實務應用上，的確也有所限制，茲扼要敘述如下：

1. 普世法則是否真的存在？便是一項備受爭議的課題（Denhardt, 1988: 47）。

2. 作為一種政策決策的倫理標準其說服力可能遭致懷疑。義務論不重視結果的特質，對於強調科學和經濟效益的現代政府及其決策者而言，顯然說服力較低。

3. 義務論可能導致政策決策者必須承擔較高的風險。以目的論而言，目的是一種預期的結果，目的論的公務倫理作為乃是以可能發生的事實或現在正在發生的事實為依據，準此，現代政府在政策規劃過程中，以科學方法對可能結果所進行的預測通常就是決策的重要基礎，再加上對預測

之結果進行經濟效益評估，決策者因此所冒的風險和代價相對減低。相反地，義務論重視行動本身所依循的道德原則，即所具備之善的本質，而並不重視行動之結果，它顯然要政策決策者承擔較高的風險。

由以上說明可見義務論的道德哲學雖然普遍地體現在公共行政的實務運作上，但仍有某種程度的限制。

（二）公共行政蘊含著人文關懷的性質

許多行政學者認為，羅爾斯的正義論對於公共行政的倫理行動可以產生重要的導引作用（*cf.* Harmon, 1981: 86-90; Denhardt, 1988: 46）。事實上，羅爾斯的正義論做為一種規範性的論述，對於政策制訂的實務有其應用性，例如在從事政策方案的抉擇時，依據差異原則，決策者可以從諸多方案中選擇那些對劣勢者最為有利者加以實施；甚而在從事政策規劃之初，政策決策者依據差異原則，就可以朝對處於劣勢的政策利害關係人最有利的方案內容進行設計。而此種思維透露著將公共服務和治理視為是一種人文關懷的事業，而不只局限於公共資源分配的功能而已。

第三節　二種道德哲學在公務倫理的實踐

在本章之中介紹了二種關於行動的道德哲學及其對於公務倫理的意義，它們各有特色並對於公務倫理知識與實踐產生實質影響，而上述的分析也可一窺各家觀點的限制，本節將說明二種道德哲學如何應用於公共行政與服務的決策實務。

一、二種道德哲學的研究取向對公務倫理建構的影響

目的論與義務論皆著重於界定道德行動的依據，而根據前述對於二種道德哲學及其對公務倫理意義的分析，以下整體歸納二種道德哲學的特色

以及這些研究取向對公務倫理建構的影響。

（一）目的論和義務論是公務倫理領域中引人爭議的課題

由於目的論與義務論二者的觀點相異，甚至相當程度上彼此衝突，因此成為公務倫理領域中備受爭辯的議題。意即，各種治理作為究竟應該依其（預期）結果決定其是否為道德行動？還是依其行動是否符合道德原則判定其為道德的行動？迄今仍是學界頗引人關注的課題，同時也是在實務上經常導致公共行政人員產生道德或倫理衝突的主因。

（二）目的論和義務論為建構公務倫理系統提供了較具實用性論述基礎

不論是目的論還是義務論都將重點置於道德和倫理行動的依據和標準，所以一方面它們可以為各種治理作為設定符合倫理的標準；另一方面，因為此二種道德哲學並不在探討人性，因此對於公務倫理體系建構的影響就不僅止於個體層次，還可以延伸至宏觀政策層面。亦即，目的論與義務論可以提供檢驗公共行政人員個體行動的倫理指標，也可以用來評估政策所具備的倫理意涵。所以，它們頗具實用性。

二、二種道德哲學在公共行政與服務中的應用

目的論與義務論實際上早已為公共行政的實務作為提供指導的作用，關於二者的實際運用並沒有絕對性，亦即公共行政的決策者或執行者總是視情境、政策作為以及對象之不同去決定應該採取何種觀點以評價行動的倫理性。換言之，即便是同一個行動者，在不同的情境下，也可能採擇不同的道德哲學作為其行動的依據，只是行動者通常不一定意識到自己行動的依據為何而已。總之誠如直觀論和德性論，目的論與義務論在某些研究公務倫理的學者眼中看來，其實是可以兼容於公共行政和服務之中，應視具體情境採擇運用（*cf.* Cooper, 2006; Denhardt, 1988; Geuras & Garofalo, 2005）。以下引用電影「Unthinkable」（2010）（台灣片商

譯名《戰略特勤組》）的劇情爲例，說明二種道德哲學在公共行政中的應用。

（一）劇情簡述

　　穆斯林狂熱主義者尤瑟夫（Yusuf Mohammad）宣稱自己在美國三個大城市各放置了一枚定時引爆的核彈（電影最後揭露有四枚核彈），官方估計核彈爆發後將造成上千萬人喪生。在美國聯邦政府收到尤瑟夫所拍攝的威脅影片並經專家研判此一威脅的眞實性後，最高當局下令由軍方、聯邦調查局（以下稱FBI）和中央情報局（以下稱CIA）組成專案小組進行逮捕嫌犯以及解除危機的任務。CIA的主角人物爲審訊專家楊格（Steven Arthur Younger），而FBI的主角人物則爲恐怖活動經驗豐富的探員布洛迪（Helen Brody），當尤瑟夫落網後便由楊格主責審訊，布洛迪負責根據嫌犯在審訊過程中透露的蛛絲馬跡研判核彈的放置地點。

　　審訊專家楊格的專長爲何？就是使用各種慘無人道的手段迫使嫌犯供出犯行的確切資訊。但是，當布洛迪初次目睹楊格所施展的手段後，即大聲抗議：美國是一個法治且尊重人權的國家，身爲政府官員的我們不應該以如此違反人權及憲法、法律的方式對待尤瑟夫，要求上級立刻下令停止楊格的酷刑，即便尤瑟夫放置了三枚核彈且將造成上千萬人喪生。不過，核彈引爆在即而且後果嚴重，最高當局授權楊格採取必要手段。

　　經過楊格連番的酷刑拷問，尤瑟夫幾乎已體無完膚（10根手指都沒了）卻仍堅不吐實。眼看尤瑟夫體力耗盡、精神瀕臨崩潰，布洛迪便展開溫情攻勢，認爲應該可以有所收穫，於是她制止楊格繼續審問，而由她進行柔性勸說。不料尤瑟夫只是爲了換取休息時間，向布洛迪透露了一個假訊息——一枚核彈的放置地點，布洛迪率隊親赴現場，結果不但沒有發現核彈的蹤跡，反而是目睹了一場距該地點十分接近的　家商場炸彈（非核彈）爆炸慘劇（尤瑟夫預先安排的戲碼），造成50多人喪生。隨後，尤瑟夫告訴布洛迪：「妳不是要我提出證明嗎？這是告訴妳，我是玩眞

的」！此令一向主張不應以非人道方式對待尤瑟夫的布洛迪感到十分憤怒，內心開始懷疑：對待尤瑟夫這樣的魔鬼，自己還應該繼續堅持一向主張的道德原則嗎？反觀楊格，他一向主張用一個人的人權作爲代價，但能拯救千萬人的性命，非常划算！

隨著時間流逝，距離核彈引爆的期限愈來愈近，楊格用了各種慘酷手段，尤瑟夫口風卻始終未曾鬆動。此時尤瑟夫的前妻以及兩個小孩被找到了，當局隨即將她們帶往專案小組現場。布洛迪在審訊尤瑟夫的前妻後，認爲她雖不可能涉案，但可以勸說尤瑟夫迷途知返。尤瑟夫面對前妻聲淚俱下的勸說時，仍然不爲所動，此時楊格則要求上級授權讓他當著尤瑟夫的面對其前妻施以酷刑，動搖尤瑟夫的意志，迫使其供出核彈放置地點。但布洛迪疾力反對，因爲尤瑟夫前妻何辜之有。在場多數人也反對楊格此一想法，而且在楊格想要對尤瑟夫前妻動手前將他制止，不過就在眾人稍不留神之際，楊格手中的一把外科手術刀劃過了尤瑟夫前妻的頸部，尤瑟夫親眼目睹他的前妻血流如注當場斃命，極度悲痛。而眾人則大爲吃驚，楊格眞的沒有底線！楊格以實際行動向尤瑟夫傳遞一個訊息：「我也是玩眞的！爲了讓你招供以挽救千萬人的性命，犧牲你尤瑟夫前妻的一條命，算不了什麼！」接下來，楊格提出了一個令眾人更感驚悚的要求：「把尤瑟夫的兩個小孩帶來」。

在專案小組現場的最高當局聯絡人、軍方人士和布洛迪等人，在楊格冷酷地殺了尤瑟夫前妻後，都對楊格的決心和手段心驚膽顫，當然不同意楊格的想法，不願讓楊格碰觸尤瑟夫的兩個小孩。可是楊格說：「我只想恐嚇尤瑟夫，請你們配合演出，必須讓尤瑟夫相信我們的決心，才能讓他鬆口，他的小孩是我們最後可用的招數了，我不會眞的去傷害小孩！」事實上，眾人也認爲已無其它辦法可用，所以同意了尤瑟夫的建議。當小孩被帶進審訊室，尤瑟夫隔著玻璃眼見自己的小孩將遭楊格的毒手摧殘，再加上稍早才親眼目睹前妻的慘劇，使他不得不相信楊格眞的會對他的小孩下手，尤瑟夫便一一供出了3枚核彈的放置地點，專案小組立即聯絡當地

治安單位進行查證。可是在查證的過程中，楊格卻出乎眾人意料地把審訊室的門反鎖了，不讓任何人進去。此時專案小組人員大爲吃驚，要求楊格立刻開門放了小孩，但楊格說：「尤瑟夫自始宣稱他放了3枚核彈，但是一定還有第4枚」，說完作勢就要對尤瑟夫的小孩下手，布洛迪則是對楊格高喊：「如果要以犧牲尤瑟夫小孩的性命換取第4枚核彈的下落，不如就讓核彈爆了吧。不要忘記我們是人！」

幸而專案小組人員及時破門而入，將楊格壓制在地、救了小孩。

（二）二種道德哲學導引的倫理思維

以下說明根據二種道德哲學，以前述電影爲例，公共行政人員的倫理思維。

1.目的論的作用

根據目的論的哲學，個人進行倫理判斷時之思維可能提出如下命題（Geuras & Garofalo, 2005: 61; 93）：

我所採取之行動的結果爲何？
我所採取之行動的長期效應爲何？
我所採取之行動是否可以提昇最大利益？

在上述例子中，楊格的行動即屬目的論的範疇。他採取行動時的思維可以上述幾個命題理解之：我對嫌犯尤瑟夫施以酷刑是不是可以獲得核彈放置的確切地點？一旦知悉核彈放置地點能夠拯救多少民眾生命？我所施用的手段能不能及時讓三個城市的危機都能獲得解決？我的所作所爲是不是有助於苟利國家社稷和確保民眾安居樂業？

2.義務論的作用

根據義務論的哲學，個人進行倫理判斷時之思維可能提出如下命題

（Geuras & Garofalo, 2005: 61; 93）：

> 何種原則適用於此一個案？
> 何種行動最能彰顯對待所有人為目的之理念？
> 何種行動最能彰顯對待所有人為目的之理念，並且最能促成一
> 種由負責與自由的人們所構成的理想社會，在此一社會中，人
> 們行動的目的在相互促成彼此的目的而非彼此相互掣肘？

在前述電影劇情中，布洛迪的行動便屬義務論的範疇。她採取行動時的思維可以上述幾個命題理解之：政府和身為政府官員的我們可以剝奪嫌犯的人權以換取必要資訊嗎？對尤瑟夫施以非人道的酷刑能夠彰顯我們自詡為尊重自由和人權的建國理念嗎？犧牲尤瑟夫無辜的前妻和小孩以迫使尤瑟夫供出核彈的確切地點，等於將尤瑟夫的前妻和小孩當成工具，此種做法應當嗎？社會全體的利益應該優先於個體的利益嗎？亦即犧牲少數生命以維護多數生命，是否符合將人視為目的的理念？最高當局的指令、專案小組領導和其他成員、以及楊格與我的種種作為，是否違背了美國自詡成為由負責任與自由的人們所構成之理想社會的理念？

（三）值得進一步深思的倫理議題

以目的論和義務論的角度思考上述個案，可以進一步深思如下的倫理議題。

1.在目的論方面

最高當局、楊格以及專案小組一直相信尤瑟夫的核彈威脅的真實性，而且施以各種嚴酷手段致力迫使尤瑟夫供出核彈放置地點，但如果尤瑟夫只是個精神異常的瘋子，最高當局、楊格以及專案小組採取的行動還會有絲毫的正當性嗎？換言之，目的論本質上是以行動的結果決定行動本身的是否合乎倫理，但其限制就在於人們總是僅能預測而不能確定行動的結果。

2.在義務論方面

　　布洛迪堅信政府以及政府官員不應該採取違背憲法、法律和人道精神的行動，但對遭受核彈威脅的民眾而言，他（她）們的生命安全的保障也是政府責無旁貸的使命。換言之，當布洛迪大聲疾呼：「如果要以犧牲尤瑟夫小孩的性命換取第四枚核彈的下落，不如就讓核彈爆了吧。不要忘記我們是人！」她對於道德原則的堅持能夠獲得即將因核彈爆炸而喪命的孩子以及他（她）們的父母認同嗎？

第四節　小結：倫理行動是一種判斷和選擇而且是個人道德修為之體現

　　直觀論、目的論、義務論、德性論都可以對公務倫理實務起導引作用。尤其是目的論與義務論二者的爭辯，在某些研究公務倫理的學者眼中看來，其實是可以兼容於公共行政和服務之中，視具體情境採擇（*cf.* Cooper, 2006; Denhardt, 1988; Geuras & Garofalo, 2005）。

　　公共行政人員和政策決策者對於各種施政作為的道德判斷，也可能是四種道德思維綜合作用的結果。申言之，人的思維和心理過程非常複雜且具高度動態性。對於一件事情的決策，通常歷經繁複的內心轉折，並且人經常會隨著時空局勢的改變，轉換運用不同的思考邏輯或判斷標準，而在內心「比較」、「排序」這些不同的道德判斷標準。當然此處並非否定或漠視成見、意識型態、信仰等對於個人決策和判斷的影響力，只是指出人的道德倫理思維並不是一種一成不變的過程，而且每一個人受到其成見、意識型態、信仰左右的程度並不一致，所以「個人受制於其成見、意識型態和信仰『經常傾向於』某種特定的道德判斷與抉擇，但可能不是『永遠』做出某種特定的道德判斷與抉擇」；又或許，個人的成見、意識型

態、信仰的主要影響，就是體現於道德判斷與抉擇的「轉折過程」。

　　從第1章以及本章的析論可以發現，當政策決策者和公共行政人員從事決策與採取行動時，可以採取各種道德哲學的立場進行倫理判斷，然究竟孰優孰劣？作者認為，所謂客觀絕對的標準似乎並不存在。而且通常就是由於客觀標準難以確立，導致公共行政人員或政策決策者陷於倫理衝突的困境。公務倫理相關文獻或教科書對於倫理衝突多有探討，但解決之道似乎就只有視具體情況做出適當抉擇。

　　對此，本書作者提出一種嘗試性的看法：

1. 公共行政人員或政策決策者應該採取多元思維，意即可以將四種道德哲學所提供的觀點一一對個案進行分析；

2. 將前述分析所得，併同個案特性與時空情境一一比較，選出較為適當的倫理判斷依據。

3. 各種道德判斷和抉擇在本質上是個人內在心智活動，換言之，一項倫理行動其內容為何以及能否持續其實是個人的道德修為之投射。

　　以上建議採取多元思維並審酌個案特性只是一種方法或思考方向，因為個人的道德判斷和倫理行動仍可能受制於制度結構。其次，道德判斷和倫理行動是一種藝術成分高於科學理性的心智活動，也因此道德判斷能力與倫理行動的培養不能脫離心靈的修練，而且居公務體系位階愈高者，此種心靈修練愈是重要。

第三章

道德直觀論與德性論的投射：
公共行政人員的人性論

　　誠如首章提及，本書將以道德直觀論與德性論為哲學基礎探討公共行政人員的人性論，意即以肯定人性中具備某種道德本質（不論先天還是後天）做為起點，看待公共行政人員為有能力主動且真誠地採取倫理行動的主體，而不一定總是基於制度的約束或是出於自利的算計才被迫（動）採取倫理作為。

　　源自於政治與行政分離論[1]的主流公共行政理論——管理主義（managerialism）包含了二種人性論，其一將人視為完全受限於制度約束的個體，此可稱為命定論（determinism）；其一則是將人視為純粹出於自利動機的個體，此可稱為原子論（atomism）。所謂管理主義意指一種信念：相信對於公共行政的理解僅需採取管理的途徑為之，公共行政的改革唯賴管理技術的精進，並將公共行政的內涵等同於公共管理（public management）。質言之，公共行政之管理主義意味著，公共行政所面臨的困境，乃是肇因於公共組織與政策「管理」不善所致，因此解決之道在於管理思維的轉換和管理技術的精進之上。易言之，管理主義將主要焦點置於手段之上，即使涉及價值和思維的層次也僅是工具理性，並不針對手段所欲實現之目標本身進行反思[2]。進而，在管理主義的觀念之下，公共行政的重心乃是如何以理性的規劃和效率的控制為手段，強化公共組織與政策之管理的內涵與效果，以解決實務上的困境。並且，管理主義的支持者相信，公、私部門在達成目標的手段上，並無二致，所以公共行政所運用的知識和工具，可以全盤師法企業（businesslike）。管理技術的運用和革新對於公共行政實務的貢獻有目共睹，然將管理視為公共行政的全部並且排除價值反省的可能性就是管理主義，而管理主義的公共行政卻有其限制。管理主義使公共行政陷於效率的追求，公共行政人員的工作僅在於追求達成組織效率的工具，甚至公共行政人員本身也是工具的一環，此種

1　政治與行政分離論視公共行政為達成政治所設定之目標的手段，而如何選擇最佳或最適當的手段就是管理，就是政治與行政分離論之下公共行政的內容。

2　此即實質理性，本書後續將做探討。

人性論（discourse of human nature）[3]，不是隱含了命定論就是採取了原子論的立場。在邏輯上，命定論導致公共行政人員僅能被動因應環境做出反應，而缺乏前瞻性和改變現狀的能動性；原子論則假定公共行政人員能夠脫離社會制約，因而對社會整體缺乏道德和責任意識，並將自利作為行為唯一動機。職此之故，它們二者皆假定公共行政人員對於目標缺乏反省能力，淪為工具主義（instrumentalism）[4]的思考模式，在追求行政效率之外，並不能夠同時保證社會公平正義的實現。

　　本章先從反思管理主義之人性論對於公共行政人員所造成的扭曲為起點，進而提出施為觀點（agency perspective）的人性論以重新定位公共行政人員的角色，最後根據施為觀點的人性論勾勒公共行政人員應採取的宏觀公務倫理思維與實踐行動。

第一節　管理主義的人性論及其反思

　　公共行政主流論述源於政治與行政分離論，而政治與行政分離論所引導的行政理論又可稱為管理主義。歸納管理主義的人性論對於公共行政人員的看法，不外乎立於二種觀點之上：一為將行政人員非人化（impersonalization），此即命定論；一為將整體與個體分割，視個體純粹以自利做為行為動機，此即原子論。以下先說明二種人性論的意義，然後指出它們所引導的倫理思維與實踐行動，進而反思它們的限制。

---

[3]　人性論是對於人性的哲學探討，例如孟子主張人性本善就是一種人性論。人性論也可說是對於人性的假定（assumption），所謂假定就是無須以科學證據加以證實的命題，通常一套理論可能要以某幾條假定為基礎，然後再做進一步發展和推論，例如經濟學就是奠基於理性人的假定，理性人也就是經濟學之中的人性論。

[4]　將一切人事物視為達成目標的手段，只考慮它們在達成目標的過程中可以發揮的效用。

一、管理主義的人性論：命定論與原子論

　　所謂命定論意指人的行動完全由制度結構所決定，個體即便具有自主意識仍無法改變客觀的環境，依照哈蒙（Michael M. Harmon）在其《公共行政的行動理論》（*Action Theory for Public Administration*, 1981）一書中所述，此屬於被動—社會的自我（passive-social self）之觀點（Harmon, 1981: 40-41）。因為，此種觀點假定了公共行政人員的行動，完全由制度結構所決定，是以，在理論方面，知識的旨趣在於追求良好的制度結構之設計，期能藉由此一設計，導引正確而且適當的行政行為，進而達成更高層的目標之實現。換言之，行政的論述本質上全然採取工具主義的思維，不必涉及實質理性的探討。在實務上，嚴密的控制與監督，成為遏止行政人員不當行為以及確保行政效率的良方。亦即，此種觀點預設了公共行政人員消極、被動的性格，傾向於麥克格理格（Douglas McGregor）所謂的X理論的管理模式。X理論的管理模式主要的內涵為：1.行政人員內心之中皆厭惡工作，並會設法逃避之；2.因為行政人員不喜歡工作，故必須以懲罰的手段，強迫、控制或威脅他（她）們朝向組織目標工作；3.大多數的行政人員會逃避責任，並希望聽命辦事即可，不願承擔責任；因而4.他（她）們胸無大志，但求保持現狀（*cf.* 李茂興等，1994：74）。

　　其次，所謂原子論意指，在邏輯上自我的存在先於社會互動，並且個體可以獨立於社會互動之外。換言之，在社會系絡當中，自我可自由決定是否加入或退出制度結構。是以在此觀點當中，所謂的制度結構基本上乃是個體行動的總和（Harmon, 1981: 41）。在個體與個體之間，並不存在如同現象社會學（phenomenological sociology）學者舒茲（Alfred Schutz）所稱之「我群關係」（we-relation）[5]（*cf.* 盧嵐蘭，1991），或是社群主義（communitarianism）所強調的社群意識（sense

---

5　個體之間彼此認為同屬社會整體的一分子的一種情感。

of community），以及懷德（Orion F. White）所言之具有協同合作（collaboration）[6]的關係（*cf.* White, 1990: 196-197），和史蒂芙（Camilla Stivers）所主張的積極主動的公民意識[7]（*cf.* Stivers, 1990: 246-273）。最後，個體的行動純粹以自利動機予以理解，亦即採取自利個人主義的觀點，界定理性的個人必會做出自利的行動，也因此對於社會關係的解釋通常為功利主義式的工具性組合（Harmon, 1981: 41）。

二、命定論與原子論的倫理原則與實踐行動

在非人化的觀點之下，公共行政人員的角色界定和倫理思維及其實踐行動呈現如下的特徵：

第一，行政中立包含價值中立─傳統公共行政蘊含價值中立的屬性，因而其重視公共行政人員在治理過程保持超然、中立的能力（Denhardt & Denhardt, 2003）。不過，在新公共管理的觀點之下，公共行政人員在治理過程中，雖然不免要調和政治的衝突，但對於價值仍應保持超然、中立的立場。

第二，公務倫理焦點在於服務傳輸的控管─由於公共行政的範疇被界定為就是服務傳輸，因此傳統公共行政認為，最佳的組織結構為集權的官僚體制（Denhardt & Denhardt, 2003）。因此，公共行政人員的倫理行為，乃是在層級節制體系當中恪遵上級的命令，並將依法行政為主要的衡量標準。其次，新公共管理也將焦點集中於服務的傳輸之上，但修正官僚體制嚴密層級控制的缺失，其認為最佳的組織為分權的結構和程序設計。因此，公共行政人員的倫理行為乃是在較大的裁量權之下，有效率地滿足顧客的需求，亦即，成果與績效成為衡量的標準之一。

第三，公共組織最重要的價值是經濟效率和工具理性─所以公共行

---

[6] 人與人致力合作促成某一件事。

[7] 作為公民自覺對社群整體負有責任。

政人員在政策制定的過程中並非核心的要角，他（她）們的任務就是管理（Denhardt & Denhardt, 2003）。易言之，公共行政人員被視爲只是公共目的之有效率的執行者，忠誠地執行政策便是合乎倫理的行爲。而在新公共管理的觀念之下，雖然引進了市場機制、不斷創新、調和政治衝突等觀念和實務。但是，公共行政的論述仍然僅偏重於績效，公共行政人員的角色乃是經理人，而非憲政治理的參與者，忠誠地執行政策似乎仍爲倫理行爲的唯一標準。

三、對命定論與原子論的反思

以下就前述兩種人性論之下的倫理思維與實踐行動的限制，進行扼要地反思。

（一）價值中立所呈現的弊病

命定論和原子論，皆傾向於將公共行政人員視爲價值中立的個體。價值中立要求公共行政人員進行政策分析與規劃時，扮演如同科學家的角色，不應受到個人主觀信念的干擾，而做出不客觀的政策建議。然而價值中立卻也可能導致一種負面的效應，即公共行政人員缺乏道德意識和人文思考。雖然以客觀的科學方法從事政策分析在釐清公共問題以及提出對策時有其必要性，但另一方面，在各種政策方案中進行選擇，往往不僅是一種理性的評估也涉及價值判斷與道德抉擇。換言之，各項政策方案的成本效益可以運用科學和客觀的評估技術取得，但欲就各項政策方案做出抉擇時，則科學和客觀的方法不一定能夠勝任，因爲政策抉擇時必須衡量各項方案對不同政策標的人口造成的結果與影響，更重要的是，還必須思考這些政策結果與影響是否符合社會公平正義。

價值中立無疑是要求公共行政人員忽視關於政策方案是否符合公平正義的價值判斷。舉例而言，弱勢團體與強勢團體的競爭實力相去太遠，而公共行政人員視若無睹的結果，只會導致公共行政淪爲弱肉強食的過程。

亦即，在從事政策規劃時，公共行政人員若缺乏價值判斷和道德思考，只是單純地根據成本效益分析結果提供決策建言的話，那麼將可能導致弱勢團體被邊緣化，其權益將永遠是競爭社會中遭到淘汰的一方。由此觀之，要求公共行政人員價值中立可能導致社會不公，價值中立則可能淪為實質的價值走私（向競爭力強勢者的價值傾斜）。

（二）公共行政人員不應只是工具性的角色

　　不論是非人化還是原子論的自利個人主義，皆傾向於將公共行政人員視為工具。在非人化的觀點之下，公共行政人員在制度結構之中其自主意識完全遭到漠視。而在原子論的自利個人主義之觀點下，其自主意識又被轉化成為自利動機。因此，公共行政人員被視為基於某種誘因而從事行政行為，進而利益交換成為公共行政的本質。新公共管理以自利個人為基本假定，建構其論述的內涵，具有以下理論上的困境：自利傾向的公經理人和公共企業家，致力提昇行政績效、滿足顧客之需求的誘因為何？事實上，公共行政與企業管理本質並不相同[8]，其未必能夠如同企業一般提供自利的經理人和企業家，適當和充分的誘因[9]，那麼新公共管理在論述的邏輯上，顯然出現了如後的弔詭：其一方面，假定了公共行政人員為追求自利的個人；但另一方面，又一再鼓吹公共行政人員應該不斷力求創新、變革，以符合顧客導向的理念，然而，在缺乏適當和充分誘因的情況之下，這些公經理人和公共企業家如此戮力以赴的貢獻精神，未免與自利個人的假定格格不入。

　　綜合而言，在前述兩種觀點之下，公共行政人員皆為達成政策目標的工具，除此之外，並無其他的內涵。事實上，公共行政人員一方面必然受

8　公共行政的目標在於實現公共利益，企業管理的目標在追求私人的利潤。

9　舉例言之，私人企業可以藉由員工入股分紅的方式，激勵員工提高生產力。但是，公共組織的任務為公共服務，所有的制度設計皆以此為主軸。因此，如何能夠像私人企業一樣，將更多的預算納入公共行政人員的所得？即便，可以將績效獎金提高，其空間亦十分有限。

到制度結構的規範，另一方面除了自利的動機之外應該還有利他的觀念。若是一套行政論述無法彰顯公共行政人員的倫理意識，以及強化行政行動之道德意涵的話，此種論述之下僅具工具思維的公共行政人員，將不可能反思其行動所欲達成之目標的意義以及其是否符合道德標準。盱衡歷史，二次大戰期間納粹德國屠殺600餘萬猶太人或是侵華日軍在中國南京的大屠殺，正是缺乏道德反省能力的工具思維所導致的暴行。

（三）造就消極被動的技術官僚

原子論的自利個人主義思維傾向，很可能進一步地造就批判論者所詬病的「技術官僚」（technocrat）。所謂技術官僚存在著如後的數種弊端，限縮了公共行政人員在治理過程中施展作為的潛力（*cf.* Parkin, 1994: 67-77）：

第一，創新能力受限──技術官僚講求事實但無法容忍模糊的目標，所以只能接受可以明確計算的得失，而不能忍受人類行動的複雜性與曖昧性（因為其所抱持的科學信念所致）。因而技術官僚可能缺乏想像力，進而其創新能力受限。

第二，只重量化的利益──因為強調可以計算的得失，所以傾向功利主義的思維。對技術官僚而言，所謂的公共利益似乎只是能夠量化的價格而不是可以令人的精神層次得到滿足的價值，甚至誤將價格等同於價值。抑有進者，行政措施的良窳，只著重於多少人的利益獲得滿足，而不論何種利益獲得實現。

第三，自利為行動基礎──既然理性是技術官僚對自我與對他人行為的判準和原則，自利似乎就是公共行政人員所有決策和行動的基礎。因此公共行政人員與其服務對象以及與社會整體的關係，乃是建立在一種利益算計的基礎之上（至少是避免自己蒙受損失的考量）並非社群（命運共同體）意識。職此之故，即使當公民的權益受損、亟需協助時，技術官僚傾

向的公共行政人員，未必願意積極伸出援手，尤其是當他（她）們評估採取行動的風險後，更可能會將精力用於保護自己而不是解決問題之上。

（四）難以建構具有社群意識的公民社會

非人化的行政理論之下，公共行政人員與民眾的互動，亦為非人化的法律關係，所以除了正式的關係之外，並無情感的交流，行政人員亦無須以同理心感受民眾的需求及其困境，因為民眾只是非人的個案（cases）而已。在原子論的自利個人主義之觀點之下，公共行政人員與民眾的關係，則被理解為廠商和顧客的交易關係，彼此在自利的前提下互動。在上述兩種觀點之下，公共行政人員與民眾之間不可能產生我群關係或是互依性（mutuality）（cf. Harmon, 1981: 82-86），並且社會互動以利益交換為基礎，因而其只能造就一種功利取向的社會。在其中，公共行政人員規劃和執行政策時，只需考慮社會中多數的利益，因此，弱勢的聲音難以獲得平等的表意機會；民眾只是買方或消費者，根本不必負有任何的社會責任，民粹的氣焰勢將升高而社會的衝突可能日益加劇。在此種氛圍之下，蘊含社群意識（即命運共同體的觀念）的公民社會，根本難以實現。

所謂公民社會的特質就在於：一方面保障個人的權利，並如史蒂芙之主張，提倡積極主動的公民意識，促使公民涉入民主的治理過程之中（cf. Stivers, 1990）；另一方面則是，超越自利傾向而願意致力於促成公共利益的實現（cf. Denhardt & Denhardt, 2003）。簡言之，此種公民社會的核心在於其能夠實現，個體與集體價值能夠獲得有效調和之正義的社會。易言之，所謂的社群意識，即社群的成員自我意識到對於他人或社會整體負有責任。具有社群意識的公民社會，對於一個優質的民主政治而言，具有非常正面的價值，誠如巴博（Benjamin Barber）所言：「強勢民主的推動，需要一個涉身其中之公民自我治理的政府，並且不受干涉。它要的是一套制度，讓下至市井小民、上至國家領導者能夠共同對話、共同決策、共同政治判斷、並共同行動」（Barber, 2003: 261; 林鍾沂，

2001：695）。巴博所指出的能夠共同對話、共同決策、共同行動的公民
自我治理之社會，其實就是公民社會。但在非人化的觀點之下，個人對於
集體的制度無權置喙，可能導致制度結構的宰制，因而造成制度結構與個
體異化的結果；在原子論的個人主義觀點之下，個體又被視爲以自利動機
行爲者，公共行政人員與民眾缺乏利他、關懷、以及犧牲的胸懷，只能造
成一種利益算計的社會，或是利益團體的自由主義：公共利益偏狹化，公
共目的遭到割裂和侵蝕（Wamsley *et al.*, 1990: 33）。因此，非人化和原
子論的人性觀的公共行政人員，根本無助於公民社會的實現，不但無法產
生優質的民主政治，甚至扭曲了民主政治的眞諦。

第二節　施爲觀點的人性論及其影響

　　簡而言之，所謂施爲觀點的人性論就是相信人乃是行動主體，其一
方面受到結構制約，但另一方面有能力突破結構。作者認爲此一人性觀點
其實可與道德直觀論和德性論結合，使人作爲道德行動主體的論述更具合
理性，也就是說明人願意在某些艱困的情境中仍然願意堅守道德原則採取
行動或是根據預期行動結果而貫徹其所採取之作爲，此乃部分根源於人性
中原有的道德本質。據此，結合了道德直觀論與德性論的施爲觀點，肯定
人是道德主體不一定總是需要外求於道德原則或行動結果做爲標準才展開
行動，而是在「某些時候」、「某種情境」根據人性本質就能施展道德作
爲。不過此處作者必須強調的是，前述的人性假定並不意味人總是能夠如
此展開道德行動，但也要指出，如果在邏輯上人不具備任何此種成分的本
質（當然作者並不是武斷地認爲人性的全部就是如此），那麼人爲什麼有
能力選擇道德原則加以遵從或者是根據預期結果去判斷應該採取的行動？

　　以下首先介紹施爲觀點的意義，其次析論施爲觀點的人性論，然後指
出，在施爲觀點的人性論之下，公共行政人員超越了傳統的工具性角色，

並且是擁有價值反省能力的理性思維主體。

一、施為觀點的意涵

　　施為觀點的「施為」一詞英文是「agency」，依據《韋氏辭典》（Webster's Dictionary）的解釋，agency的意義為：1.行動、權力；2.手段、工具性；3.賦有對別人施予行動之權力之個人或公司的實業；4.在前一種意義中所指之實業的辦公場所或地區（葉啓政，2000：334、337-338）。其次，另一個相關的詞彙是「agent」，它意指：1.產生或有能力產生特定效果的人或物：一種主動或具有實效的因；2.實施或運使權力的人；3.對於其行動負有責任者；4.一種手段或工具可以引導理智達成結果；5.代理者（Wamsley, 1990b: 117）。因此，不論是agency或agent，就其字義，它們都意涵著擁有能動（enactment）能力的行動之意思，行動可以說是其意涵的重點所在。

　　在公共行政領域中，倡議以施為所蘊含之能動性看待公共行人員和行政機關最重要的文獻就是黑堡宣言（Blacksburg Manifesto）。黑堡宣言文中所謂之施為，就是指公共行政人員和行政機關的作為和行動。而黑堡宣言的作者們之所以主張以施為觀點看待公共行政人員和行政機關的原因，則在於批判行為主義（behavioralism），行為主義之行政理論所提供的人性論就是第1節所述的原子論。誠如該文首席作者萬斯來（Gary L. Wamsley）在闡述他（她）們為何要撰寫黑堡宣言以檢討以行為主義為基礎的主流行政理論並提倡施為觀點時指出：「個體的道德和責任乃是受到社會形塑、制約、培養、激發、強化、以及重製而成的」（Wamsley, 1990a: 20），意即公共行政人員不可能脫離他（她）所屬社會加諸於其之上的所有約束，所以行為主義的原子論與事實並不相符。其次，社會和制度也會因為個體的行動而產生改變。所以，萬斯來在說明黑堡宣言一文雖然承襲新公共行政的基本價值但仍差異時指出：「黑堡觀點與敏諾布魯

克觀點（Minnowbrook Perspectives）[10]有所不同之處主要在於，我們意識到了欲改變價值以創造社會變遷，必須從結構和個體兩端同時著手」（Wamsley, 1990a: 21），意即個體並非完全受制於社會結構，個體的行動也會導致社會結構的變遷。此種觀點，也正好是對於非人化的人性論——人完全淹沒於結構之中而喪失主體地位的反動。

黑堡宣言的施爲觀點與社會學者紀登斯（Anthony Giddens）（1979; 1984）提出的「結構化理論」（structuration theory）息息相關。紀登斯認爲，agency就是一種在制度結構之中，具有能動能力的社會行動者及其作爲。換言之，agency是一種既受制度結構約束，但又能促使制度結構變遷的行動者之集合，而且此一集合中的個體，彼此由社會關係（即制度結構）連結在一起，使得此種集合大於個體的加總，此即結構化理論之要義（Cohen, 1989: 23-25）。萬斯來（1990b: 121）和史蒂芙（1990: 256-257）對於Giddens的觀點，皆特別予以引介和闡釋。亦即，黑堡學者主張之施爲觀點乃是強調，公共行政人員的行動一方面受制於制度結構，但一方面仍具有自我意識，而能夠促成制度結構的變遷。也就是認爲，應將公共行政人員視爲擁有促成制度變遷之能耐（capacity）的社會行動者。

在此必須特別說明的是，本章將「Agency Perspective」稱爲施爲觀點，而將agency譯爲「施爲」，不將之譯爲「機關」或「機構」[11]，便是強調施爲觀點所蘊含之「人爲行動主體及其改變結構之能動性[12]」的

---

[10] 就是指新公共行政一派的基本價值，敏諾布魯克是指美國雪城大學敏諾布魯克會議中心，此處是新公共行政的發源地，1968年美國行政學者 Dwight Waldo在此處召開學術研討會，產生了所謂新公共行政。

[11] 國內有學者將Agency Perspective譯爲機關觀點，例如余致力教授（2000）所著之〈論公共行政在民主治理過程中的正當角色：黑堡宣言的內涵、定位與啓示〉，便作上述譯法。

[12] 所謂能動性意謂主動、自主、創造之意。

主張，並且也是沿用國內社會學者的譯法[13]。施爲一詞亦可見諸於我國古籍，早已爲我國各式文書中的慣用語，其意謂能動、行動、作爲、和舉措。施爲一詞在佛教經典中尤爲常見，例如《達摩血脈論》、《達摩無心論》[14]、《大乘遍照光明藏無字法門經》[15]等；古典小說《西遊記》中

---

[13] 舉例言之，中原大學室內設計系李謁政教授所著之論文〈建構社區美學：邁向台灣集體記憶之空間美學〉（文建會主辦「1999社區美學研討會」）。在前言中有一段文字提及施爲：「研究者於本論文中，企圖揭櫫塑造『地方性（Locality）美感經驗』與空間現實之相應理論，以此呼應『社區美學』想像下的內容詮釋。於空間、美感經驗之間生活者扮演著施爲、參與的角色，但是這角色的重要性一直爲空間專業的研究者所忽略，……」（李謁政，1999：1）；其次，在台灣大學社會系教授葉啓政所著之《進出「結構—行動」的困境》一書中亦將agency譯爲「施爲」：「……倘若這樣的觀點可以被接受的話，我們實有理由可以把『行爲是否理性』這樣一個議題懸擱起來，而在概念與論述的工夫上，……這就引出了所謂的『施爲』概念來，……根據《韋氏辭典》，agency（以下譯爲『施爲』）此一英文名稱……」（葉啓政，2000：333-334）；再者，台灣師範大學地理系講師汪明輝所著之單篇論文〈原住民運動空間性〉，也運用施爲一詞：「……社會運動同時是空間運動，狹義爲運動施爲者之空間實踐作爲以展現其訴求與力量，廣義爲施爲者之空間建構運動，……」（汪明輝，刊載於http://www.geo.ntnu.edu.tw/faculty/tibu/原住民運動空間性摘要.htm）。檢索日期：2012/05/20。

[14] 《達摩血脈論》提及施爲一詞的文字如後：
問曰：「若不立文字，以何爲心？」
答曰：「汝問吾即是汝心，吾答汝即是吾心。吾若無心因何解答汝？汝若無心因何解問？吾問吾即是汝心，從無始曠大劫以來，乃至施爲運動一切時中，一切處所，皆是汝本佛。即心是佛，亦復如是。除此心外終無別佛可得；離此心外覓菩提涅槃無有是處。……」
問曰：「既若施爲運動，一切時中皆是本心；色身無常之時，云何不見本心？」
答曰：「本心常現前，汝自不見？」……
又問：「汝言語施爲運動與汝別不別？」
答曰：「不別。」
師曰：「既若不別，即此身是汝本法身；即此法身是汝本心。」此心從無始曠大劫來，與如今不別；未曾有生死，不生不滅。……心量廣大，應用無窮，應眼見色，應耳聞聲，應鼻嗅香，應舌知味，乃至施爲運動，皆是自心。一切時中但有語言道斷，即是自心。……
其次，《達摩無心論》提及施爲一詞的文字如後：
問曰：「弟子愚昧，心猶未了審。一切處六根所用者，應答曰，語種種，施爲煩惱，菩提生死涅槃，定無心否？」
以上所言之施爲的意涵，雖與社會學者所指未必全然相同，但其中皆蘊含行動、作爲、舉措之意義。

[15] 《大乘遍照光明藏無字法門經》中，提及施爲的一段文字爲：「……決定修行最上之法，

亦運用施爲一詞[16]。此外，還可在官方文書中得見，例如清朝雍正年間福建巡撫毛文銓上奏皇帝的「奏報請撫臺灣生番摺」[17]（雍正四年正月初四日）。綜合言之，本章參考《韋氏辭典》的解釋、Giddens的結構化理論、黑堡觀點的論述、以及國內學者對agency一詞的各種譯法[18]，認爲agency與我國古籍慣用的施爲一詞意境相當，而且又可兼顧中文的美感與習慣，故採取施爲此一譯法。

二、施爲觀點的人性論：主動的—社會的自我

萬斯來指出，人處於制度結構之中，不可能不受到制度結構的形塑作用，但是人做爲行動的主體，亦不可能不會對於制度結構的變遷毫無影響能力（*cf.* Wamsley, 1990a: 20-21）。換言之，施爲觀點一方面批判原子論太過於強調個體可以脫離社會互動而獨立存在的看法，另一方面則是反對非人化的行政理論將個體完全隱沒於制度結構之中，導致公共行政人員成爲一種完全不具自主意識的組織機器之附件（cog of machine）。申言之，韋伯（Max Weber）對於工業社會中官僚體制組織的發展感到悲觀，而產生了以下的悲觀論（pessimism）：

1. 官僚體制幾乎滲透侵入生活的每一個領域。

2. 官僚體制之所以受到青睞，乃是肇因於科學的進展導致現代經濟與生產

永離胎藏下劣之身，示現受生，守護國土，諸所施爲，普遍賢善，離於三界，能救三界，其行清淨，善達自他，皆具足如是功德」。以上所言之施爲的意涵，同前註。

[16] 在《西遊記》第六十八回的篇名就出現施爲一詞：〈朱紫國唐僧論前世孫行者施爲三折肱〉。此一施爲亦意謂作爲、舉措。

[17] 福建巡撫毛文銓上奏清雍正皇帝的「奏報請撫臺灣生番摺」中，關於施爲的文字是：「……故全臺文武，自上以下，知番之亟宜勤撫，而終難見諸施爲，今幸天假其緣，兇番合……」（中研院「宮中檔奏摺中臺灣原住民史料」，刊載於http://www.sinica.edu.tw/~pingpu/library/fulltext/npmdatabase/yun021.htm）。以上施爲一詞即行動、作爲之意。檢索日期：2012/05/31。

[18] 有將agency譯爲執行者，如桂冠出版吳曲輝等譯之《社會學理論的結構》，1992；或將之譯爲行動者，如韋伯出版陳菁雯等譯之《政治學方法論》，1998。

活動型態的變遷，為了達成規模經濟所欲追求的效率，規格化的機器生產方式大量被引入工廠，在其中，人成為機器的附件，人性必須向機器生產模式妥協。

3.原本官僚體制為人類的創造，卻逐漸失控於人，彷彿成為現代世界不可抗力的巨靈。

　　韋伯認為，造成前述危機的深層原因在於：現代化以來人類理性[19]受到高度肯定和推崇，理性帶來的成就全面地侵入人類所有的生活領域，尤其在技術掛帥的情況下，以理性為基礎的官僚體制組織似乎成為一種必然的、無可避免的、無可阻止的、難以逃脫的、普世皆然的、甚而是牢不可破的生活型態。對韋伯而言，理性化（rationalization）意味著因應變遷社會和處理其中之複雜性的能力。符合理性化的官僚體制存在著化異求同的功能，包括：社會關係的唯理化[20]、現代生活所必須的專業化、知識的學術化等。理性化的結果使人的行為可以計算、能夠預見，因而將複雜的現象簡化，欲使之處理起來可以依循明確的規則，避免無謂的時間、金錢、精力的浪費而獲得效率。然而，在此一過程，人性必須臣服於冰冷的、無生命的、以及原為人所創造的規則。此即，官僚體制之「鐵的牢籠」（iron cage）（*cf.* Clegg, 1990: 29-33）。總之，韋伯雖然認為官僚體制此一理性化的建制是一種「解除魔咒」（disenchantment）的過程，德文的原意是：「將虛幻的魔力從事物中驅除」（周伯戡譯，1983：128），意即合法－理性的官僚體制乃是人類理智戰勝迷思（myth）的一大成就。然韋伯也早已經意識到，理性的官僚體制在「解除魔咒」的同時也釋放了另一種魔咒——官僚體制本身。

---

[19]　理性是人的推理能力，在此處也就是工具理性思維下，理性被強調成為一種算計能力，它可以使人在各種選項中選擇出達成目的的最佳（效率最高）手段，因而理性也是一種讓自己獲利最大的思維能力。所以在經濟學中，以自利作為行為動機的人就是理性人。

[20]　組織中的人際關係摒除人情考量而代之以完全的利益算計，意即純粹從如何達成組織目標的角度設計組織中人際的互動模式。

被動的─社會的自我	主動的─社會的自我
個體與整體的關係：個體先於社會互動而存在，但與社會互動無法脫離關係。片面地依賴整體。 行動特質：無創造力、受制於社會規範	個體與整體的關係：個體與整體無邏輯上先後次序之分，個體之間的社會互動所形成的關係網絡就是整體。 行動特質：有創造力、具意向性而與他人有關
被動的─原子論的自我	主動的─原子論的自我
個體與整體的關係：個體先於社會互動而存在，但與社會互動無關。 行動特質：無創造力、受到外界刺激而做出反應	個體與整體的關係：個體先於社會互動而存在，但與社會互動無關。 行動特質：有創造力、相信人定勝天、追求自利為動機

圖3-1　社會研究的四種人性論

資料來源：作者參考Harmon, 1981: 40-42.改繪。

相反地，黑堡學者認為施為觀點的人性論應可解決上述問題。施為觀點的人性論就是行政學者哈蒙在其《公共行政的行動理論》一書中所提倡之「主動的─社會的自我」（active-social self）（Harmon, 1981: 40-41），請見圖3-1右上角所示。

哈蒙認為主動的─社會的自我，對於建立一套具有人文主義色彩的公共行政最有助益。所謂主動的─社會的自我意味著，個體的行動具有主觀的性質，但是必然在與他人社會互動的過程中產生相互依存的關係，哈蒙稱之為互依性（Harmon, 1981: 82-86）。換言之，公共行政人員從事行政行為時，涉及個人主觀的詮釋，並且也包含著服務對象對於其所採取之行動的詮釋，所以公共治理應是一種主客交融的相互作用過程，而不是傳統的行政理論單純的一方施予一方承受之概念；亦非市場取向的新公共管理眼中純粹的利益交換。哈蒙認為相互詮釋的過程，涉及了同理心（empathy）的作用，涉及了情感的交流，進而產生如同Schutz之現象社會學的我群關係（Harmon, 1981: 40-41; *cf.* 盧嵐蘭譯，1991），其意涵遠大於交易的觀念。

根據此一人性論，公共行政人員置身於政治的制度結構之中，雖然必會受到制度結構的約束，他（她）們必須依循制度結構所給予的規範採取行動，但是另一方面，在各方行動者和公共行政人員的共同協力合作之下，公共行政人員也能夠重塑制度結構的具體內涵。舉例而言，當代的公共治理重視公民社會的建構以及公民參與政策運作，便是主張公共行政應該建立或維繫一種政策利害關係人得以平等表意的機制，共同參與界定公共利益（*cf.* Wamsley *et al.*, 1990: 40-42），而此種訴求，即蘊含著自主─社會的自我之人性觀。

三、主動的─社會的自我對公共行政人員角色的重新定位

以下將闡述主動的─社會的自我之人性論對於公共行政人員的角色起了如後的重新定位作用：第一、它促使公共行政人員超越了工具性的傳統角色；第二、它肯定公共行政人員擁有價值反省能力。

（一）公共行政人員超越工具性的傳統角色

施為觀點的人性論促使公共行政人員超越了傳統行政理論當中的工具性角色，在公共治理當中扮演主動積極的行動者，公共行政人員不再是隱形的、淹沒在國家機器之中沒有主見的附件，相反地他（她）們具有自我意識，並且在結構的制約下隨時進行自我調整也同時嘗試改變結構。誠如學者伍爾夫（James F. Wolf）指出，前述觀點其實是置於一種社會系絡與行動者之間的關係上，以理解公共行政的內涵，此亦可說明其中所蘊含之自主─社會的自我的人性論。伍爾夫對於以自主─社會的自我做為公共行政人員的人性論，提出了以下的見解（Wolf, 1996: 143-144）：

第一，在公共的領域之中，存在著持久的與權力性質的動態，而此種動態形塑了行動的系絡，這些系絡可以稱為結構、型態（patterns）、或是各種社會力量的匯聚，它們決定了行政的情勢，並且能夠引發公務人員的具體回應；

第二，許多行動的規範鑲嵌於前述所謂的系絡之中，而這些規範包含了實務方面的建議，也提供了對於公共行政的理解、詮釋，以及採取行動之依據；

第三，前述的人性論，使得行政行動的系絡與公共行政人員的自我意識，能夠進行更為適當的整合。

歸納伍爾夫的看法，以主動的－社會的自我人性論看待公共行政人員，呈現了對於公共行政理論建構而言極為關鍵的兩項特質：

第一，公共行政人員的行動不可能脫離特定的系絡，而且這些系絡對公共行政人員的行動提供規範與形成限制。

第二，基於前述觀點所建構的行政理論，絕不能忽視公共行政人員的自我意識與系絡的整合關係。剖析前述兩點特質，其對於系絡的重視，乃是社會意涵的人性論之展現，而對於自我意識的重視，則是主動的人性論之體現。

（二）公共行政人員擁有價值反省能力

在管理主義的公共行政理論中，基本上假定了組織成員在組織中的行為必須「去人性化」（dehumanization）——唯理性是從，不涉任何私人情感；以及「去個人化」（depersonalization）——唯組織是從，不得有絲毫個人意識。此種人性論，基本上就是源自於政治與行政分離論，唯有將目的與手段二分即將價值與事實分離，把公共行政定位在手段和追求事實的層次，公共行政人員才能夠在「理論上」完全擺脫價值判斷糾纏。如果可能的話，公共行政人員最佳的行為表現就是能夠像機器一樣的理性。

不過，以上觀點卻有著邏輯上的弔詭且與事實相違，反之施為觀點的人性論肯定公共行政人員擁有價值反省能力，則具有邏輯上的一致性並與事實相符。以下分從理性主義哲學和心理學分別論證之。

1.理性主義哲學的論證

支持新公共行政的行政學者以及黑堡學者總是強烈質疑：即使公共行政的內涵只是達成政治目的的手段，它僅居於工具和手段的地位，為了毫無阻礙地貫徹目標，公共行政人員被要求不需從事價值反省。然而公共行政人員在從事政策執行之際，難道真會是沒有靈魂的機器附件嗎？他（她）真能對於自己所要完成的任務目標沒有任何想法嗎？上述問題其實凸顯了政治與行政分離論及其衍生的管理主義與其哲學基礎之間，出現了極為嚴重的弔詭，意即：以理性主義（rationalism）為哲學根基的政治與行政分離論及其衍生之管理主義，卻反過來侵蝕了理性主義本身。因為，理性主義乃是以肯定人為理性思維之主體以及理性主體所擁有之價值反省能力為起點，但是以理性主義為基礎的政治與行政分離論及其衍生之管理主義卻正好否定了公共行政人員價值反省的可能性。

西方哲學家笛卡兒和康德都是理性主義的提倡者，但他們所謂理性主義就是承認人的推理能力可以成為知識來源，在他們眼中，人是理性主體。首先，笛卡兒是西方理性主義哲學的鼻祖，他的名言「我思，故我在」（Cogito, ergo sum），被哲學家黑格爾（Georg W. F. Hegel）盛讚為：就如同為在茫茫大海之中失去航向的人類文明提供了一盞明燈。笛卡兒將「我思」（就是理性）做為其形上學最基本的出發點，從這裡他得出結論，「我」必定是一個獨立於肉體的、在思維的東西（王又如譯，1995）。簡而言之，笛卡兒肯定了人為理性思維的主體。其次，康德的理性主義則又被稱為「主體哲學」─以人為理性主體的哲學。在康德的思想體系中，他提出了三大批判，具體呈現了人為理性主體的哲學精髓，同時也是人擁有價值反省能力的哲學基礎：(1)「純粹理性的批判」肯定了人為認知的主體；(2)「實踐理性的批判」闡述人為道德的主體；而(3)「判斷力的批判」則是闡述了美學、人生目的在主體中的基礎，以上三大批判肯定了人作為認知、道德、和美學的主體，為人做為一種擁有價值反省能力的主體哲學確立了知識體系（沈清松，1993：10-11）。

從以上笛卡兒和康德理性主義哲學的介紹可以得知，理性主義是以人為理性思維主體做為起點發展出來的哲學體系，而笛卡兒的「我思」以及康德的「批判」都指出了構成理性主體的關鍵要素就是價值反省能力。是以，管理主義顯然背離了它的哲學根基，而施為觀點卻正是西方理性主義傳統的延續。

2.心理學的論證

從心理學家馬斯洛（Abraham Maslow）所提出之需求層次論（theory of hierarchy of need）而論，人在滿足低層次的需求（如生存和安全的基本需求）後，總是要追求高層次的需求（如歸屬感、尊榮感）直到最高境界──自我實現（self-actualization）為止（Maslow, 1954）。所謂自我實現純屬一種精神層次的滿足，意指一個人對於自我成就的肯定，例如服務人群所得到的心靈上的快樂。作為具備追求自我實現動機的公共行政人員，他（她）就擁有創新能力與創意，並且有意願讓自己的潛能獲得充分的發展。一個擁有自我實現心靈的公共行政人員將會尋求具有挑戰性的任務，把握機會學習和運用創新能力。馬斯洛指出，願意追求自我實現的個人對於民主的實踐是一項關鍵因素，因為他（她）們懂得運用反省意識（critical consciousness）、有能力採取基進的（radical或謂改革性的）社會行動，並且能夠理解他人的需求。職此之故，在馬斯洛眼中，所謂追求自我實現的個人，意謂一種具有反省能力的人，他（她）不只是接受外界刺激才有所反應的人，相反地，他（她）乃是擁有自我表意之自由以及具備自主意識等心理元素的個體，此種心理元素引導了個人的思想和行動（Jung, 1986: 160）。

此外，心理學家羅潔斯（Car Rogers）進一步補充馬斯洛自我實現的概念，也可用以修正管理主義對於公共行政人員的人性論。羅潔斯也主張人擁有價值反省以及個人學習的能力，他強調個人價值植基於其自我的思想和抉擇，而不是建立在個人對外在環境之影響因素的認同之上。個人有

學習新事物的能力，因為他（她）能夠與他人互動，學習發生在人際之間的眞誠溝通和相互信任的基礎上（Rogers, 1961 cited by Jung, 1986: 160）。

　　除了上述心理學的研究可以論證人具有價值反省能力而且實際上經常運用此種能力之外，行政學者如哈蒙便指出，公共行政人員與其服務對象相互理解的情境可以做為行政行動的基礎，他稱此情境為「面對面的境遇」（face-to face encounter）（Harmon, 1981: 45），而如果要從面對面境遇的過程中發掘公共問題的話，公共行政人員所需具備的就是反省能力——反省現狀、反省價值、反省任務目標、反省制度結構、反省自我與他人的行動和作為等。綜合而言，公共行政人員擁有價值反省能力，對政治所設定之目標進行反省應是其工作的主要內涵之一。學者史蒂芙也根據公民意識和公民社會的理念指出，一個具公民意識的公民社會乃是一個社會學習的社會（cf. Stivers, 1990: 269），也就是從自己和他人互動中學習，此即一種相互理解的過程，在其中價值反省亦為必要的過程。

　　由以上論證觀之，管理主義的人性論顯然忽視了眞實的情況，而施為觀點的人性論則與眞實的情況較為吻合。亦即，公共行政人員應該是擁有價值反省能力的行動主體，在日常的行政實務中，經常從事著道德抉擇與價值判斷。

第三節　以施為觀點為基礎的宏觀倫理思維與實踐行動

　　優質的民主治理與公共行政人員的素質極為有關，而建構適當的倫理思維以及培養正確的實踐觀念乃是重要環節。以下將根據施為觀點的人性論主動的—社會的自我為基礎，從規範的角度出發，闡述公共行政人員應採取的宏觀倫理思維及其實踐行動。

一、宏觀倫理思維的內涵

　　傳統的倫理原則對於民主體制的維護發揮極大的功效，至今其重要性依然不減，例如依法行政有助於人權保障、行政中立有助於施政的穩定性和品質[21]等。然而，針對管理主義及其人性論的批判觀點，亦非無的放矢，實有助於補充傳統倫理原則之不足。除了傳統的行政中立、依法行政等倫理原則之外，公共行政人員還應具備夠為宏觀的倫理思維，茲臚列如下。

（一）實現以社會公正為前提的公共利益

　　不同於政治與行政分離論的觀點，此處主張公共行政人員應該時而反省其所作所為是否能夠維護社會公正（social equity）進而促成公共利益，而不是追求以數量為衡量標準的公共利益。所謂社會公正一詞包含了平等（equality）的概念，但公正與平等的不同之處在於，公正乃是一種透過刻意的干預措施以調整原有差距所形成的平等（Frederickson, 1990: 229）。現行的諸多社會安全政策與弱勢救助制度，便可說是實現社會公正的具體作為，因為這些政策，意在補救個人原先的不平等狀態，透過政策措施將之調整至較為平等的狀態，而此所達成之平等即可稱為公正，是以公正一詞具有關懷弱勢的意涵。舉例言之，政府以補貼的方式舉辦助學貸款協助家境清寒的學生就學，即是以社會公正為價值所施行的政策。因此，以社會公正為前提的公共利益，不同於功利主義（utilitarianism）所主張之追求多數人利益而犧牲少數利益的思維，因為在功利主義之下被犧牲的少數人總是社會中的弱勢族群。綜合而言，效率和經濟固然是公共治理不可或缺的一環，但是社會公正更是公共行政人員必須正視的核心價值，應將之做為公共治理的指導原則（cf. Frederickson, 1990: 228-229）。

---

[21] 使公共行政人員無須憂慮自己因政治立場的理由遭到不當對待，也不必在選舉過程中表態或被迫為其上級助選，如此才能發展出專業行政。

　　一個能夠實現公正的社會其特質在於：第一，它具一種積極的公民意識（citizenship），公民願意主動涉入民主的治理過程，公共行政人員也是公民的一份子（cf. Stivers, 1990: 246-273）；第二，公民願意超越自利的考量而致力於促成以共享價值（shared value）為其本質的公共利益（cf. Denhardt & Denhardt, 2003: 72-73）。第三、公共行政人員應該創造的共享價值，並且此一共享價值的內涵是，促使民眾體認協助社會當中的弱勢族群乃是獲致公共利益的過程。此即以社會公正為前提的公共利益。

　　抑有進者，具備社群意識的公共行政人員對於民主政治而言，具有非常正面的價值。誠如巴博所謂之「強勢民主」（strong democracy）的狀態，其意味著一種公民能夠自我治理（self-governance）的政體，它具備一套能夠促成民眾、政治領袖、公共行政人員彼此對話、共同決策、一起從事政治判斷、採取一致行動的制度（Barber, 2003: 261）。根據巴博的看法，公共行政人員和公民以及公民與公民之間處於一種我群關係之中，亦即命運共同體的社群，因此公民和公共行政人員能夠理解社會當中存在著亟需特別救濟的弱勢族群，並且願意犧牲自己的部分利益去滿足弱勢者的需求，是以社會公正、公共利益於焉得以實現。

（二）實踐以民主憲政為己任的專業主義

　　公共行政人員在運用其專業時，必須以民主為己任的思維做為前提，以免淪為缺乏價值反省能力的技術官僚。而以民主為己任的思維內涵包括：在公共事務的處理過程，表現出個人的廉潔、真摯、誠實，以及執著，以便鼓舞和誘發公眾對於公部門的信心和信賴（Barth, 1996: 178），此亦即此處所謂的專業主義（professionalism）。易言之，此處的專業精神其重點不只在於公共行政人員是否具備專業技能，亦非將公共行政人員視為只重視撙節公共支出的企業家（cf. Denhardt & Denhardt, 2003: 43; 90-93），而是主張公共行政人員應以民主憲政的維護和實踐

做為其職志，此才是公共行政人員的專業主義。簡言之，公共行政人員以專業主義的態度行政，就是運用專業能力達成捍衛民主憲政（cf. Wamsley et al., 1990: 47）。

職此之故，公共行政人員發揮專業主義的作為，並非表現在對民眾或民選官員的一味迎合與盲從，而公共行政人員在面對各種利益團體的壓力時，也並非陽奉陰違或者是虛與委蛇，其應該展現於捍衛公共利益以及忠於憲政制度的專業精神。捍衛公共利益和忠於憲政制度的專業主義，是一種將人民的處境而不是成本利益的計算置於首要地位的思維傾向，此有別於傳統倫理原則可能導致的目標錯置，同時也是民主政治的真諦。

（三）努力開創與民眾真誠對話的管道

誠如前述，為了實現以社會公正為前提的公共利益，公共行政人員應該創造一種促使民眾體認實現社會公正乃是實現公共利益之前提的共享價值，而此一共享價值必須透過社群成員之間的對話過程才能獲得。論者指出，此種對話過程不但形成政策（達成公共利益的手段）也形塑了公民意識（Denhardt & Denhardt, 2003: 80; cf. deLeon & Denhardt, 2000: 94; Wamsley et al., 1990: 34-36），此即一種具備社群意識的公共對話。此一具備社群意識的公共對話有助於調和個體之間的差異以及個體與集體的價值（cf. Clay, 1996: 98-100），並且身為社群成員的公共行政人員，他（她）們將會體認到自己對於他人和社會整體負有責任，而且對於社會中的弱勢者的責任更大，更重要的是，公共行政人員有責任促使民眾經此對話過程獲得上述相同的認知。簡言之，公共行政人員在創造、促成、和支持公民及其社群的關連性方面，扮演著重要而且關鍵的角色（cf. King & Stivers, 1998）。

當今社會，因為資訊流通公開與迅速，使得民眾能夠在限制較少與時間較短的情況下，獲得其所關注的訊息，並且擁有更多元的管道可以表達意見，例如電子郵件、call-in節目、平面媒體的讀者投書等。因而社會

當中對於公共議題、政策方案的歧見和衝突日趨明顯與頻繁。是以公共行政人員應該扮演政策的催生者以及公共議題的教育者，而其所應該遵循的倫理實踐原則之一就是：對民眾表現出真誠的回應性，謹慎地解答民眾對於政策作為的疑慮，將行政決策的相關資訊回饋給民眾，使其明瞭政府各種作為的意義（*cf.* Barth, 1996: 177）。簡言之，做為民主治理之積極參與者的公共行政人員，傾聽民眾心聲並加以回應乃是其責無旁貸之事（Denhardt & Denhardt, 2003: 43; 95）。

然而實際上要實踐此一原則絕非易事，因為位居政府體系領導階層的政客可能基於選票考量，不願意公開或認真檢討政策的得失。於是要求在層級節制當中居於部屬地位的公共行政人員，致力將政策資訊翔實地回饋給民眾，並且還要以民眾所能理解的語言予以解釋和說明，俾使民眾能夠真確瞭解政策的內涵及效應，公共行政人員必須發揮極大的「耐心」、「毅力」，以及更重要的是「勇氣」。不過，在依法行政與行政中立理念與制度成熟的社會當中，公共行政人員無須考量政客立場，提供翔實資訊予民眾不但是一種基本素養，也是一種法制上的義務，換言之它應該是課責的一環。總之，公共行政人員在實現公共利益的過程中，其必須表現出政治回應性的倫理行為，順應公民或相關團體的期望，但其並不侷限於市場取向的新公共管理所提倡之市場導向的觀念，更包含著公共行政人員應該致力維護多元的訴求可以獲得充分討論的機制，並且應該「重視外部的聲音甚於堅持己見」（Goodsell, 1990: 104）。

二、宏觀倫理思維下的實踐行動

根據前述倫理思維，公共行政人員應採取的實踐行動包括如下數項：

（一）公共行政人員應具備整合各方勢力的能耐

公共行政人員應承受政府外部訴求的抗壓性，以及化解與政府內部的

民選首長和政務官員、其它部門、上級主管、利益團體、社區居民等各方歧見的能力。易言之，公共行政人員必須有整合各方勢力以落實政策的能力。

（二）公共行政人員不但要執行政策還應該澄清政策的價值

公共行政人員必須兼顧政策價值之澄清以及政策之實踐的能力。此處所強調的是，公共行政人員應該以一種專業的態度，致力於培養行政能力以達成績效標準外，其同時還必須有能力向民眾闡述政策背後的理念，以獲得民眾認同與支持。

（三）公共行政人員應倡導公共生活的理念

學者巴斯（Thomas J. Barth）認為公共行政人員可以並應該扮演教育者的角色，而公共行政人員做為一位教育者，其內涵為培養公民認知其權利以及協助公民瞭解各種政策抉擇的代價（trade-off）。進而，啓發公民學習參與公共生活與治理過程（Barth, 1996: 173-174）。更重要者，公共行政人員還應該倡議社會公正以及公民意識等理念，俾以成為建立公民社會的基礎。最重要的是，公共行政人員必須自覺其負有教育公民的責任，並且願意扮演此一角色。

（四）公共行政人員必須將抽象政策轉化為具體的施政計畫

公共行政人員除了強調理念的倡導之外亦應重視實踐的能力。此處所強調的重點不僅止於公共行政人員是否為具備專業能力，而是在於公共行政人員應該以一種專業的態度，致力於培養行政能力和建立標準，並且更應該具備一種能力——將抽象的公共利益之理念轉化成為具體可行的政策方案，以及將達成公共利益的計畫付諸實行。

（五）公共行政人員應具備系統性的決策思維能力

學者路克（Jeff. S. Luke）認為，在交互關連的複雜環境中，政策決

策者應該扮演政策催生的領導者，而政策催生者必須具備複雜和系統性的思維能力（capacity of systems thinking），俾以進行決策，作者認為此亦為後現代社會中，公共行政人員應具備的能力，茲臚列如下（cf. Luke, 1992: 25-26）：

1. 預估未來的「政策機會之窗」（policy window）[22]（cf. Kingdon, 1984），以便予以掌握使之成為機會；

2. 思考現行的政策如何導致未來的問題；

3. 探討問題的相互關連性，以及評估其關係的重要性；

4. 預估未來的情勢對於行政作為的需求，以及行政作為如何成功地在相互關連的網絡中扮演其角色；

5. 採取系統性的思考（cf. Senge, 1990）——綜觀全局及其各部分，並且多元地觀察而非單一的因果思考；

6. 以網絡的觀念思考策略，並且隨時更新和修正；

7. 對於最後的結果與政策抉擇之第二序的變遷（second-order change）[23]和非預期的效應進行反思；

8. 考量最大可能範圍的政策利害關係人，範圍包括跨領域以及府際之間。

三、小結：外控與內省倫理途徑並重才能實現民主憲政之價值

本節根據施為觀點的人性論，從規範的角度提出，公共行政人員應扮演的角色與應有的作為。此處欲進一步指出，施為觀點的人性論既然強調公共行政人員必然受到社會的法規制度、倫理道德和價值觀念的制約，

---

[22] 某一公共議題或政策草案可以被制訂為政策的時機或是系絡。

[23] 所謂第二序的變遷之意義為，政策的演化改變了原先預估的型態與內容，更重要的是，此種改變不可逆轉（irreversible），無法恢復原狀（cf. 許立一等譯，2000：9-11）。

因此想要促使公共行政人員實踐民主憲政價值，除了外控途徑的課責制度之外，內省途徑的倫理道德意識的修練亦不可偏廢。事實上，當代行政實務運作的情形是重視工具技術和崇尚實用主義，所以外控的課責制度往往較受重視，至於公務人員內在修為的培養和理念價值的形塑卻總是遭到漠視。管理學大師聖吉（Peter Senge）（1990）認為心智轉換的修練至為重要，其實也是最為艱難的一項，但絕非不可能之事。作者以為，欲導引公共行政人員確實回應民眾需求甚至能夠扮演理念之倡導者以實踐民主價值，公務人力發展所關注的諸項課題似不應忽視倫理思維的培養此一項目，而且倫理思維的內涵應以超越效率價值和工具主義為重心。

第四章
道德目的論的投射：
工具理性取向的公務倫理

目　次

　　工具理性取向的公務倫理乃是確保公共行政所欲追求之目標得以實現的機制。意即，當公共行政追求的價值為工具價值時，公務倫理的視野便取向於工具理性。作者認為，此正是道德哲學的目的論之投射，因為倫理行為乃是根據某種目的之實現為前提所建構而成。本章將析論工具理性的公共行政所蘊含的哲學觀與價值主張，進而指出在此些哲學觀與價值主張的引導之下，公務倫理的內涵和特質。

第一節　工具理性行政的意義與範疇

　　此處所謂之工具理性的行政理論，基本上是以政治與行政分離論（dichotomy of politics and administration）為基礎，進而以管理主義（managerialism）[1]為途徑的行政理論和實務，依照發展的時空背景以及對於政府角色看法之不同，論者認為可分為「傳統管理途徑的公共行政」（traditional managerial approach to public administration）和「新公共管理」（The New Public Management）（*cf.* Rosenbloom & Kravchuk, 2002: 16-27）。本章以下將先闡明工具理性以及工具理性的公共行政之意涵，再扼要介紹傳統管理途徑的公共行政，最後介紹新公共管理。

一、「工具理性」及「工具理性的公共行政」之意涵

　　所謂工具理性就是理性的思維著重於達成目標之手段和工具的精進。與之相對的概念為實質理性（substantive rationality），意指理性的

---

[1]　透過管理觀念和技術的精進能夠使公共治理達成預期目標。換言之，如果公共治理面臨某些困境，通常會被認為是公共組織的設計或是政策管理不當所致，因此解決之道在於管理思維的轉換和管理技術的精進之上。進而，在此種觀念之下，公共治理的重心幾乎在於如何以理性的規劃和效率的控制為手段，強化公共組織與政策管理的內涵與效果，以解決實務上所遭遇的困境。並且，主流模式的支持者相信，公、私部門在達成目標的「手段」上，並無二致，所以公共行政所運用的知識和工具，可以完全師法企業（businesslike）。

思維著重於目標本身的反省。前者追求的是一種工具價值（instrumental value），而後者所追求的是一種內在價值（intrinsic value）。論者認為，所謂工具價值意謂一件事物之價值在於追求另一事物；而所謂內在價值則是意指一件事物之價值內存於其自身之中。舉例言之，一幅畫對於某人而言，其價值若是在於交易以獲取金錢的話，則該幅畫對於某人而言就是具有工具價值。反之，如果一幅畫對於某人而言，其價值不在於交易所能產生的經濟利益而是在於該幅畫本身，此即內在價值（cf. 彭文賢，1986：71）。

當然，一件事物對於不同的人會產生不同的價值感，例如達文奇的名作「蒙娜麗莎的微笑」，在甲的眼中所呈現的是大把鈔票，但乙卻沈浸在畫中主角深邃渺茫的眼神以及她略微上揚的嘴角所帶給他的冥想之中；其次，一件事物也可能對同一個人「同時」產生雙重的價值感，只是不同價值感之間的強烈程度有別，例如某人既欣賞「蒙娜麗莎的微笑」這幅畫的藝術光采，也對該畫的經濟利益感到興趣，只是他可能重視藝術甚於利益，或是重視利益甚於藝術；此外，更可能在不同的時間點，一件事物對於同一個人會有不同的價值感，例如某人收藏「蒙娜麗莎的微笑」這幅畫時，乃是肇因於自己深受其藝術光采的吸引，但當他不幸家道中落、經濟陷入窘境而必須變賣自己的藝術收藏品時，「蒙娜麗莎的微笑」對他的價值恐怕是經濟利益要大於藝術光采。

根據上述對於工具理性的界定爲基礎，所謂工具理性的公共行政意指，公共行政被視爲是一種著重於達成目標之手段的理性思維與行動，亦即公共行政所追求的價值是一種工具價值。工具理性的公共行政應是源自於美國學者威爾遜（Woodrow Wilson）（1887 reprinted in 1992）所發表的一篇名爲〈行政研究〉（The Study of Administration）論文中，主張公共行政應是達成政治所設定之目標的手段，所以行政的內容是追求手段的效率，而不應在目標的設定或目標的辯證之上。自此之後，更有學者如古德諾（Frank J. Goodnow）（1900 reprinted in 1992）在其著作《政

治與行政：政府的研究》（*Politics and Administration: A Study in Government*）一書中，提出對後世影響巨大的名言：「政治爲國家意志之表達，行政爲國家意志之執行」，與威爾遜相互輝映。此使得整個20世紀迄今，公共行政的發展皆以上述理念爲主軸，本書稱之爲工具理性的公共行政。

　　整體而言，公共行政在20世紀的發展歷程中，主流的論述與實踐行動總是著重於追求達成政治目標之手段的效率之上。誠如賽蒙（Hebert A. Simon）所言：「所謂的行政理論，就是關注於組織應該如何建構與運作，以便有效率地完成其工作」；進而他又補充：「行政的根本原則就是理性，而所謂的理性就是，在各種備選方案中選擇最能夠達成目的者，以及在各種結果相同的備選方案中選擇成本最低者」（Simon, 1997: 45）。賽蒙的說法將工具理性公共行政之意涵詮釋得淋漓盡致，而他對於公共行政學術與實務的主張，可謂爲工具理性的公共行政之典型，論者曾經扼要歸納賽蒙學術研究的哲學觀，本章茲將其臚列如下，俾利讀者一窺工具理性的公共行政之形廓：

　　第一，賽蒙致力於行政學科學化，在公共行政知識建構的認識論（epistemology）[2]和方法論（methodology）[3]上，他堅持以行爲主義和邏輯實證論（logical positivism，以下簡稱實證論）的路線研究公共行政（*cf.* Wamsley & Wolf, 1996: 18）。行爲主義主張社會科學應該以人的行爲作爲研究對象，因爲只有行爲才能夠「觀察」（眼見爲憑）。實證論主張，所謂科學知識是一種具備經驗意含（有可能被驗證和觀察者）的邏輯構成（理論），並採「證據」蒐集以檢證假設之方法所獲得的知識。此種學術研究路線與賽蒙主張公共行政應追求手段的效率性，基本上相呼應。因爲唯有採取行爲主義和邏輯實證論的認識論和方法論，研究者才能

2　對於知識如何形成以及何謂知識的哲學（形上學）探討。
3　對於各種研究方法的哲學探討。

夠獲得必須以計量方法（邏輯演算加上證據的累積）探求的效率。

　　第二，賽蒙所偏愛的實證論，假定了符號指涉著具體的意義，而且這些符號可以用來呈現自然世界——一個客觀的、與人類體驗無關而可驗證的實存（verifiable reality），也就是所謂的客觀事實（*cf.* Wamsley & Wolf, 1996: 18）。

　　第三，賽蒙的理念與政治科學中的行為主義相互呼應，從而他對於解決效率、經濟和效能等問題的嘗試，成為當時代公共行政一種嶄新而且令人興奮的研究途徑，並且加深了倡言公共組織應該仿效私人企業者的信念（*cf.* Wamsley & Wolf, 1996: 19）。

　　賽蒙的對於行政研究的學術主張，對於工具理性的公共行政深具啟迪作用，從認識論和方法論的層面觀之，主流行政理論的後續發展，基本上並未脫離賽蒙主張的範疇。參考上述賽蒙的哲學觀，本章認為工具理性的公共行政具有如下基本特質：

1. 工具理性的公共行政只著重於手段的課題，因此效率乃是此一觀點下公共行政追求的唯一價值。

2. 效率是客觀證據（通常就是數據）的排列和比較結果，所以科學成為達成效率的最佳途徑，而量化研究也因此成為公共行政學術的主流。

3. 科學所蘊含的認識論（如邏輯實證論）反對價值可以作為研究題材（由於價值無法觀察之故），且量化方法亦難以將各種價值賦予標準權值加以計算和排序（因為價值充滿主觀性，每一個個體對於同一種價值可能會有不同的評價使然），因此又更加深了工具理性的公共行政對於價值辯證課題的排擠作用。

二、傳統管理途徑的公共行政

　　傳統管理途徑的公共行政包含20世紀初期發展起來的行政管理

（Administrative Management）、行為主義（Behavioralism）、功能論（Functionalism）與系統途徑（Systems Approach）。其著作成果豐碩，本節茲舉其代表人物及論著之熒熒大者，扼要臚列於下（*cf.* Shafritz & Hyde, 1992; Shafritz & Ott, 1996）：

（一）行政管理

1. **代表人物與論著**：韋伯（Max Weber）的〈官僚體制〉（Bureaucracy 1900 reprinted in 1992）[4]、泰勒（Frederick Taylor）的《科學管理的原則》（*The Principles of Scientific Management*, 1917）、魏勞畢（William F. Willoughby）的《公共行政的原則》（*Principles of Public Administration*, 1927）、古立克（Luther Gulick）和尤偉克（Lynndal Urwick）合編的《行政科學論文輯》（*Papers on the Science of Administration*, 1937）。

2. **論述重點**：著重於探究權威結構、分工、控制幅度等課題，追求放諸四海而皆準的組織設計和管理原則，相信最佳法則的存在並認為根據最佳法則所設計管理的組織可以達成效率。

（二）行為主義

1. **代表人物與論著**：懷特（Leonard White）的《公共行政原則的意義》（*The Meaning of Principles in Public Administration*, 1936）、巴納德（Chester I. Barnard）的《主管的功能》（*The Functions of the Executives*, 1938）、史汀（Edwin O. Stene）的《行政科學的途徑》

4　此篇文獻載於夏福立茲（Jay M. Shafritz）和海得（Albert C. Hyde）合編之《公共行政經典之作》（*Classics of Public Administration*）一書中，原文摘自1946年出版，由葛司（H. H. Gerth）和密爾（C. Wright Mills）編譯的《來自韋伯：社會學論文輯》（*From Weber: Essays in Sociology*）。

它假定了組織利益等同於個人利益，以及組織利益能夠迅速地分配給有貢獻的成員，但實際上往往並非如此（Scott, 1973: 52 cited by Jun, 1986: 71）。

（*An Approach to a Science of Administration*, 1940）、賽蒙的《行政行為：行政組織中決策過程之研究》（*Administrative Behavior: A Study of Decision Making Process in Administrative Organization*, 1947, 1957, 1976, 1997），以及其它以組織行為為主題的研究，諸如領導行為、激勵理論等。

2. **論述重點**：追求行政學科學化，認為行政組織研究重點應在建立一套知識體系，以解釋進而預測組織成員的行為，據此發展出引導和控制成員行為的管理技術，俾使組織成員的行為符合組織的預期（Jun, 1986: 65-66; *cf.* Scott, 1992: 45-48）。與行政管理相較，論者或謂此為「人性化的管理」，但亦有學者批判行為主義的公共行政貌似人文主義（humanism），但實質上仍以「管控」為初衷，目標在提昇組織的生產力而不是在組織成員本身（Jun, 1986: 71）[5]。從1930年代美國著名行政學者魏勞畢的一席話，正可為行為主義追求行政學科學化的宗旨作一精確的註腳：「如果要確保行政目的之達成以及運作效率的話，就只能嚴謹地應用科學方法去確證行政原則以及它們的作用」（Willoughby, 1927: ix cited by Denhardt, 2004: 53）。在此觀點下，科學能夠產生行政行動的原則和導引，科學可以提供解釋以幫助公共行政人員提昇組織效率。歸納言之，行政學追求科學化乃是基於以下預設：(1)科學方法可用於從事行政研究；(2)科學可以產生導引行政行動的知識和技術；(3)科學產生的行動知識和技術可以促進組織效率，而效率乃是評價組織的主要標準（*cf.* Denhardt, 2004: 53-54）。

（三）功能論或系統途徑

1. **代表人物與論著**：伯恩（Tom Burns）和史托克（G. M. Stalker）合著之《創新管理》（*The Management of Innovation*, 1967）、卡茲

5　此處所謂的管理包含了策略的擬定、資源的安排、領導、協調溝通等內涵，此與傳統上將公共行政人員界定為純粹的執行者角色有所差異。

（Daniel Katz）和卡昂（Robert L. Kahn）合著之《組織的社會心理學》（*The Social Psychology of Organizations*, 1966）、湯普森（James D. Thompson）《行動中的組織》（*Organization in Action*, 1967）、羅倫斯（Paul R. Lawrence）和羅胥（Jay W. Lorsch）合著的《組織與環境：對於分化和整合的管理》（*Organization and Environment: Managing Differentiation and Integration*, 1967）、卡司特（Fremont E. Kast）和羅森衛（James E. Rosenzweig）合著的《一般系統論：組織和管理的應用》（*General Systems Theory: Applications for Organization and Management*, 1972），以及敏茲伯格（Henry Mintzberg）的《組織結構》（*The Structure of Organizations*）。

2. **論述重點**：功能論及系統途徑是以生物有機體比喻行政組織或政治系統的運作過程，簡單而言就是將行政組織或政治系統的運作視為輸入、轉換、輸出以及反饋的循環過程。此一過程如同生物為了生存必須從外界環境汲取必要的養分（輸入），經過體內器官的消化吸收（轉換），然後將不需要的剩餘物排出體外（輸出），前述對生物無用的剩餘物對於自然生態環境卻又成為一種資源，其可以孕育生物所需要的養分來源（*cf.* 彭文賢，1986： 130-136; Scott, 1992: 55-56）。將上述循環過程用以觀察行政和政治，便是功能論與系統途徑的基本假定或論述內涵。因此它與行政管理、行為主義相較，最大的突破就是關注到了「環境」對行政和政治的影響。其次，就是它對行政和政治採取了一種動態的觀點，在行政組織或是政治系統與外界環境是一種交互作用的關係，而其內部各個組成（次級系統）之間也是一種交互作用的關係（*cf.* 彭文賢，1986： 130-136）。從工具理性的行政角度而論，功能論與系統途徑的意義在於，其假定了行政必須運使一套既定（預先設定）的功能，行政組織便得以生存，而行政組織的動態內涵則是可以透過分析行政部門的功能，以及這些功能與組織任務和目標的關係獲得理解（Jun,

1986: 71）。簡而言之，功能論及系統途徑假定行政組織根據目標預先「完善」設計各部門的功能，便能達成目標。至於何謂完善的功能設計？功能論與系統途徑基於「動態」的理念，則是主張行政組織必須隨時回應環境的變遷自我調適、改變設計。是以總結而言，功能論與系統途徑將焦點置於如何回應環境以及自我調適的功能設計之上，其工具理性的思維顯而易見。

三、新公共管理

　　新公共管理起源於對傳統管理途徑的改革，前者的內涵與後者當然存在極大差異，然從哲學、理論與實務各層面加以分析，又可見二者本質相同。新公共管理著重於政府績效提昇，政府再造實務是以管理技術的革新為內容，因此其仍取向於工具理性的視野。以下將介紹新公共管理的論述內涵與改革實務。

（一）從大有為政府轉向小而美政府

　　1970年代，一些經濟學者如海耶克（Friedrich A. Hayek）、傅里曼（Milton Friedman）以保守主義市場經濟學的觀點，批判政府的管制以及公共組織規模過於龐大的現象。這些市場經濟學者提出兩項主要的看法：1.政府的官僚體制限制了個人的自由，因而必須以公共選擇的途徑縮減官僚體制的規模，亦即，人民應該可以透過選票，決定政府的管制範圍及其組織的規模；2.傳統的官僚體制無法提供如同市場一般的誘因和獎酬機制，因此相較於市場，官僚根本缺乏效率。上述觀點又被稱為新保守主義（neo-conservatism）（*cf.* Stillman II, 1995: 30）或稱新右派。根據前述的思維，以經濟學為途徑從事政治研究的公共選擇理論（public choice theory），便基於個人自由和效率的理由，大力倡導選擇的極大化（maximization of choice）之觀念，鼓吹在公共事務的決策和運作方面，應讓民眾個人擁有最大的選擇權。

其次，公共選擇理論基於亞當‧史密斯（Adam Smith）的觀點，認為理想的公共行政應該符合最小國家的角色（minimalist state role），國家機關僅需維護社會安全即可，應該讓私部門的市場機制盡其所能地發揮資源配置的功能。是以，行政學者歐斯壯（Vincent Ostrom）亦從此一的角度指陳官僚體制缺乏效率，他認為官僚體制在效率方面不如市場機制，原因在於：1.官僚體制回應各種分歧的需求時顯得雜亂無章、囫圇吞棗；2.社會成本不斷升高；3.無法拿捏回應需求的適當比例；4.坐視公共財日益耗損，因為官僚無能採取行動防杜逐漸增加的對立性現象（某人使用某一公共財後卻導致其他人使用時無法獲得相同的品質和數量）；5.官僚體制所採取公共行動與其宣稱所欲達成的公共目的完全無關甚至背道而馳的傾向日益嚴重；6.結果，補救措施不但未能減輕問題反而使問題更為惡化。由於前述種種原因，官僚體制與市場二者成為對比強烈的兩種機制，就公共選擇理論的支持者而言，市場的效率遠勝於官僚體制（Hughes, 1998: 46-50; Peters, 1996: 16-17）。與歐斯壯立場相互呼應的著名學者包括了克理斯多（Irving Kristol）、衛達夫斯基（Aaron Wildavsky）、衛爾聲（James Q. Wilson）等人，他們的主張對於大有為政府多半採取敵視的態度，並提出諸多技術以裁減和抑制國家的擴張（Stillman II, 1995: 30）。

到了1980年代，此種以市場理論為基礎的公共選擇理論，在精簡政府的規模和管制範圍方面，獲得了實踐。例如當時美國總統雷根（Ronald Reagan）以及英國首相柴契爾夫人（Margaret Thatcher），基於國家財政赤字嚴重，試圖減少政府支出，所採取的一連串具體措施諸：解除管制（deregulation）、平衡預算、稅賦限制、民營化（privatization）、公共服務契約委外（contract out）提供等等，皆是基於最小國家之觀念所進行的行政改革作為（cf. Stillman II, 1995: 30）。此使得1980年代以主流行政理論的內涵，從大有為政府走向小而美政府的觀念，其所採取的公共管理作為，主軸環繞在於如何透過組織精簡的方式，減少政府支出以

舒緩財政上的壓力。

　　不過，值得特別注意的是，歐斯壯以公共選擇理論為基礎所提倡的民主行政，其所蘊含的基本理念乃是雷根和柴契爾夫人的實際作為所未能及者。歐斯壯根據公共選擇理論的自利人性假定，試圖透過權力分割的手段，以及擴大民眾參與公共決策的途徑，避免政府部門及其人員權力的專擅，提倡小而美的政府乃是為了確保民主。但盱衡雷根和柴契爾夫人的行政改革作為，卻僅是基於現實的考量，為了解決政府財政窘境，不得不進行政府組織的精簡，此一小而美政府的發展趨勢並非為了追求民主行政。

（二）從官僚體制走向企業型政府

　　在1994年時，美國共和黨的主席眾議院議長金格利（Newt Gingerich）提出「與美國訂約」（Contract with America）的政綱（cf. Wamsley & Wolf, 1996: 6），公共選擇的觀念在此獲得更為寬廣的出路（Stillman II, 1995: 30）。同時，綜觀1990年代，柯林頓（Bill Clinton）主政之下的美國聯邦政府，採取歐斯朋（David Osborne）和蓋伯樂（Ted Gaebler）（1992）所提出之政府再造的理念，由副總統高爾（Al Gore）推行「國家績效評估」（*Report of the National Performance Review*, NPR），進一連串的行政改革措施，在行政學界將此一改革浪潮正式定名為新公共管理，1960和1970年代以來公共行政所興起的公共選擇理論之觀點，於此際獲得更為精緻化的發展。

　　簡言之，政府再造的主軸乃是在於試圖擺脫官僚體制的僵化，並提倡企業型政府以提昇績效。因此，政府再造運動的支持者，以行政管理所主張的管理原則和公共組織的設計原理做為批判的對象，並自詡為新公共管理以為區隔。政府再造的倡導者對於行政管理之質疑可以歸納為如下二端：

1.對於行政管理所採行之政治控制行政的模式有所質疑

　　1887年威爾遜提倡政治與行政分離論，希望將分贓制以及可能干擾效率的政治因素徹底逐出公共行政，強調政策與行政、政客與行政人員應嚴格二分，而公共組織採行韋伯的官僚體制之設計，其中非人情化（im-personalization）和永業化的原則（cf. Weber, reprinted in 1992），正符合前述的理念。但是，提倡政府再造的學者指出，在實務上此一分離論的理念似乎未曾真正地實現。意即，政治與行政分離論只確立了永業文官（事務官）與政務官二分的人事制度，進而以政治控制行政的架構，做為政府運作的基本模式（cf. Ingraham & Romzek, 1994: 5-6）。但是，政府的運作從來未曾如同威爾遜理想中那麼單純，政客（民選的首長、政治任命的官員，以及議員等）和官僚之間的互動關係十分複雜微妙而且變幻莫測，公共行政人員也未必完全無涉於政策規劃。因此，在政治控制行政的觀點之下，公共行政呈現了兩個問題：1.採行嚴密的控制手段，監視公共行政人員的行為，俾以確保依法行政與達成效率，但此種做法卻忽視了公共行政人員的做為不只是「遵從訓令」（following instructions）而已，他（她）們還負有很重要的「管理」[6]角色。2.政治與行政本來就相互糾結，公共行政人員的任務在本質上就具有政治性，因此認為行政與政治無關，根本就是一套與現實脫節而無效的論述（cf. Peters, 1996: 15-16; Hughes, 1998: 39-40）。

2.不滿官僚體制的組織設計不符民主的要求與缺乏效率

　　行政管理以韋伯的官僚體制作為公共組織設計的藍圖（cf. Weber, re-printed in 1992），但是儘管官僚體制有其優點值得肯定，但是其亦有許

---

[6] 美國在十九世紀末，分贓制高度發展，使得文官體制受到政治干預的情形惡化到難以收拾的局面，終於在1883年制訂了「文官法」（又稱潘道頓法）（Civil Service Act 1883, Pendleton Act）。該法確立考試取材的文官體制，並且學習英國的制度成立了「文官委員會」（Civil Service Commission 1883）。此即當時文官改革的梗概。

多問題，不適合今日的環境。(1)官僚體制對於命令—服從關係的強調，其所鼓勵的是趨附順從的「官僚」而不是銳意變革的創造者；(2)官僚體制重視正式理性（formal rationality）、保密義務等特質，卻成為與民主衝突的來源。對此，韋伯實早已提出警語，他指出現代社會中官僚體制伴隨著民主的發展而日漸擴張，但是當其一旦存在於社會當中，試圖將之去除或取代幾乎不可能。官僚組織總是試圖透過專業知識的獨佔和保持其意圖的神祕性，俾以提升其優越地位。是以，民主生活所需的民有、民治與民享的實踐，在官僚體制的權威壟斷中遭到斷送；3.當官僚的功能與權威深入民眾的各個日常生活領域時，人民對於官僚的力量感到的是不安而非欣慰。韋伯將前述的困境稱為「鐵的牢籠」（iron cage）（*cf.* Clegg, 1990: 29-33）。更嚴重的是，當官僚體制未能符合效率的要求時，此種情形將更為惡化。官僚體制效率不彰的原因有二：一為其層級節制所產生的僵固性，此通常被評為「官樣文章」（red tape）；一為永業化的原則與官僚體制的持久性（permanence of bureaucracy），此使得公共組織的成員缺乏競爭意識，因而產生怠惰的傾向（Hughes, 1998: 40-46; *cf.* Kettl, 1994: 23-26; Peters, 1996: 17）。

此一波政府再造的風潮，不僅在美國大行其道，其同時也在其它的英語系國家，如英國、澳洲、紐西蘭、新加坡等，成為不容忽視的行政改革運動。政府再造的內涵可從歐斯朋與蓋伯樂的論述窺其堂奧，其二人在1992年出版的《新政府運動：企業家精神如何扭轉公部門》（*Reinventing Government: How the Entrepreneurial Spirit Is Transforming the Public Sector*）一書中，提出企業型政府如何運作或治理的十項原則，以及爾後並進一步提出的實行策略，以期藉由這些原則與策略的達成，俾能將官僚體系改變為富有創新精神的行政機構（Osborne & Gaebler, 1992; 林鍾沂，2001：163）：

1. **導航式的政府**：政府的職能在於引導領航（steering），而非親自操槳。

2. **社區性的政府**：政府將更多的決策權和公共服務的提供，回歸社區自主處理。

3. **競爭性的政府**：競爭機制是紓解官僚體制運作失靈的良方，政府應將競爭的觀念注入公共服務與產出之中，以取代傳統獨占而造成的保守、浪費與無效率。

4. **分權式的政府**：政府應將決策權下授以增加員工的自主權，同時在適當的監督下，充分分權，讓地方政府發揮因地制宜的功能。

5. **前瞻性的政府**：政府能夠以遠見來治理國家，並重視事先的防範優於事後的彌補。

6. **任務導向的政府**：政府應以目標和任務為導向，而非以法規命令為驅力，並注重任務的優先次序以便集中精力有效運用資源。

7. **成果導向的政府**：政府應對其施政結果負責，並以此作為績效評量的標準。

8. **顧客導向的政府**：政府的服務要以滿足顧客（人民）的需求為優先，政府的施政績效和品質應由顧客（人民）的滿意度決定。

9. **企業導向的政府**：政府除了節流外，更要注重開源。

10. **市場導向的政府**：政府面對不同的公共問題，可透過市場機能的自律調理，以舒緩政府機構官僚化的現象。

第二節　工具理性行政的哲學觀

工具理性的行政理論以政治與行政分離論為起點，將公共行政視為手段，著重於效率的達成，進而衍生出如後的哲學觀：以控制為核心的

管理主義、非人化（impersonalization）與原子論的個人主義（atomistic individualism）之人性觀，以及公共行政知識的科學主義（scientifism）等。

一、政治與行政分離論

　　傳統公共管理之發展，歸根究柢即以政治與行政分離論為原點，此一觀點的起源和主張為何，實應追溯威爾遜的〈行政的研究〉（1887, 1992: 11-24）一文中的重要主張。本章先簡單說明此一觀念生成的系絡，再從〈行政的研究〉一文中整理出政治與行政分離論的重要觀點。

　　在威爾遜身處的年代，美國政治的氛圍中「官職輪換」與政黨分贓（spoil system）合而為一，並且其被視為「平民化」與民主參與的政治理念的體現，伴隨美國的立國精神此亦被奉為圭臬。雖然，此為當時民主行政的特質，其優點在於公職開放、平等參政，但是分贓制的後續發展，卻使得公共行政遭受政治勢力不當介入日益嚴重，終於釀成1881年加斐爾總統遭到求職不遂者暗殺的慘劇發生，此一事件造成美國舉國震驚，隨即引發人們反思行政改革的必要性。威爾遜的政治與行政分離論，受到此種時空背景下的影響甚深。威爾遜在〈行政的研究〉一文中所提出的觀點，可以扼要歸納如下數端：

　　第一，公共行政與政治本質上有所差異：威爾遜主張當時美國文官改革（Civil-Service Reform）的重點，應該置於將政治因素完全抽離行政的領域，他道：「文官改革很明確地屬於公職生涯的道德領域，其以公信力與超越黨派的特質，樹立了公務人員的尊嚴，此亦為公職服務師法企業（businesslike）開拓了一條大道。……易言之，行政並不在政治的範圍之內，行政的問題並非政治問題。雖然，政治為行政設定任務，但是行政官員不應受到〔政治〕把持」。威爾遜更進一步引述德國學者Biuntschli的觀點強調，政治是屬於政治家的範疇，而行政則是由技術官員負責處理的層次，因此，政治與行政之所以有著明顯的差異，其理甚明（Wilson,

1992: 18）。

　　第二，公共行政是政策執行的工具：進而，威爾遜更爲具體地界定行政的地位。他以憲政和行政二者之差異爲立論基礎，指出憲政原則是美國民主政治的根基，其爲美國政府的運作擬定藍圖、設定目標，而行政只是實現憲政原則的工具（Wilson, 1992: 18）。簡言之，行政與政治最大的差別是，政治的內涵爲目標的設定，而行政乃是執行目標的手段。就美國憲法而言，設定政策目標乃是民選行政首長（如總統）、政務官（如各部部長）、以及國會議員的工作內容，而從事行政的事務官只能扮演政策目標的執行者（見圖4-1所示）（Frederickson & Smith, 2003: 17-18）。此處公共行政既被界定爲是一種工具，其任務的內涵便不應是目標的設定。誠如威爾遜所言：「公共行政的內容是鉅細靡遺地、系統分明地執行公法（public law）」。換言之，將一般性的法律（general law）適用於具體而微的個案之上，就是行政行爲的內容。至於，政府活動的規劃（通常就是以法律的形式呈現）則不屬於行政的範圍，此類計畫的細部施行才是行政的任務。所以，憲法賦予公共行政的角色實爲一種政府的工具，其功能在於掌理所謂的一般性法律（Wilson, 1992: 19）。扼要言之，威爾遜眼中良好的行政行爲就是：政治家所制定的政策乃以民意爲依歸，因此公共行政忠誠地執行政府的政策，就是順應民意的表現，亦爲良好行政行爲的展現。

圖4-1　政治與行政分離論示意圖

資料來源：Frederickson & Smith, 2003: 18.

　　第三，行政人員應該扮演管理者的角色：再者，根據前述立場，威爾遜對於行政人員應有的作為亦有說明。他認為行政人員當然應該擁有並且確實擁有自我的意志，不過此種自由意志僅限於運用在達成其任務的手段之選擇上（Wilson, 1992: 19）。意即，儘管他強調行政人員不應只是消極的工具，而應該表現出積極進取的精神，但是在威爾遜的眼中，行政人員的積極性只能展現在思考如何有效達成目標。換言之，他明確地主張公共行政以及行政人員在政治價值或是任務目標方面，完全無權置喙。

　　第四，行政人員對政治老闆效忠就是尊重民意的表現：最後，雖然威爾遜主張給予行政人員相當程度的自主性，而且也闡述了該自主性只能展現於達成既定目標之手段的選擇上，但是為了避免其論點陷入他所謂的跋扈、偏執的「官僚主義」（officialism），他仍然進一步具體說明了行政行為的分際，以防範前述惡果的產生。威爾遜認為公共行政必須謹守一項原則，即：「對於民意必須具備高度的敏感性，此為一位訓練有素的公務人員所應展現之良好的行為……」。具體而言，所謂對於民意必須具備高度的敏感性，亦即，良好的行政行為的體現便是謹守分際、忠誠地執行政府的政策，而這些政策乃是由對民意負責的政治家（statesmen）所制訂。威爾遜進一步補充，公務人員所受的訓練是用以執行政策，但不見得可以密切地與民意結合，因此必須透過民選首長和議會作為橋樑，才能避免官僚主義所形成的專斷或隔閡影響民眾的福祉（Wilson, 1992: 21-22）。

二、以控制為核心的管理主義

　　基於政治與行政分離論，公共行政只需專注於行政組織的管理，無須考慮其與政治的關係，因為它只是個接受政治老闆命令的角色，就威爾遜的看法，行政人員不需也不應碰觸政策的規劃；行政與其他部門（立法與司法）的關係則屬民選或政務首長的權責，更非公共行政所能置喙者。所以，公共行政其實就如同企業管理一般，著重於管理技術的精進，俾以

有效率地完成上級所交付的任務。而所謂的「管理」意指，透過組織的結構與過程的安排，以達成特定的目的。從前述所列舉的著作觀之，工具理性行政理論的旨趣，似乎完全集中於此一結構與過程的安排之上。所以，可以發現其幾乎完全將研究的重心置於組織理論和管理技術之上。歸納言之，深究管理主義的核心理念，其實就是控制。所謂控制就是將所有組織以及個人的行動限定於特定範圍內，並促使此些行動朝既定目標邁進。

三、非人化與原子論的個人主義之人性觀

工具理性行政對於個人所採的觀點可以細分為二種：一為非人化（impersonalization），一為原子論的個人主義（atomistic individualism），茲分別說明如下。

第一，個體的非人化——所謂非人化的觀點，即韋伯所認為之官僚體制的特質之一，此一概念將組織內部每一個人員均視為如同機器中的一粒螺絲釘，不需外力控制便可自動發揮功能，因為唯有如此，官僚組織內部的一切「非理性」（irrational）的情緒才不致對成員的績效造成干擾。韋伯的觀點恰與曾經盛極一時的科學管理運動（scientific management movement），以及行政管理學派的主張不謀而合。深究工具理性行政後期之系統研究途徑，亦可見此非人化之觀點的作用。系統研究途徑採總體論的觀點，個體幾乎淹沒於整體的視野當中，意即，系統研究途徑未曾思考過，個體在組織之中所能發揮的變革作用。換言之，以制度—結構為基礎的行政理論，將個人視為是組織生產過程中的附件之傾向，此即非人化的個人觀點。

第二，原子論的個人主義——行為主義興起後，工具理性行政傾向於，將人在社會世界中的地位視為如同原子一般全然獨立，特別是組織行為的探討，例如激勵理論中的過程理論，或是領導理論中的行為學派和權變途徑，似乎都假定組織成員的行為，單純地只是接受刺激而後的反應，而不強調個體與他人之間存在彼此相互學習而產生詮釋體驗、自我調適、

包容歧異的過程和結果。同時，原子論的個人主義所建構的行政理論，將個人界定爲，可以依循自由意志毫不受限地自由進出社會結構，此使得在此觀念之下的行政理論，幾乎不必考慮個體對於整體的道德責任。此外，此種原子論的個人主義，通常又被認爲是根據理性自利的動機而行爲，因此，在行政理論的建構方面，組織與個人以及人際之間，通常只單純地被視爲利益的交換。是以，如何滿足成員的需求以達成組織目標，成爲理論關注的重點。

四、公共行政知識的科學主義

工具理性行政強調經由科學方法發展相關知識，迄今爲止，此一研究途徑乃屬主流，甚而對其他途徑形成某種排擠作用，故稱之科學主義應不爲過。而所謂科學主義就是意指將科學奉爲知識取得的唯一途徑，亦即唯有符合科學標準的知識才是知識。行政科學（science of administration）的概念，早在威爾遜的〈行政的研究〉一文中便已出現（1887 reprinted in 1992: 11）。其後，在1937年，古立克與尤偉克合編的《行政科學論文輯》中，更是可以窺見當時行政學者對於公共行政發展科學理論的重視程度，此一觀點直至今日，仍是美國公共行政學科發展的主流價值之一（Rosenbloom & Kravchuk, 2002）。

雖然，賽蒙指責早期以制度—結構之研究爲旨趣的行政理論，不符合科學的標準，因此，他稱早期行政管理學派所發展的行政原則其實是「行政諺語」（proverbs of administration），根本不能視爲科學（1997: 29-49）。但此實在也只是研究方法不夠精確所致，並不損及諸如古立克和尤偉克等人對於追求行政學術科學化的熱誠。在行爲主義盛行並被引介成爲行政研究的主要途徑時，行政學術科學化的基礎總算大致底定（cf. Jun, 1986: 66），並且在認識論和方法論上找到定向。事實上，行爲主義意味著對於社會領域的研究，可以採取如同自然科學一樣的方法爲之，並且應該將重點置於人的「行爲」之上，原因是唯有可以透過感官經驗觀察

得到的行為，才能夠作為科學研究的題材。行政理論的科學化實與政治與行政分離論、管理主義、工具主義[7]、以及非人化和原子論的人性觀緊密相連，因為政治與行政分離論，將公共行政定位為無關政治的執行者之角色，所以它的任務在於進行有效率管理功能，追求工具的精進成為首要之務，科學成為相當有益的助力。科學最終目標在於發現「普世法則」（universal law），而此種法則的目的在於控制，此對於工具理性行政之意義為：找到一種放諸四海而皆準的通則，使得行政組織可以預期一切可能發生的變數並且加以操控，使其運作更具效率，而此一管理方法不僅適用於某一特定組織，還可以擴及應用至其他組織。

第三節　工具理性的公務倫理視野

　　根據前述對於工具理性行政之哲學觀的分析，不論從理論發展的層面還是從實務運作的層面觀察，公務倫理視野大致可以歸納如下：倫理的目的在於確保效率之達成、倫理的實務著重外控途徑（approach of external controls）甚於內省途徑（approach of introspection）[8]、倫理的觀照層面將個體行動與整體系絡（context）[9]分開考量、倫理的知識講求科學化與實用性。

一、倫理的目的在於確保效率之達成

　　在工具理性行政的觀點下，公共行政自詡為達成政治目標的手段，而

7　將一切人事物視為達成目標的手段，只考慮它們在達成目標的過程中可以發揮的效用。

8　學者多將此途徑稱為內控途徑（approach of internal controls）（*cf.* Cooper, 2006: 128-144），本章所謂內省途徑所指涉的意義與之相同。但作者認為，可以將之稱為內省途徑似更為貼切。因為此一途徑強調的是個人自省能力對行為產生的約束作用，所以倫理的效果源自於個人內心的反省，重點不應是「控制」而是「內省」所衍生的影響。故謂之。

9　系絡在語言學中的原意是上下文之間，延伸借用於社會研究之中意指環境。

其追求的價值無非是效率，故公務倫理的建構取向亦以確保效率之達成為目的。傳統管理途徑的公共行政重視效率，新公共管理的發展更是以批判前者缺乏效率為起點。今日諸多重要的公務倫理原則皆具有此一底蘊，而大致可從以下四項基本原則的分析中，一窺其堂奧。

（一）公務機關及公共行政人員必須依法行政

所謂依法行政意謂公共行政人員以及公務機關必須依據法令從事公務行為。從以追求效率為價值的工具理性行政觀之，法令規章就是公共行政人員在組織中工作的標準作業程序，其主要功能之一就是要讓行政人員專業和迅速地執行其職務以完成任務目標，因此依法行政此一倫理原則蘊含了確保效率之達成的考量。

（二）公務機關及公共行政人員必須政治中立

此一原則與依法行政緊緊相扣。論者曾指出，所謂政治中立其並不是意指公共行政人員絕對不得參加政黨或是政黨活動，相反地，在法律的規範之內，公共行政人員還是能夠從事上述活動[10]。根據前述觀點，政治中立的真正意義應是，公共行政人員在從事公務行為時，不得存有黨派成見亦不得涉入政治鬥爭（陳德禹，1993：6-7；許南雄，1993：9）。相同的，公務機關根據政策和法令訂定施政計畫和規則時，不得存有黨派成見亦不得涉入政治鬥爭。從工具理性行政對於效率價值的追求角度而論，此一倫理原則亦相當有助於效率的提昇。因為一方面公共行政人員及公務機關可以藉此倫理原則，在某種程度上免於各種政治勢力的干擾，讓任務的貫徹執行更加順暢，益於行政效率。另一方面，公共行政人員及公務機關也被要求不得因為一己的政治立場，致使任務執行有所遲疑，此亦有助於行政效率。

10　各國相關法律的規範標準寬嚴不一，而且針對不同職務的公務人員也有不同的標準，例如法官就經常被認為不宜積極參與政黨與政治活動。

（三）公務機關及公共行政人員必須忠誠執行政策

在政治與行政分離論之下，公共行政人員及行政機關必須對立法機關所制定之政策忠誠加以執行（Ellis, 1989: 86），忠誠執行政策成為工具理性行政重要的倫理原則。此一倫理原則意味著，公共行政人員及公務機關不需要思考政策目標本身的意義，而不需要思考政策目標的意義，當然就不會在政策執行的過程中對目標產生任何遲疑，是以行政效率將不會因此受損。抑有進者，公共行政人員及公務機關只要專心致力於手段之效率追求之上，因此將更有機會提昇行政效率。

（四）公務機關及公共行政人員必須服從命令

就韋伯看法，官僚體制的重要質素之一就是層級節制，它乃是一個龐大的組織如普魯士軍隊之所以能夠在戰場上有效率地採取一致行動的主要原因（Morgan, 1986: 23-24）。然而，真正賦予層級節制此種社會結構生命的靈魂應是「命令」與「服從」。在官僚體制的組織設計之下，公共行政人員必須服從上級長官之命令，俾利上下一體行動、為達目標、共赴事功，因此服從命令乃是非常重要的公務倫理原則。是以在行政法當中有所謂「特別權力關係」[11]，其意指公共行政人員不能享有一般人民的某些基本自由權力，對於國家必須絕對服從和效忠而不得有所存疑。服從命令的倫理原則讓官僚體系得以成為執行任務的整體，在分工的情況下取得整合，因此其所產生的重要效用之一就是有效率。

二、倫理的實務著重外控途徑甚於內省途徑

在工具理性的思維下，公共行政被認為無異於企業或組織管理（即管理主義），而其內涵主要就是「控制」，再加上科學化的推波助瀾，公務倫理的建構取向之一便是著重外控途徑甚於內省途徑。不論是傳統管理途

---

[11] 不過晚近此種觀點已有變化，某些國家之行政法規定，公務人員如發現權益遭到國家之不當處置時，得提起行政救濟或行政爭訟。

徑的公共行政還是新公共管理都相信法律制度的課責（legal-institutional accountability）最爲重要，二者也都幾乎未曾著墨於公共行政人員的自律精神和道德修爲。申言之，外控途徑與內省途徑是公務倫理建構的兩種截然不同之取向，其各有優點亦有限制，然此處不對二種途徑的利弊得失進行評價，而將重點置於說明工具理性行政的公務倫理建構取向著重外控途徑甚於內省途徑之原因。以下先行界定外控途徑與內省途徑的概念意涵並作扼要比較說明。

（一）外控途徑與內省途徑的意涵與比較

在工具理性觀的引導下，另一個公務倫理的建構取向是著重外控途徑甚於內省途徑，甚至可以說，工具理性的公共行政視內省途徑爲無物，意即對於內省途徑的效用抱持高度質疑的態度。學者費農（Herman Finer）（1936）的看法，將外控途徑之倡導者的理念表露得一覽無遺，扼要言之，他的主張大致就是：唯有在法律和制度的控制下，政府才可以被認爲具有產生負責任之作爲的可能性（Cooper, 2006: 153-154）。至於主張公務倫理內省途徑亦能發揮作用的論者，則是採取了與前者相對的觀點，例如學者Carl J. Friedrich就認爲，個人的心理因素可以對客觀的責任產生補強的功效（Friedrich, 1935: 38; Cooper, 2006: 153）。歸納言之，所謂公務倫理的外控途徑意指，透過明確的制度規範，例如條文嚴謹的法令規章，限制和約束公共行政人員的行爲。公務倫理的外控途徑，幾乎完全無關乎個體對於倫理制度的詮釋和理解，它講求以具體的條件、客觀的指標、一體適用的準則指導公共行政人員的各種作爲。本質上，一套周延完善的外控倫理法規制度並不容許模稜兩可、曖昧混淆的詞彙和情境描述混雜於其間，因此外控的倫理途徑最理想境界應該是：不能夠讓必須憑藉其採取作爲的公共行政人員擁有對它做成不同解釋的模糊空間。總之，外控途徑的特性在於，讓公共行政人員對於做出不負責任（違反法令）之行爲可能產生的後果──即必須遭受的懲罰──感到畏懼，因此不得不採取合乎倫理的行動。

（二）外控途徑的哲學基礎

　　工具理性行政之所以會導引公務倫理之建構取向於外控途徑有其哲學基礎，與前揭的哲學觀息息相關，特別是受到工具理性行政理論對人性假定的影響。

　　誠如前述，工具理性行政理論當中的一種思考理路是將組織中的行政人員予以非人化，而簡單言之，所謂非人化的人性觀就是將個人視爲組織（整體）那部龐大機器的附件（cog of machine）。其次，工具理性行政理論的另一種人性觀點是原子論的個人主義，而原子論的個人主義假定了組織中行政人員的行爲，只是被動接受刺激所做出的反應，並且也認定這些反應（行爲）純粹出於自利的動機，並不強調個體與他人之間存在彼此相互學習而產生詮釋體驗、自我調適、包容歧異的過程和結果。上述二種觀點都指向一種對於人性的預設，就是並不重視人的「自我反省」能力，同時也可以說是對於人性善念存在與否採取了高度的保留態度。

　　申言之，非人化的人性觀將個體淹沒於整體之中，因而作爲一個「人」的主體性明顯消失。然而對於前述觀點做出反動的原子論卻是另一極端，它相反於非人化的觀點，極力鼓吹個體的獨立性，假定個體在受到外在環境刺激下將會做出自利的抉擇和行動。主體性消失的預設將導致自我反省能力的匱乏，而極端強調自利的動機同樣地也忽視自我反省能力。職此之故，倚賴自我反省能力的內省途徑，顯然並不合乎此等人性論。反之，強調外部制度監控而非憑藉個人內在良知判斷的公務倫理途徑，用於缺乏自我反省能力而又事事講求自利的公共行政人員身上，至少在邏輯演繹或理論的層次上，顯然較爲合理而且可以被輕易推定是較能夠發揮效果的選項。

三、倫理的觀照層面切割微觀─個體行動與宏觀─整體系絡

　　學者凱瑟琳・但浩德（Kathryn G. Denhardt）的研究發現，許多論

者認為現代的官僚體制助長其組織成員道德意識的匱乏現象，所以只要對組織進行改造，就可以產生合乎倫理與道德的行為。然而另一種看法則是將焦點置於控制行政人員個體的行為，認為公務倫理的建構應該以行政人員個體為起點（Denhardt, 1988: 3）。上述兩種觀點使得公務倫理的觀照層面總是偏重一方，將個體行動與整體系絡分開考量。

誠如前述，傳統管理途徑的公共行政包含非人化與原子論的個人主義二種對人性的假定，而新公共管理則是基於公共選擇理論採取原子論的個人主義。非人化將人視為組織整體的配件，個體並不重要，所以解決倫理問題的重心置於組織而非個人之上。反之，原子論的個人主義則是預設了人可以脫離整體獨立存在，亦即系絡的因素似乎對個體的行動影響不大。職此之故，一方面，依照非人化人性觀的邏輯，公務倫理機制的設計重點在於組織結構和管理制度，認為只要將結構和制度進行完善的設計，防弊的效果便應運而生。另一方面，原子論的個人主義則會導致公務倫理機制偏重於對個體的約束，其認為只要控制好個體，整體就不會出現問題，同時它也預設了公共行政人員做出違背倫理的行為，都應該歸咎於個體，而與制度、環境、組織，以及其他的行動者無關。

四、倫理的知識講求科學化與實用性

在工具理性的思維下，行政知識以科學化為努力目標，因而公務倫理的知識研究也漸次朝科學化發展，同時在管理主義的影響下著重實用性。

在追求科學化的思潮下，公務倫理的知識研究採取經驗主義（empiricism）[12]以及實證論的認識論乃是一種與現代社會科學合流的必然趨勢。科學以經驗主義及實證論為認識論，它們主張所謂科學必須是一種「事實」的知識，而所謂事實的認定基礎就是「可經驗的」（即感官可

---

[12] 即認為知識必須依靠感官知覺的途徑獲得，而這種知識被認為是所謂科學的基礎，故科學的認識論基礎之一就是經驗主義。

以知覺者，此即經驗主義）和「證據」（此即爲實證論）。此點可從當代公務倫理的主流研究採取調查（survey）、實驗（experimentation）、訪談（interview）、事主（包括罪犯、司法人員、檢舉人等公務倫理案件的當事人）一手資料分析（hotline data analysis）、個案研究（case study）等以經驗實證爲基礎的研究方法看出端倪（cf. Frederickson, 1994: 33-40）。同時，配合著倫理實務的外控途徑以「客觀的」制度限制個人「外顯行爲」之內涵，公務倫理的知識研究當然也要致力符合科學所主張的經驗法則——凡事必須能夠「眼見爲憑」（seeing is believing），因爲建立在此等基礎上的研究發現才能夠取信於人，作爲公務倫理制度的理論基礎、指導倫理制度的設計或用以改進現行制度的缺失。

　　其次，在管理主義的思維下，公務倫理的知識研究還要具備對公共組織管理實務做出「具體」和「有效」貢獻的可能性，似乎才具有正當性。由於科學包括了三個各自獨立又可形成連續體的活動：描述（description）、解釋（explanation）、預測（prediction）（cf. Blaikie, 1993: 12-16; Burrell & Morgan, 1979: 5）。描述現象的狀態、解釋現象發生的原因，以及預測未來的可能性，無一不蘊含著針對（已經發生或未來可能發生的）事實做出回應的實用意味。亦即，科學除了發現事實（或稱眞理）之外，它還有另外一個重要的功能或者企圖，就是解決問題，而解決問題就是一種實用性。申言之，在科學的活動中除了描述可能是針對單一現象所進行的探索外，其他如解釋意在發現現象之間的因果關係，其目的就在將此種因果關係進行推論，希望適用於不同對象身上以確立通則，日後可以不斷的適用於不同對象，並且冀圖在問題尚未發生之前進行預測，防患於未然，此即控制的意圖。誠如哈伯瑪斯（Jurgan Habermas）分析社會研究的三種知識途徑（即三種認識論）（見表4-1）指出，實證論主張經驗分析是獲取知識的唯一途徑，以及將客觀證據作爲知識信度、效度的判準，其旨趣就在於控制（Blaikie, 1993: 52-53）。總之，將科學的認識論與方法論應用於社會研究的支持者相信，發現人類行爲的律則，用

表4-1　哈伯瑪斯的三種認知旨趣及對應的社會生活類型

知識的類型	基本旨趣	社會存在的面向
經驗─分析（實證論） 歷史─釋義 批判理論	預測和控制 理解 解放	工作（工具理性行動） 互動（語言） 權力（鬥爭與革命）

資料來源：Blaikei, 1993: 54.

* 括弧內文字為本書作者補充。

以解釋、預測進而控制人類行為的發生，不但可欲（desirable）而且正是社會科學的目的，其中所隱含的便是高度實用取向的特質。

　　職此之故，追求科學化的公務倫理知識，其目的也在於試圖發現通則，適用於不同的個體或組織，所以在此觀念下公務倫理知識研究乃具有高度實用取向。尤其是公務倫理的制度就是一種遏止問題發生，以及在問題發生之後提供解決方案的體系，所以其知識研究的實用性當然備受矚目。凡是能夠針對實際問題提供適當回應措施，並且最好是能夠提供防患於未然的明確方針或行動，如此的公務倫理知識在工具理性的思維下，似乎才可能被認真對待。

第四節　工具理性之公務倫理的特色與效用

　　工具理性的效用確是有目共睹，並且迄今仍是公務倫理實務和理論的主流模式。至少20世紀以來，先進國家的公務人力系統基於工具理性之哲學觀所建置的倫理機制，確實對這些國家的人事行政現代化以及政府績效的提昇貢獻卓著。在上個世紀中，許多國家人事行政的改革都與公務倫理機制的重建和更張息息相關，而此些改弦易轍的革新措施之內涵，在本質多半蘊含著工具理性的思維。本節將歸納工具理性之公務倫理的特色與

效用，作者認為其至少包括了：制度化—明確易循、透明化—嚇阻與後果可期、操作化（operationalization）—務實可行等，茲臚列敘述如下。

一、制度化──明確易循

所謂制度化意指將公共行政人員所需遵循的倫理行動以「明文」加以規範。而這些倫理規範的制度化過程，在民主國家通常必須經過立法程序或法律授權的程序，因此所制訂和訂定出來的倫理規範具備正當性及合法性，更重要的是讓公共行政人員的行政行為有明確的標準可資遵循。換言之，制度化的倫理規範其內涵力求避免混淆和曖昧，誠如稍前提及外控途徑時所言，其通常不會讓個人有詮釋和另作不同理解的空間。因此，由於對明確的制度規範不容易產生歧見，公共行政人員便易於將之做為行動的準則。

舉例言之，日本「國家公務員法」、「地方公務員法」以及「人事院規則」等，皆針對公務人員政治中立事項訂有規範，為公務人員參與政治的行為分際提供了明確的指導作用。如「國家公務員法」第102條以及「人事院規則」大致有如下數項對公務人員而言並不曖昧且易於遵循的政治行為限制之規定：1.國家公務員不得基於政黨或政治目的要求或受領捐款及其他利益；2.除選舉權之行使外，不得從事「人事院規則」第14條、17條所定義之「政治行為」；3.國家公務員不得擔任民選公職候選人；4.國家公務員不得擔任政黨或其他政治性團體之領導人、幹部、政治顧問或其他性質相同之職務。此外，在實務的運作上，還有後續的各種補充解釋，將政治中立分際作了更具體的闡述，使日本的公共行政人員易於遵循而得以避免制度的曖昧和混淆導致公共利益或公共行政人員個人受到傷害。這些補充解釋舉其要者有：1.公務人員不得從事涉及特定政策之公開演說[13]；2.單純出席政黨會議或成為政黨成員不受限制，但若該會議具有特定議題（例如示威、為政治目的而發起的連署行動）而公務人員積極

13　因為此屬具有政治目的之行為。

參與議事的話,則屬禁止行為;3.對特定候選人發送鼓勵的文書或電報並不違反規則(此屬個人行為不涉及他人亦未公開),但不得在候選人演說會場利用麥克風或公開陳述支持候選人之言論[14](蔡良文,2007:595-596)。從前揭日本公務員法制中關於政治中立的規範,正可見倫理機制明文規範之制度化特色,應較能夠產生明確而易於遵循的效用。

二、透明化——嚇阻與後果可期

誠如前述,外控途徑所約束的對象是可見的行為而不是隱晦不明的個人良知,且其多半採取具體的懲罰設計,讓公共行政人員因為畏懼而不願做出違背倫理的行為,故公務倫理機制的透明化是其特色,而透明化的倫理機制則可以產生嚇阻以及後果可期的效用。

舉例而言,我國「貪污治罪條例」(2009年04月22日修正)針對各種貪污行為之情節輕重決定刑度,其中各種貪污行為內容的界定及其懲罰當具透明化的特色並因而具有相當的嚇阻作用。更重要的是,刑度(後果)與行為(原因)之間的因果關係透明,具有後果可期的效用,讓人民得以認知政府對違反公務倫理行為的態度與作為。換言之,此種後果可期的倫理機制固然無法完全禁絕投機行為,但其至少可以明白宣示政府不容許違反倫理行為的態度,「某種程度」上可以提高政治效能感[15]。以下茲舉「貪污治罪條例」中刑度最重的第4條為例,供作參考。該條刑度為:「無期徒刑或10年以上有期徒刑,得併科新台幣1億元以下罰金」,而其所規範的貪污行為則具體地予以列舉如後:1.竊取或侵占公用或公有器材、財物者;2.藉勢或藉端勒索、勒徵、強占或強募財物者;3.建築或經辦公用工程或購辦公用器材、物品,浮報價額、數量、收取回扣或有其他

---

[14] 此即台灣選舉活動中的「站台」或「助講」行為。

[15] 此處強調「某種程度」四個字,意謂具有嚇阻及後果可期的倫理機制卻不落實,仍然會使人民產生「形式主義」的觀感,政治效能感一樣不會提昇。是以,具有完備的倫理機制只是高政治效能感的必要條件而不是充分條件。

舞弊情事者；4.以公用運輸工具裝運違禁物品或漏稅物品者；5.對於違背職務之行為，要求、期約或收受賄賂或其他不正利益者。另外，該條的第2項又規定了，上列第1款至第4款之未遂犯也必須懲罰之。

再者，如我國「國家賠償法」（1980年07月02日公布）亦屬具備透明化特色與某種程度嚇阻與後果可期之效用的倫理機制。該法第2、3、4條針對以下四種情況，規定國家應對受害人民負起賠償責任：1.公務員於執行職務行使公權力時，因故意、過失不法侵害人民自由或權利；2.公務員怠於執行職務，致人民自由或權利遭受損害者權利者；3.公有公共設施因設置或管理有欠缺，致人民生命、身體或財產受損害者；4.受委託行使公權力之團體與個人，行使公權力而發生前列第1、2款情事時。其次，「國家賠償法」第7條針對賠償的內容做出規定：國家負損害賠償責任者，應以「金錢」為之。抑有進者，「國家賠償法」第2、3、4條又規定了國家機關對於故意、過失不法侵害人民自由或權利的公務員，或是對怠於執行職務致人民自由或權利遭受損害者權利的公務員，以及對受委託行使公權力之團體與個人行使公權力而致人民生命、身體或財產受損害者，擁有求償權利。換言之，當法定條件成立時，國家機關先對人民負起賠償責任，然後國家機關再向必須負責的公務員或受委託之團體或個人請求金錢賠償。此種設計，讓故意、過失不法、和怠忽職守的公務員以及受委託團體與個人不但可能必須對其行為負起刑責或行政處分外，還必須負擔金錢賠償之責，應對違背倫理的行為具有某種程度之嚇阻作用。最後從另一角度觀之，對於公共服務或是公權力處分作為的接受者─人民而言，透明化的倫理機制意味著人民較易於掌握公共行政人員「應為之作為」，以及讓公共行政人員知道其「應付之責任」因而有嚇阻效用，也意味著當人民權益受到侵犯時有後果可期的救濟途徑與措施。

三、操作化──務實可行

工具理性的公務倫理建構取向深受行政學術與實務走向科學化發展的

影響，就實務應用的層面而論，公務倫理機制邁向科學化的意義在於：根據明顯可見的事實以判斷個別公共行政人員之行為是否合於倫理規範，並決定其所要負的責任。

從學術研究的層面而論，科學的方法論（尤指量化的研究）認為一個或一組抽象的概念（a set of abstract concepts）是否為科學的概念，就在於其是否具備經驗意涵，意即其是否能夠實證。概念的經驗意涵意謂一個概念是否能夠在經驗世界當中找到相對應可資觀察的對象，而在科學研究的步驟中，將一個或一組抽象概念轉化成在經驗世界中可資觀察的具體現象之過程，學者稱之為「操作化」（*cf.* Bryman, 1988: 16-17, 20）（請參考圖4-2）。工具理性的公務倫理機制亦朝科學化的方向邁進，因此其也顯現操作化的特色，而操作化的公務倫理之效用則是實際可行。操作化對於公務倫理的意義是：公務倫理的相關制度規範具有高度的經驗意涵，意即這些制度規範乃是一套描述事實的系統，即使是較為抽象原則也

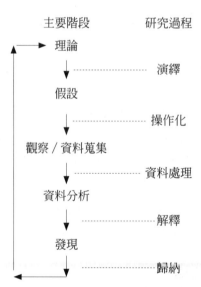

圖4-2　科學（量化）研究過程的邏輯結構

資料來源：Bryman, 1988: 20。

通常是與適用機關和人員切身的經驗有關。因此，這種公務倫理機制具有務實而可行的效用。

　　舉例而言，我國在1999年2月3日制訂施行了「行政程序法」（2005年12月28日第四次修正），該法立法意旨在於提高行政行為的透明度，要求公務機關及其人員在從事各種施政作為時，必須遵循法定的程序為之。更重要的是，由於我國並無一套統一性質的行政法典，不像「刑法」有總則可以針對一些原則性的概念作一致性的界定，所以長久以來關於行政法的原則性概念成為行政法學探討的課題，而不是法典中的具文規定，「行政程序法」的制訂和施行正彌補了此一不足。而對於實務界的意義就在於，該法讓很多原屬學術理論上的原則或概念，成為實務應用上務實可行的行為標準。例如「比例原則」過去是行政法學抽象的概念，亦是公務倫理的重要原則，它的意義是指公務機關及其人員為公益目的在採取損及人民權益的行政作為時，必須力求損益均衡。當此一原則只是一種學理時，對於公務機關或行政人員不一定具有高度的約束力，除非經過訴訟判決或行政救濟人民的權益始能獲得明確保障。然而如今「比例原則」已成為我國「行政程序法」當中的第7條，該條文是：行政行為應依下列原則為之──1.採取之方法應有助於目的之達成；2.有多種同樣能達成目的之方法時，應選擇對人民權益損害最少者；3.採取之方法所造成之損害不得與欲達成目的之利益顯失均衡。就上述條文觀之，其實具有相當程度操作化的特色，雖然它仍是一種「原則」性的條文，但已經為實務提供相當可行的指導作用。

　　調查研究顯示，今日許多「經濟合作發展組織」（Organisation for Economic Co-operation and Development，以下簡稱OECD）[16]的主要成

---

[16] OECD是一個位於巴黎的國際合作組織，係以服務其會員國為主。該成立目的為提供會員國間可以分享經驗，討論與解決國內經貿難題的論壇。OECD的基本任務為促使會員國間能夠互相諮詢與合作，以期在經濟發展保有高度成長並且改善其人民的經濟狀況與社會福利；也經常提供建議給會員國以幫助會員國決定其經貿政策；甚或出面擔任協調仲裁的工作並在某些經貿活動建立規範。

員國家，運用了大量務實的公共管理評估指標，俾以確保政府施政作為的
透明度。這些評估指標的主要內容包含如下三項：1.設定及時的標準[17]；
2.要求政府決策的依據必須公開；3.政府決策必須具備修正與補救機制
（Comstock, 2007: 170）。換言之，現今許多民主先進國家為確保公務
機關及其人員的行政作為合乎倫理，多訂有高度務實可行的行為準則，而
這些行為準則許多就直接以「手冊」（handbook）或「指引」（guide）
命名，例如1998年英國內閣辦公室出版了一本工作手冊名為《入門指
引：如何對你的使用者進行諮商》（*An Introductory Guide: How to
Consult Your User*）[18]，該手冊開宗明義在第1篇〈緒論〉的第1章〈諮商
的目的〉中指陳，政府對公眾進行諮商包含了多項優點，希望該國公共行
政人員能夠落實此一行政行為，此使得該手冊蘊含濃厚的倫理指導色彩。
它所列舉的政策諮商優點大致如下（cited by Lovan *et al.*, 2004: 5-6）：

1. 有助於公共行政人員規劃並提供比使用者所需要和期待的更好的服務內
   容。

2. 有助於公共行政人員權衡服務提供的輕重緩急，並將有限資源做更好的
   運用。

3. 有助於公共行政人員設定和監測以使用者需求為基礎的績效指標。

4. 培養公共行政人員和使用者間的工作夥伴關係，藉此使用者得以瞭解公
   共行政人員面對的問題以及他（她）們能夠提供何種協助。

5. 迅速地發出遭遇問題的警訊，因此公共行政人員有機會在問題不可收拾
   之前，將事情導向正軌。

6. 政策諮商具有宣誓性的作用，它意味著公共行政人員堅持開放和願意承

---

[17] 限制各種施政作為之完成時間的相關規定。
[18] 全文請參考網頁：http://archive.cabinetoffice.gov.uk/servicefirst/1998/guidance/users/index.htm。2012/06/02。

擔課責，將為民服務視為第一優先。

　　在列舉上述諮商的優點、確立諮商的倫理意涵後，該手冊便在務實和可行的基礎上，於第二篇〈諮商方法〉之中闡述和介紹各種諮商的實用技術，大致包括：

1. 如何應對和處理公眾的抱怨和建言（第五至八章）。

2. 如何與公眾、進行會議以及議題討論，該手冊又稱此類途徑為質化（qualitative）途徑（第九至十五章）。內容包括運用代表性團體（representative groups）、面對面的訪談（face-to-face interviews）、焦點團體（Focus groups）、使用人專題討論會（User panels）、公民專題討論會（Citizens' panels）、公民審議會（Citizens' juries）等。

3. 如何探求民意，該手冊又稱此類途徑為量化（quantitative）途徑（第十六至十七章）。內容包括問卷調查以及運用投票、複決、與慎思型民意調查（deliberative polling）[19]等。

4. 如何引導公眾進入諮商過程（第十八章）。內容重點在於要求公務機關明文訂定引導公眾進入諮商過程的制式規範，讓公務機關及其人員可以根據標準作業程序，邀請政策利害關係人參與政策對話、表達意見。

5. 如何提升可見度和展現能力（第十九至二十章）。內容重點在於要求公務機關及其人員要提昇政策行銷以及與公眾的溝通能力。

　　以上所列各項內容具有高度實用性，應是具備操作化特色以及務實可行效用之公務倫理機制的典型代表。

---

[19] 實施民意調查之前先進行充分的政策對話程序，讓民眾對政策議題深入瞭解後，再進行調查。此種民調的倡議者James S. Fishkin指出，它將公平的理念結合在其中，讓所有人都有平等的機會獲選為參與調查的樣本，更重要的是它結合慎思熟慮的概念，讓參與者可以面對面、開誠布公地針對問題充分進行論辯（Fishkin, 1991: 1-13）。

第五章
道德義務論的投射：
實質理性取向的公務倫理

公共行政的論述與實踐發展，在20世紀下半葉歷經相當幅度的轉折。首先是1970年代新公共行政（the New Public Administration）思潮對傳統行政帶來理念性的衝擊。再者則是1980年代起新右派（the New Right）對於大政府及其效率不彰的批判和挑戰，進而導引了1990年代新公共管理的政府再造運動風靡全球。然而事實上，公共行政究竟應取向於工具理性還是應該兼顧實質理性，在此之前早就是行政學者論戰的主題之一。此類論戰的主要的焦點是置於究竟政治與行政究竟應否二分的議題上，因為對於公共行政而言，政治價值其實就是實質理性的範疇。此種思維的辯證，實際上影響了公務倫理的建構取向，亦即公務倫理的目的到底是為了確保手段的效率性還是更高層次政治價值（目標）的實現。現代的公共行政歷經了整個20世紀的發展和辯證，今日似乎不宜再將公務倫理的建構目的侷限在確保工具價值的實現之上，而應採取一種可以觀照工具價值和實質目標的視野，以此視野從事公務倫理的知識建構與實務運作。

第一節　實質理性行政的意義與範疇

實質理性取向的行政觀點下所建構的公務倫理的哲學基礎傾向義務論。因為此一觀點相信公共行政本身就是一種負有道德關懷義務的事業，所以有關公共行政的倫理思維著重於行政本身是否符合道德原則，而不是以行政所要達成的目的決定行政的倫理性（此為目的論）。其次，所謂實質理性就是對於目標本身的理性思考，所以公共行政必須重視價值辯證和價值內涵的探討。本節所要介紹之以實質理性為主軸的行政論述，本質上乃是針對工具理性行政理論──傳統管理途徑的公共行政（政治行政分離論、行政管理、行為主義、功能論等）和1990年代盛行之新公共管理所提出的反思與批判觀點。

20世紀迄今，對於工具理性公共行政提出反思的理論觀點大致包

括：傳統主義（Traditionalism）、新公共行政、黑堡宣言（Blacksburg Manifesto）、以及新公共服務（the Public Service）等。以下一一介紹此些論述的內涵並指出它們對公務倫理建構的啓發。

一、傳統主義

學者懷德（Orion F. White）和麥斯萬（Cynthia J. McSwain）認爲，二次大戰前後有一股對於行政管理不滿的學術力量，其二人稱之爲「傳統主義」（White & McSwain, 1990）。他們指出，傳統主義學者的論述旨趣在於試圖將公共行政的內涵，回歸到美國憲政傳統當中「聯邦主義」（federalism）與「反聯邦主義」（anti-federalism）的辯證[1]之上，然後將焦點置於規範性的理論（normative theory）、公共利益（public interest）、社群（community）、公民參與（public participation）等課題。誠如學者羅爾（John A. Rohr）指出，「行政」一詞之所以並未明文書寫於美國的聯邦憲法之中，乃是因爲美國的建國之父們[2]早就認定行政爲憲政制度最爲根本的基礎，就如同氧氣之於地球上的生物一般，不必畫蛇添足地加以著墨（Rohr, 1986）。是以有學者認爲，美國早期關於憲政體制的爭論，尤其是聯邦主義和反聯邦主義兩派觀點的爭議，其實就是一種對於公共行政在治理過程中之地位與內涵的探討（Wamsley & Wolf,

---

[1] 聯邦主義和反聯邦主義兩派觀點的爭議，其實就是一種對於公共行政在治理過程中之地位與內涵的探討。聯邦主義以Alexander Hamilton爲代表，其主張共和國需要一個強而有力的中央政府，以便因應內政和外交的困境、承擔因戰爭產生的債務、促進貿易和製造業的成長。反聯邦主義則是以Thomas Jefferson、James Madison等人爲代表，強調，他們將社會對話（social dialogue）與通力合作（collaboration）視爲人們參與公共事務的方式，而且認爲，如果公共的意識體現爲一種小規模的、分權的與凝聚的社群，便能使政府的功能立即與直接的展現（Wamsley & Wolf, 1996: 12; cf. McSwite, 1997: 70-74, 79-93）。歸納言之，聯邦主義偏好於計畫性的社會，主張強有力的中央政府；反聯邦主義則是鼓吹比例代表制、社群發展、公民政治參與而反對中央集權。

[2] 包括華盛頓（George Washington）、傑佛遜（Thomas Jefferson）、漢密爾頓（Alexander Hamilton）、亞當斯（John Adams）、麥迪遜（James Madison）、漢考克（John Hancock）、富蘭克林（Benjamin Franklin）等人。

1996: 12）。因為前述都是存在已久的老課題，只是自從政治與行政分離論提倡以來，公共行政不再將它們納入範疇，傳統主義論者卻主張公共行政應該重拾這些課題，所以White和McSwain二人便將此派稱為傳統主義。

（一）論述觀點

　　傳統主義的代表人物包括了瓦爾多（Dwight Waldo）、榮恩（Norton Long）、李福特（Emmette Redford）、謝禮（Wallace Sayre）、柯夫曼（Herbert Kaufman）、道爾（Robert Dahl）、賽尼克（Philip Selznick）、狄墨客（Marshall Dimock）、海曼（Charles Hyneman），他們在二次大戰前後分別提出一些觀點，重點在挑戰行政管理所主張的政治與行政分離論，並就民主對於公共行政的意義被化約成為僅僅是隱性的角色（implicit role）予以質疑，還有就是批判行政管理對於科學和理性主義的強調（Wamsley & Wolf, 1996: 16）

　　細究傳統主義各個論者的觀點，可以發現他們有三項共同的關鍵旨趣：

1. 強調公共利益的規範性意義；

2. 具備知識基礎的實用主義（informed pragmatism）；

3. 社群的思維（communitarian ethos）。

　　再者，傳統主義論者認為，公共行政不應該為了追求科學化以及採取實證論的認識論，就忽視了歷史、制度結構（系絡）對於公共行政的重要性。根據White和McSwain的研究，指出了傳統主義包含著如後四項公理（axioms）：

1. 歷史對於公共行政的行動而言，乃是政府在危機時刻回應社會的基礎；

2. 歷史可以在各種勢力彼此對抗的社會系絡中，提供公共行政行動的步驟；

3. 制度的領導者有能力彰顯制度的強制力；

4. 結構主義（structuralism）的觀點對於行政事件的釐清提供了至為明確的洞見[3]（White & McSwain, 1990: 27）。

（二）對公務倫理的意義

　　傳統主義所主張之公共行政的運作原則（working principles），有別於行政管理僅偏重工具理性的思考，茲將其中頗富規範意味並具有濃厚的倫理色彩臚列如下（White & McSwain, 1990 cited by Wamsley & Wolf, 1996: 17）：

1. 公共利益的觀念可以導引公共行政的行動；

2. 公眾的福祉與行政機關的健全乃是同義語；

3. 透過「對話」達成的通力合作（collaboration），乃是有效率的行政行動和政策制定的基礎。

---

[3]　結構主義是分析語言、文化與社會的一種方法，而它的根本主張就是將語言視為分析文化和社會現象的媒介或途徑，認為文化與社會現象是結構造成後果。根據結構主義者的看法，一個文化意義的產生與表達就是表意系統（systems of signification）即語言的各種實踐、現象與活動。是以簡而言之，結構主義的基本論點有三：第一、語言是文化和社會的寫照，所以要透過語言瞭解文化與社會；第二、語言本身是一種結構式的體系，就像是機械由各部分零件組合而成；第三、時空情境（系絡）因素也被視為是一種結構，文化意義和社會現象就是受到前述結構影響下的產物。瑞士語言學家索緒爾（Ferdinand de Saussure）被認為是結構主義的創始者，而法國學者李維史陀（Claude Levi-Strauss）則是將結構主義從語言學帶向人類學、社會學領域從事研究的先驅。本章此處傳統主義論者認為，採用結構主義做為行政研究的方法，有助於釐清紛亂的行政現象。因為結構主義的方法論就是認為社會現象乃是當時系絡因素（結構）影響下的產物。所以欲正確理解公共行政的各種複雜現象，僅憑實證研究的方法並不充分，還必須要觀照現象背後的時空情境所產生的作用力。

　　總結而言，作者認為傳統主義的論者試圖將公共行政回歸憲政傳統，重拾民主政治的規範性議題，其觀點對於公務倫理的建構有以下啟發：

　　第一，工具理性的公共行政，例如行政管理、行為主義，自我限縮了公共行政參與治理（governance）的層次和範圍，因而導致理論與現實脫節。易言之，公共行政其實參與了公共治理的每一個層面，而且在憲政運作的過程中扮演要角，絕不亞於政客，並非只是政府組織的內部管理或政策執行，公共行政與民主價值的實踐和維護息息相關，因此不應該只偏重工具理性的思考。

　　第二，更重要的是，工具理性的公共行政漠視了絕大多數具有倫理色彩的治理課題，例如公共利益、公民參與等。尤其是在工具理性之下建構的行政理論，必然要刻意迴避規範性的論述，而偏好於描述性以及實用性的應用科學與技術，但是此一發展趨勢並不能為經常必須做出價值判斷以及時而遭遇良知衝突的公共行政人員，提供很好的行動指導架構。

二、新公共行政

　　1960年代末期至70年代初期，歐美社會處於動盪不安的局勢，諸如嬉皮運動、學生運動、罷工、反戰、經濟蕭條、能源短缺、貪污醜聞、失業問題等風起雲湧而來。面對此等社會紛擾，諸如美國公共行政學界亦承受來自政治、經濟和社會的各方壓力，使學者無法置身事外，必須改變過去與世隔絕社會的閉門造車心態，正視以上種種問題（*cf.* 陳金貴，1990：111）。有感於此，美國行政學者瓦爾多認為公共行政正處於「一個危機四伏和問題急迫的時代」（a time of grave happenings and urgent problems）（Frederickson, 1989: 95）。因此1968年時，在瓦爾多發起與贊助下，聚集了多位年輕的公共行政學者，於紐約雪城大學（Syracuse University）的敏諾布魯克會議中心（Minnowbrook Conference Center）召開會議，論者稱為第一次敏諾布魯克會議（Minnowbrook Confer-

ence I），徹底檢視公共行政所面臨的問題，以及未來應發展的方向。由
於其與工具理性行政之研究旨趣差異極大，故自稱所提倡之觀點爲新公
共行政（林鍾沂，2001：146），此派的立場又被稱爲敏諾布魯克傳統
（Minnowbrook Tradition）[4]（*cf.* Wamsley, 1990）。在此次敏諾布魯克
會議中，許多年輕的行政學者，對於功能主義與行爲主義在公共行政研究
之中的極端發展，大多予以高度地批判與質疑，並且熱切關注於公共行政
實務的社會關懷意義（Wamsley & Wolf, 1996: 20; McSwite, 1997: 198-
204）。

（一）論述觀點

此次會議提出的論文與評論都收錄於馬里尼（Frank Marini）主編的
《邁向新公共行政：敏諾布魯克的觀點》（*Toward a New Pubic Admin-
istration: The Minnowbrook Perspective*, 1971）一書之中，根據馬里尼
的分析，新公共行政運動的主要特徵爲：

第一，趨向相關的（relevant）公共行政：馬里尼歸納指出今後公共
行政應致力於研究下列數個問題：1.研究動盪不安時代的相關問題，如分
權、組織演化（organizational evolution）、及參與觀念等與我們日常生
活相關的問題；2.開發行政學術的相關領域，例如比較都市行政、行政區
域比較、和組織單元異同的比較等；3.研究與行政實務者相關的課題，如
設計規劃預算制度（PPBS）如何分權化和具有參與管理精神，以成爲變

---

[4] 根據學者萬斯來的看法，第一次敏諾布魯克會議中提出的主要價值爲：批判政治與行政二
分、反對價值中立、認爲公共行政不應侷限於經濟效率的追求、主張民主行政、提倡社會
公正（social equity）、以及強調行政人員的自主性等主張。上述主張本質上爲對於工具理
性行政之反動，所以論者將之稱爲新公共行政，而以上的價值主張又被稱爲敏諾布魯克傳
統。敏諾布魯克傳統是一種思維模式的標示，它包含了兩次敏諾布魯克會議（第二次會議
在1988年於同一地點舉辦）一貫的理念，如果從政治思想的立場，進行大體的區分，敏諾
布魯克傳統所主張的民主行政，相對於新公共管理而言，比較傾向於左派（The Left）的
立場，它強調公共行政應該致力於提昇社會中弱勢者的利益，對於資本主義採取相當程度
的批判態度。

遷的機制等（Marini, 1971: 348; 林鍾沂，2001：147-148）。

　　第二，採取後實證論（postpositivism）的立場：依照新公共行政學者的觀點，過去的行政研究之所以未能產生「相關性的知識」（relevant knowledge），乃導源於其信守實證論的緣故，使行政的研究侷限在資料的蒐集與統計分析的經驗性理論（empirically based theory）建構上，而未能正視價值在研究過程中的影響（cf. Denhardt, 2004: 104-105; 林鍾沂，2001：148）。尤其是，社會科學的新近發展，如人文心理學（humanistic psychology）、存在主義（existentialism）、現象學（phenomenology）、批判理論（critical theory）及其他學說的發展，皆提供了未來公共行政研究與發展之認識論的主要方向與公共行政教育的哲學基礎（Marini, 1971: 350; 林鍾沂，2001：149）。

　　第三，適應環境的動盪不安：新公共行政的論者認為，如何重新調整組織型態與設計嶄新的工作程序，使之能調和與適應變遷快速的環境，乃是行政運作成敗的關鍵。其中，正面因應的行政（confrontation administration）、參與式管理、顧客導向的組織、行政人員的價值判斷、以及對動盪環境的容忍，皆為不容忽視的行政課題，亦是可行的適應過程（Marini, 1971: 350-351; 林鍾沂，2001：149-150）。

　　第四，發展新的組織型式：新公共行政的學者指出在傳統工具理性模式下之靜態、穩定的組織設計，根本無法適應動盪不安的環境。換言之，傳統官僚體制（bureaucracy）的組織型態，越來越無法迎合時代的需求，結構彈性的組織勢將成為未來組織設計的重要思考方向（Marini, 1971: 351-352; 林鍾沂，2001：150）。

　　第五，建立受益者導向的公共組織：在新公共行政學者看來，未來的組織發展應重視受益者的導向與需求，任何組織的目標應與受益者需求的表達密切相關，凡無法迎合受益者的需求，其運作的正當性便會被加質疑。尤其是多元主義（pluralism）的治理過程中，許多的政策作為

均在支持既有已經建制的穩定結構和社會中的優勢利益團體,因而少數族群遭到排擠和歧視。職此之故,建立一個蘊含社會正義的受益者導向之公共組織,乃是刻不容緩的工作(Marini, 1971: 352-353; 林鍾沂,2001:151)。

除了馬里尼上述的觀察外,學者傅萊德雷克森(H. George Frederickson)也剖析第一次敏諾布魯克會議的成果,亦對於新公共行政的特徵作了以下的歸納,本章將之臚列如下(Frederickson 1989: 97):

1. 公共行政的研究焦點,從重視機關管理的傳統觀念,轉移至關注宏觀和範圍更為廣泛的政策議題之上;

2. 除了經濟與效率之外,增加了社會公正(social equity)作為政策立場的立論基礎或合理化的根據;而法律的平等保障,對於立法者與執法者而言皆具有同等的重要性。

3. 政府之中的倫理、誠信、和責任再度成為公共行政強調的重點。永業文官不再僅是政策的執行者,其獲得公眾的信任,並為公眾公平地分配成本及利益,俾以盡可能地提供最佳的服務。

4. 敏諾布魯克觀點認為,當公眾的需求改變時,政府機關卻無法適時調整因應,並且因此產生了許多駢枝機構。是以,裁撤不需要或無效率的組織或計畫,是公共行政一項殊榮的責任。

5. 變遷而非成長,已被認為是更為重要的議題。一個具回應性的政府必須同時具備成長(當新需求明確時)和衰退(當機關提供的服務不再重要時)的能力,亦即管理變遷而非只顧成長,已成為行政組織是否具有效能的標準。

6. 有效率的公共行政之意義,乃是由具備主動和參與精神的公民所界定。

7. 在1950年代和60年代中,決策制定的研究是公共行政的核心價值課

題；然而，到了1970年代，如何貫徹決策將被視爲難度更高的挑戰。

8. 理性模式的正確性和嚴密的層級節制之概念的有用性，已受到嚴厲的批判與挑戰。

9. 雖然多元主義仍被廣泛地視爲解釋公權力運作的有效途徑，但其不再被作爲公共行政實務的準則。

在第一次會議之後的20年，於1988年，於同一地點又舉辦了第二次敏諾布魯克會議（Minnowbrook Conference II）[5]。馬里尼對兩次會議做了觀察，指出二者在整體特徵方面的共同點如下（Marini, 1992: 1-2）：

1. 對於公共行政及其未來皆有深刻的承諾；

2. 深切關懷我們的社會與存在於其中的問題；

3. 對於公共行政能夠創造更美好的未來表示極爲樂觀的態度；

4. 關注公共行政的認識論和本體論（ontology）[6]，並且對於公共行政應抱持的價值立場以及達成此種價值立場的途徑予以高度重視。

5. 認眞地看待社會理論的啓發性；

6. 重視公共行政及其實務人員與學界人士的眞誠態度。

繼而馬里尼指出，雖然1988年的時空背景不同於1968年，而且第二次會議召開時，美國公共行政中所面臨的危機遠大於第一次會議，但此並未損及二者基本立場的一貫性，二次會議之立場的一致性包括（Marini, 1992: 2）：

---

[5] 2008年9月5日至7日，第三次敏諾布魯克會議（Minnowbrook Conference III）舉行，主題爲「紀念瓦爾多召開敏諾布魯克會議40週年：檢視世界各國公共行政、公共管理與公共服務的未來」。內容可參考會議網頁：http://www.maxwell.syr.edu/pa/minnowbrook3/。

[6] 公共行政對於其所處的環境究竟採取何種觀點的哲學探討。

1. 民主有益，因此多多益善；

2. 官僚體制會產生僵化和反功能，我們必須致力對抗之；

3. 關於人的現象、行動、理念、和研究途徑不應予以根除，反而應該予以助長；

4. 公共服務應該重視理念啟發所帶來的利益，並以公民的福祉為依歸；

5. 我們應該避免簡化的方法論假定和研究途徑，改採精緻和周延的方法和途徑；

6. 公共行政實務不應忽視價值，而學術的旨趣亦應重視價值的課題，否則無助於我們的研究；

7. 我們的社會應該保持盡可能的開放和自由，而且我們應該致力防範任何對於下層社會或遭到歧視者，完整參與治理的威脅；

8. 公共行政應該依據正義和公正的原則為民服務。

（二）對公務倫理的意義

　　整體而言，學者羅伯特・但浩德（Robert B. Denhardt）的觀察，可謂將新公共行政與工具理性行政的相對觀點，做了精闢的總結。由但浩德的歸納，可以發現新公共行政對於工具理性行政的反思，其實充滿了倫理的色彩，以下除引介羅伯特・但浩德的看法外，作者亦提出一些補充敘述。

　　第一，質疑政治與行政分離論導致行政理論與實務脫節：新公共行政認為工具理性行政的核心基礎政治與行政分離論是一種虛幻，因而主張政治與行政實際上難以切割。新公共行政強調不論是行政學者還是實務人員都應該趨向相關的課題，也就是行政學術以及實務都必須要面對問題並試圖加以解決，然而將政治和行政予以切割就是一種不切實際的想法

（Denhardt, 2004: 102-103）。因為行政人員事實上經常參與政策的擬制，甚至在重大決策過程扮演關鍵角色；其次，行政人員的日常實務中也經常要面對各種政治勢力並加以因應和折衝。另一方面，行政學術所建構的知識如果只是一味排除政治，那麼理論與實務對照之後，人們將會發現理論與實務嚴重脫節，因而知識無法對實務產生指導作用。

　　第二，正視價值課題在公共行政研究中的重要性：根據新公共行政論者的看法，社會科家之所以無法提出相關性（契合實際）的知識，絕大部分是肇因於他（她）們所信奉的實證論將他（她）們侷限在經驗資料蒐集以及統計技術操作的框架當中。雖然新公共行政論者並不一定全盤否定經驗理論，但是他（她）們認為價值應該是社會研究的重要課題，必須受到更多的重視（Denhardt, 2004: 104）。亦即，新公共行政論者強烈批判工具理性行政所採取的實證論對於價值課題的輕蔑，他（她）們認為工具理性行政只重視事實卻忽視了價值辯證也是公共行政研究的重要途徑之一。

　　不過必須澄清的是，效率本身就是一種價值，工具理性行政基本上是以此價值為基礎所展開的論述與實務，所以工具理性行政並非沒有價值取向，此處新公共行政所質疑者，也是一般對於工具理性行政之認識論的批判觀點，乃在於實證論拒斥了對於價值本身進行辯證分析的可能性，價值不論是所謂工具價值抑或是實質價值，實證論概不討論，將之視為一種理所當然的假定而在其之上發展可以操作化、數量化的經驗研究。效率的意義一旦確定之後[7]，它顯然較易於操作化（化約為可以經驗觀察的指標）和數量化（轉化為數字加以統計測量），然後易於通則化（研究成果可以進行推論而一體適用）。

　　第三，提倡社會公正做為公共行政追求的價值：新公共行政論者

---

[7]　效率也可發展出諸多不同定義，例如節省多少成本可以稱為效率？所以，何謂效率必須先加以確定。

認為，工具理性行政將效率做為基本價值，隱含了一種非人化和客體化
（objectification）的不良傾向[8]。因此新公共行政反其道而行，追求一種
不同的或至少是對於公共行政研究的一種補充性質價值基礎——社會公
正。所謂公正包含了公平（fairness）和正義（justice），尤其是它蘊含
著矯正既存的社會和政治價值分配不均的意義。相反於所有人齊頭式的
平等（equality），公正意味著給予劣（弱）勢者更多的利益；相對於效
率，公正強調回應性和包容性（Denhardt, 2004: 105）。

　　換言之，所謂平等意指某甲相等於某乙，而所謂公正則是意指調整
資源分享俾使某甲相等於某乙（Frederickson, 1990: 229）。亦即，公正
是一種透過政府刻意的干預措施，以調整人們原有的差距，形成平等的狀
態。職此之故，從新公共行政論者的立場論，一項符合社會公正的政策較
具有回應性和包容性，因為新公共行政論者主張公共政策應該讓人們獲得
「均衡的」利益，而不是「平均的」利益；而讓人們獲得他（她）們所需
要的協助就是回應性，將劣（弱）勢者在政策過程中予以慎重考慮（而不
是漠視之）就是包容性。現行的諸多社會安全政策與弱勢救助制度，可以
說是意圖補救個人原先的不平等狀態，使之調整至較為平等的狀態之行政
施為，而此所達成之平等即可稱為公正，是以公正一詞比較具有關懷弱勢
的傾向。舉例而言，某甲與某乙二人能力相同，皆有機會獲得某大學的入
學許可，此為平等（即前述手段機會的平等）；但某甲家境清寒無法支付
學費，而某乙則無此顧慮，此時政府若有助學貸款或低收入戶學費補助等
政策，則可協助某甲順利入學，此即符合前述公正一詞的意義——進行資
源分享的調整時，促使某甲相等於某乙（許立一，2003：81）。

　　第四，強調更多和更為實質參與的公共行政過程：基於社會公正的

---

[8] 非人化的意義請見第3章。其次，所謂客體化意味著原本身為主體的人逐漸變成客體的過
　　程。客體是主體（人）的創造，例如組織中的制度，就是做為人的主體所創造的客體。因
　　此主體一但遭到客體化之後，就等同於那些沒有生命物體一般，客體化意指失去主體地位
　　的現象。

理念，新公共行政論者主張公共行政的過程應該要有更多、更為實質的參與，包括公民對於政策決策和對於公務機關運作的參與，以及公共組織基層人員應該分享更多決策參與的機會（Denhardt, 2004: 107；許立一，2011）。新公共行政論者之所以要宣揚更多和更為實質的參與，其原因就在於工具理性行政基於管理主義的理念，為了遂行有效控制而朝向高度層級節制發展，對於民主的實踐形成阻礙。原本官僚體系若能謹守確保人民權益的理念，以控制為核心的層級節制設計在理論上似乎是民主實踐的助力，因為它可以防杜組織成員為惡。然而，其問題首先就存在於民主與效率本來就是互為弔詭的二種價值，加上工具理性行政缺乏價值辯證，因而效率似乎在先天上就已略勝民主一籌。其次，此種高度層級節制的發展傾向，不僅是一種組織設計的原理，其更逐漸地內化成為公共行政人員的思維和行動模式，因而反過來阻礙了民主的落實。

三、黑堡宣言

1980年代初期，美國維吉尼亞多元理工學院暨州立大學（Virginia Polytechnic Institute and State University）的一群公共行政學者，有感於新公共行政的主張未能在實務上發揮作用，又鑑於當時美國政界貶責官僚（bureaucracy bashing）之風盛行，於是撰寫了一篇名為〈公共行政與治理過程：轉變政治對話〉（Public Administration and the Governance Process: Shifting the Political Dialogue）的文章（Wamsley, 1990: 6-17），學界簡稱其為黑堡宣言[9]（Wamsley *et al.*, 1990: 31-51）。黑堡宣言起草成形於1982年，1983年在學術會議中公開發表，1987年正式出版，隨後被收錄於1990年出版的一本專書《重建公共行政》（*Refound-*

---

[9]　黑堡為維吉尼亞州立大學的所在地，故該篇文獻被簡稱黑堡宣言。而其之所以被稱為宣言，是因為該篇文獻不同於一般的學術論文，幾乎沒有註釋，全然屬於規範性的主張（*cf.* 余致力，2000）。本章出版時有萬斯來（Gary L. Wamsley）、顧賽爾（Charles T. Goodsell）、羅爾（John A. Rohr）、史蒂芙（Camilla M. Stivers）、懷德（Orion F. White）與伍爾夫（James F. Wolf）六人共同具名。

ing Public Administration）之中。該宣言作者在承襲新公共行政的價值主張之餘，希望能夠更進一步地重建公共行政以及行政人員在治理過程中的正當性。

（一）論述觀點

黑堡宣言的基本主張，可以扼要歸納為如下幾點。

第一，強調公共行政本質不同於企業管理：對公共行政的管理主義提出反思，因為公共行政身處於政治系絡之中，並且是公共治理的核心。公共治理的內涵則是國家以社會整體為名義所施行的獎酬和懲罰，它所包含的政治意涵是一種促使價值分配獲得認同的藝術（Wamsley *et al*., 1990: 36）。

第二，重建公共行政在公共治理中的正當性：黑堡宣言的作者們認為美國的憲政本就賦予公共行政正當性，選舉產生的公職人員並不是唯一具備治理正當性的人員。抑有進者，黑堡宣言主張在行政（executive）[10]、立法、以及司法之外，公共行政可謂為第四部門，以彰顯其在公共治理中重要地位，該宣言指出，在憲政部門之間永無休止的爭鬥之中或形成僵局時，公共行政可以在紛爭的各造之間扮演折衝的角色（Wamsley *et al*., 1990: 45-47）。

第三，界定公共行政（人員）的專業主義（professionalism）為捍衛憲政：黑堡宣言認為，公共行政專業主義的重點並不在於公共行政人員是否為某種專業的成員，而是在於公共行政人員應該以一種專業的態度，致力於培養行政能力和建立標準，並且抱持一種全力捍衛憲政的價值觀。換

---

[10] 黑堡宣言文中對於憲法中的行政權以「chief executive」 行政首長以及行政部門「the executive」等詞彙呈現，俾以明顯地與公共行政（Public Administration）有所區隔，黑堡宣言要澄清公共行政是一種制度（Wamsley *et al*., 1990: 34），並不是專指憲法中的「行政部門」，事實上，立法、司法部門中也存在著公共行政。

言之，公共行政人員專業主義的展現，就是運用專業能力達成捍衛憲政的目的（Wamsley *et al.*, 1990: 47-50）。

第四，主張以公共對話（public dialogue）形成公共利益的內涵：黑堡宣言希望能夠避免在界定公共利益具體意涵時經常遭遇的困境，亦即究竟何謂公共利益的困境；另一方面又希望解決公共利益決策過程經常產生的偏差，導致弱勢或少數遭到邊緣化的後果。所以，該宣言當中提出了一種所謂「理想—過程取向的」（ideal-process oriented）途徑（Wamsley *et al.*, 1990: 40-41）。所謂「理想」意指，公共行政應該要提供一種表意機會平等的公共對話機制，讓所有政策利害關係人共享公共利益實質內涵的界定，最後達成一種理想的結果——「盡可能最廣泛的公共利益」（broadest possible public interest）（Wamsley *et al.*, 1990: 39）；其次，所謂「過程」則是意指，將行政理論中關於公共利益的論述焦點，置於公共對話此一過程之上，而不是將焦點置於公共利益的具體內涵之上，因此過程意味著一種探求公共利益的途徑或是研究公共利益的方法論。

（二）對公務倫理的意義

綜觀前述黑堡宣言的核心觀點，亦可得見其如同先前的傳統主義或是新公共行政一般，其實是對於工具理性行政的反動。該宣言對於公務倫理的建構，提供了如下不同於工具理性行政的視野。

第一，公共行政本身就是政治的一環，無法全面性地與政治切割，而政治不只是利益的競技場，也是價值的競技場。因而，身處政治系絡之中的公共行政，其價值取向不應該只著重於手段的效率性，還必須兼顧社會公正（*cf.* Wamsley *et al.*, 1990: 32-34）。意即，公務倫理的建構取向不能僅侷限於工具理性，還應該包含實質理性的思考。

第二，肯定公共行政人員不只是自利的個人，也不應只是被動而毫無自主意識的組織機器的附件。尤其是，黑堡宣言開宗明義提倡一種「施為

觀點」（agency perspective）的人性論（*cf.* Wamsley *et al.*, 1990: 36-39; Wamsley, 1990b: 20-22），此種人性論將人假定爲「具有自主意識但又同時受到制度結構的制約」。以此角度看待公共行政人員，則他（她）們一方面具備能動性、反省能力，可以衝撞、挑戰、質疑既存的不合理，但另一方面公共行政人員也不是不受任何拘束而可以爲所欲爲、恣意濫權的特權階級。所以，黑堡宣言主張行政行爲的倫理標準體現於行政人員的專業能力，而他（她）們的專業能力就是捍衛憲政的能力，不只侷限在追求工作效率之上。更重要的是，黑堡宣言的主張提供了一種有別於傳統行政倫理的思考方向──在捍衛憲政以及長遠公共利益的基礎上，勇於違抗短視近利的政客、利益團體的壓力，採取正確的行動，而不是毫無條件的趨從和迎合，才是符合倫理的行爲。

第三，透過公共對話界定公共利益的途徑以實踐社會公正，乃是黑堡宣言一文中最富倫理色彩的主張。於此，黑堡宣言顯然對具有效率和手段之便宜性的多數決採取一種保留的態度。因爲，未經審愼對話的多數決，往往不是受到少數人的操縱就是形成多數暴力，所做成的決策結果可能是以犧牲少數或弱勢的利益爲代價。所以，黑堡宣言提倡理想—過程取向的公共利益界定途徑，不啻是希望建構一種蘊含倫理的公共決策機制，它應該要能夠體現包容、平等、公正等價值，而不是讓公共決策進行得既經濟又效率。

四、新公共服務

2000年時，行政學者羅伯特・但浩德和珍娜特・但浩德（Janet V. Denhardt）在美國極爲權威的學術期刊《公共行政評論》（*Public Administration Review*, PAR）上，發表了一篇名爲〈新公共服務：服務而非領航〉（The New Public Service: Serving rather than Steering）的論文，隨後到了2003年時，羅伯特・但浩德與珍娜特・但浩德二人出版了同名的專書《新公共服務：服務而非領航》。深究羅伯特・但浩德與珍娜

特‧但浩德二人所提倡之新公共服務的觀念，其基調在於反思公共行政主流行政理論，特別是針對當今盛行的新公共管理提出警語，此由書名的副標題：「服務而非領航」便可見端倪[11]。新公共服務的觀念對於公務倫理的建構頗具意義，以下先扼要闡述其內涵，再分析對公務倫理的意義。

（一）論述觀點

1.理論基礎

首先，羅伯特‧但浩德與珍娜特‧但浩德二人指出，他們所提倡的新公共服務根植於以下理論基礎。

(1)民主的公民意識（democratic citizenship）

民主的公民意識大致可以歸納為二種相對的觀點。其一是植基於自利個人主義（self-interest individualism），此一觀點將人類政治行為的動機一概歸因於自利，藉由特定程序（例如投票）和個人權利的保障，保證讓公民能夠做出與自我利益相符的選擇乃是政府存在的理由。因此政府的角色在於確保個別自我利益能夠自由和公平的競爭，此一觀點明顯地與公共選擇理論（public choice theory）和新公共管理相一致。其二則是根基於政治利他主義（political altruism）或是學者曼士吉（Jane Mansbridge）（1994）所稱之公共精神（public spirit），羅伯特‧但浩德和珍娜特‧但浩德二人認為此一觀點在民主治理過程中似應扮演更為核心的角色。誠如學者善鐸（Michael Sandel）所言，在利他主義或是公共精神概念下的公民，他（她）們對公共治理的參與更為積極主動，可以超越自利而關注範疇更寬廣的「公共利益」，採取更為開闊和長遠的視野且具備公共事務的相關知識，亦即，他（她）們對社會整體懷有更為濃厚的歸屬

11　新公共管理的首要主張就是「領航式的政府」，政府只要確立方向，不必事必躬親、親力而為。（Osborne & Gaebler, 1992），而丁翰德的新公共服務一書以「服務而非領航」為副標題，即非常明顯地表明了其立論的根基。

感而關心整體，並且公民與社群之間存在著一種道德性質的連帶關係、彼此命運相繫（Sandel, 1996: 5-6）。曼士吉稱此種公民意識的觀點提供了一種「凝聚力」，將政治系統聚合在一起，因此她認為公共精神同時蘊含了二種重要的元素——「愛」和「責任」，每一種元素都扮演了重要的角色。曼士吉的推論是：「如果我基於對你的愛（同理心）而要成就你的利益，那麼我就不太可能會傷害你。因此如果我要成就集體的利益，那麼我將會拋棄個人的利益。如果我基於某種原因承諾於某種原則或某種強制性的合作行動，那麼我就會因為責任而拋棄自我利益。」（Mansbridge, 1994: 147）

不過，曼士吉也指出，過度的利他主義並不一定好。因為，政治精英可能會藉由意識灌輸、個人魅力、扭曲解釋、抑制輿論等方式操弄公共精神。所以，公共精神必須醞釀並刻意予以維護，曼士吉認為，正義原則、公共參與、和審慎思辨（deliberation）將可助長公共精神，原因在於：1.正義可以喚起人們對自身所遭受之剝削的覺醒並且使反抗的力量增強；2.參與可以讓人們覺得置身事內，因而有利於決策之執行；3.審慎思辨可以讓參與決策的品質提升，讓人們相互理解彼此的歧異，產生凝聚力而為問題的解決方案共赴事功（Mansbridge, 1994: 156）。

由上述可知，基於利他主義或公共精神的公民意識的基礎是「公民利益」（civic interest）而非自我利益，所以公民能夠關注寬廣的公共利益，願意積極主動和置身其中，並且自認對他人負有責任。換言之，民主體制下的公民之所以為「公」民，就是「他（她）們運作政府」，一旦公民實踐此一角色，則其不僅對社會的改良有所貢獻，也同時對自身的成長有所助益（Denhardt & Denhardt, 2003: 27-32）。

(2)社群與公民社會（community and civil society）

羅伯特‧但浩德和珍娜特‧但浩德二人認為其所提出之新公共服務的第二項重要的理論根基是社群與公民社會的理念。就如同關於公民的論

述有兩種觀點一般，對於社群的觀點也分為左、右兩派。左派觀點認為社群乃是貪婪和自利淹沒現代社會而過度發展的因應對策；另一方面，右派觀點則是將社群視為重建美國一度擁有而今卻日漸失控之基本價值[12]的康莊大道。羅伯特‧但浩德和珍娜特‧但浩德二人指出，以美國為例，當代論者對於社群的探討十分踴躍和多元，眾家之言總是各自執著於社群的特定面向，然而學者高德農（John Gardner）的主張卻頗為精闢而具說服力（Denhardt & Denhardt, 2003: 33）。高德農主張，社群意識（a sense of community）可以源自於人類許多不同層次的協同關係，例如從鄰里到工作團體，它可以在個人和社會之間提供一種有益的調和結構。誠如高德農所言：「在我們的系統所擁有之眾多遺產當中，『共同利益』（common good或譯為共善）是其中最為重要者，在其中所有人依據法律能夠追求他（她）們各自認為的共同利益，同時，達成相互之間的調和，亦使此一社會系統讓人們得以生活於其中、工作於其中。在共享目的的架構之中，彼此衝突的利益競相演出、頭角崢嶸，本就是自由社會的情節」。歸納言之，根據高德農的看法，一個社群的共享價值雖然重要，但他也剴切指陳，所謂整體性必須要能夠包容歧異（Gardner, 1991: 15-16）。社群的基礎是關懷、信任，以及經由穩固和有效的溝通與衝突解決系統所形成的團隊合作與連結關係。社群的互動特質調和並重整了個體與整體的關係。

　　上述社群意識的實踐有賴於一些健全和積極之調和制度的建立，此種制度不但必須聚焦於公民的期望和利益，它同時也要能為公民提供學習機會和經驗，以利他（她）們在較為宏觀的政治系統展開行動。例如學者普南（Robert Putnam）（2000）指出，美國的民主傳統就是賴於以公民自居的公民，他（她）們活躍在各類型的團體、協會，以及政府部門之中。家庭、工作團體、教會、公民協會、鄰里團體、志工組織，以及社

---

[12] 基於反聯邦主義的信仰，美國建國的基本價值之一就是希望政府的權力越小越好、弱勢的中央政府、以及公民和社群對公共事務的參與越多越好。

會團體,甚至是運動團隊,都有助於為個人和大型社會之間建立起連結關係。這些小型團體構成了一種公民社會,在其中人們必須基於社群意識追求個人的利益。因此,公民社會是公民能夠經由一種個人對話和審慎思辨的方式與他人互動的場域,而此不僅是建立社群的要素,更是民主的基礎(Denhardt & Denhardt, 2003: 34)。

羅伯特・但浩德和珍娜特・但浩德二人指出,近來關於社群和公民社會之探討如雨後春筍一般出現,乃是源於學者對公民之參與公共事務日漸貧瘠而感到憂心所致。人們似乎對政府徹底失望,他(她)們退出政治過程,然後在其私人領域中變得越來越孤立。舉例而言,論者馬修(David Mathews)(1994)就認為,近年來公民參與政治過程的興趣雖然大減,但是尚未完全消失殆盡。就美國的政治氛圍而言,由強而有力的遊說專家、在職政客、競選經理人、還有媒體精英等所形成的專業政治階級,幾乎將公民完全排擠於政治系統之外,因而令公民極為憤怒並產生極大的挫折感。因為金錢主導的政治,使得公民將政治系統視為一種例行投票而不是創造變革的過程。他(她)們認為,對於平民百姓而言,政治的大門基本上是關閉的(Mathews, 1994: 12-15)。其結果是導致公民產生了異化和疏離感。然而另一方面,公民仍然想要扮演積極的角色。他(她)們自豪於所屬的社群、家鄉,而且他(她)們希望為變革貢獻一己之力。事實上,許多公民已經開始投入新型態的政治活動,而不是把時間耗費在他(她)們所認為是封閉和難以介入的選舉或政黨政治,而是投入於草根性的公民運動(grass-root citizen-based movement)、鄰里關係、工作團體、以及社團。這些活動成為公民意識的實驗場所,在此場域之中,人們試圖營造與他人以及與宏觀政治秩序之間的新關係,並嘗試改善他(她)們已知的現代社會所造成的參與困境(Denhardt & Denhardt, 2003: 34-35)。

(3)組織人文主義與新公共行政（organizational humanism and the New Public Administration）

新公共服務第三個重要的理論基礎是組織人文主義與新公共行政。由於新公共行政的內涵先前已做介紹，此處不再多做贅言，僅扼要說明但浩德二人將新公共行政做爲他們發展新公共服務觀點的理論基礎之原因。以下茲先行闡述組織人文主義的內涵。

羅伯特・但浩德和珍娜特・但浩德二人指出，1970年代以後，許多公共行政學者將研究重點置於檢討層級節制的組織分析對人類行爲之觀點的侷限性，並且試圖提出替代性的管理和組織途徑。整體而論，這些途徑希望降低公共組織當中權威和控制的色彩，提昇對於內部成員和外部民眾需求的關注，學者阿吉里斯（Chris Argyris）和格藍畢亞斯基（Robert T. Golembiewski）就是此一領域的代表人物，他們分別提出了極爲精闢而一反主流工具理性模式的組織觀點（Denhardt & Denhardt, 2003: 36）。

首先是阿吉里斯引用心理學關於人格研究的成果爲依據，探討了傳統管理實務對於身處複雜組織中之人們心理發展的衝擊。心理學的研究發現，人類從嬰兒至成人，其人格的發展過程是：從消極到積極、從依賴到獨立，行爲的範疇從有限到寬廣，利益關注的層次則是從膚淺到深度，而對時間的眼光是從短視到長遠，至於對地位的看法則是從臣屬到重視品質或追求高位，以及從缺乏自覺到自主意識（Argyris, 1957: 50）。根據此一人格發展階段，阿吉里斯看到了以工具理性模式爲主的傳統管理途徑和組織設計，似乎是反其道而行地抑制而非促進組織成員的人格發展。舉例而言，在大多數的組織當中，成員很少能夠掌控他（她）們的工作，他（她）們被要求服從、依賴、以及接受束縛，因此也限制了組織成員爲組織做出更大貢獻的可能性。爲了提昇組織成員的成長並且增益組織績效，阿吉里斯嘗試提出一種管理途徑，讓管理者能夠發展和運用技能以培養具備自我覺醒（self-awareness）能力的、能夠做出有效診斷（effective diagnosing）的、並能自我成長和擁有更大創造力的、以及獨立傾向的組織成員（Argyris, 1962: 213）。阿吉里斯的觀點與工具理性的行政明顯相左，特別是與當時理性模式的代表人物賽蒙的看法針鋒相對。1973年時，阿吉里斯在美國公共行政專業學術期刊《公共行政評論》上發表專文，指出賽蒙的理性模式本質上與行政管理如出一轍：管理階層界定組織目標和設定任務執行程序，然後伴以訓練、獎勵、懲罰等措施，塑造了一種金字塔結構的組織，在其中權威的作用由上而下傳遞。賽蒙對理性行為的觀點，讓此種組織更重視效率、更重視手段，而不問目標如何形成（Argyris, 1973: 261）。

總之，工具理性模式無法關照人類經驗的所有層面。事實上，人類總是發自內心地做出行動，對自己的生活感到渾沌不明和無可預期，因而他（她）們經常根據感覺和情緒而不是理性採取作為。抑有進者，因為人類成長的過程並非完全理性，以工具理性為基礎所建構的組織傾向於助長組織的理性，卻無助於個體的成長、發展、以及自我實現（self-actualization）（Argyris, 1973: 261）。因此阿吉里斯呼籲，應該給予個人道德（individual morality）、真誠（authenticity）、以及人類自的我實現特質更多的關注（Argyris, 1973: 253）。

其次，羅伯特‧但浩德和珍娜特‧但浩德二人認為，在公共行政領域之中，學者格藍畢亞斯基所提倡的組織發展（organization development, OD）觀點也是組織人文主義的典型（Denhardt & Denhardt, 2003: 37）。格藍畢亞斯基在其著作《人、管理與道德》（*Men, Management, and Morality*, 1967）一書中，針對傳統的組織理論重視由上而下的權威、層級控制、以及標準作業程序等提出批判，他認為這些措施反映出對於個人道德立場特別是對個人自由的無知。相反地，格藍畢亞斯基試圖在組織中發展一種能夠擴人裁量範圍俾增加個人自由的途徑（Golembiewski, 1967: 305）。依照組織發展觀點，格藍畢亞斯基呼籲管理者為組織創造一種開放的問題解決氛圍，據此組織成員可以面對問題而不是抗拒或是

逃避問題。他鼓勵管理者為整個組織當中的個人和團體之間建立信任關係，並以知識和能力所產生的權威彌補角色或職位所產生的權威之不足，甚至以前者取代後者。管理者應該致力於增進組織成員自我控制和自我指揮能力，應該創造一種情境讓衝突浮出檯面且予以適當和公正地處理，更加關切團體的過程並將其結果轉化成提升組織績效的助力。如同阿吉里斯一樣，格藍畢亞斯基也對工具理性模式提出批判，他認為工具理性模式的假定是一種方法論上的建構並非真實的反映。人們並非總是那麼理性或甚至鮮少從事理性的行為，所以根據理性選擇理論為基礎的組織分析，意味著對於組織及其成員的觀察侷限在一種特定的邏輯預設之中，此將忽視重要的政治與感性因素的考量，而這些因素卻是建構周延的人類行為理論不可或缺的部分（Denhardt & Denhardt, 2003: 38）。

最後，羅伯特‧但浩德和珍娜特‧但浩德二人說明，新公共行政之所以是他們發展新公共服務觀點的理論基礎之一，其原因有二（Denhardt & Denhardt, 2003: 39）：

第一，新公共行政一反工具理性行政的論調，強調公共行政人員在公共政策當中實際上扮演著重要的角色，甚至可以且「應該」是積極的角色，而不只是被動消極的政策執行工具。

第二，新公共行政明確地提倡公共行政不應該漠視價值在公共行政當中所扮演的角色，因此不應該對之視而不見、避而不談。

(4)後現代公共行政（postmodern public administration）

新公共服務的第四個理論基礎是後現代主義（postmodernism）。整體而論，後現代主義的起源在於質疑現代主義（modernism）的正當性（沈清松，1993），而現代主義有幾項基本的成分，包括：科學主義（scientism）、理性主義（rationalism）、人文主義（humanism）（cf. 許立一，1997；1999）。由於後現代主義的流派與論述觀點紛雜，其中

有些主張甚至與公共行政的價值背道而馳[13]，因此並非可以全為公共行政研究所用（許立一，1999：253-254；　Denhardt & Denhardt, 2003：41）。但羅伯特·但浩德和珍娜特·但浩德二人認為後現代主義的某些觀點對於公共行政而言仍具啟迪作用，而可做為新公共服務的理論基礎，茲歸納臚列敘述如下。

第一，對於實證論的反思：

前已述及，後現代主義對於科學主義有所質疑，特別是針對實證論宣稱其乃知識取得的唯一途徑強烈抨擊，主要論點有：1.所謂客觀並不存在，只有個人立場和觀點（Edge, 1994: 3-4; 唐力權，1993：34）；2.人類所建構的科學根本不是科學所宣稱之真實的陳述，而是人類期望且能夠知識的範圍（毛榮富，1991：170-171）；3.科學不僅從外部取得合法性（透過證據蒐集），它亦透過「後設敘事」（metanarrative）[14]也就是哲學（形上學）的「戒律」，從內部取得在現代社會之中的崇高地位（鄭祥福，1995：53-57）。換言之，實證論的幾點主張其實都是一種哲學（形上學）觀的呈現，例如價值中立就是一種「規範性」的戒律、就是一種價值主張，可諷刺的是，科學以它最不能容忍的、無法觀察的形上學做為基礎。

羅伯特·但浩德和珍娜特·但浩德二人指出，1960年代後期和1970年代初，某些公共行政學者開始以批判的角度，針對位居主流的工具理性

13　例如後現代主義論者批判現代主義的人文主義其實是一種虛偽，Mitchell Foucault就是典型代表人物。在其眼中，人文主義不過是一套敘事（故事），言下之意它並非真理（劉北成、楊遠櫻譯，1992；劉絮凱譯，1994）。更重要的是，後現代論者認為人文主義赤裸裸地揭示著一種排除異己的權力宰制。因為人文主義為現代人形塑了一個做為「人」——自我和主體，應具備的風格和標準，任何不同於此一標準的風格，將要受到排擠或道德性質的譴責。但誠如本節所介紹的組織人文主義，卻被行政學者視為是對公共行政重要的理論基礎。就此看來，後現代主義顯然並不全然適用於公共行政。

14　所謂敘事（narrative）意指說故事（story telling）。

行政的知識取得途徑——實證論進行檢討。以實證論做爲知識取得的唯一途徑，就排擠了運用其他途徑的可能性，因而也限制了公共行政的研究範圍（Denhardt & Denhardt, 2003: 39）。實證論主張價值課題必須摒棄於科學研究之外（價值中立），是以公共行政的實證研究似乎預設了社會或是組織生活可以與價值切割，然而人們日常生活的實情並非如此。誠如先前阿吉里斯和格藍畢亞斯基所言，人並非總是理性地行動，所以人們並不一定根據事實分析然後加以理性回應，亦即人們的行動可能是基於感性也可能是基於信仰，當然更可能基於價值。然而價值也可能是一種理性推論的結果，例如社會公正、正義等價值，此被稱爲實質理性（substantive rationality），但價值卻無法觀察，因此實證論者必須將之摒除於行政研究之外。後現代主義對於實證論宣稱自己乃知識取得的唯一途徑予以高度質疑，成爲新公共服務理論建構的重要基礎之一。

第二，對於眞實（reality）的解構（deconstruction）[15]：

理性主義蘊含著一種被後現代主義論者稱爲基礎主義（foundationalism）的思維，所謂基礎主義意謂世界具有一種永恆不變的本質，意即存在著永恆不變的眞實。但後現代主義對此種觀點抱持質疑，而採取一種反基礎主義（anti-foundationalism）的立場。此種解構的世界觀（deconstructive world view）雖不見得可以全盤用於行政研究，但仍具啓發性。例如羅伯特・但浩德和珍娜特・但浩德二人指出，後現代主義認爲永恆不變的眞實並不存在，所謂眞實僅存在於當下，例如在對話的情境當中，而此點正啓迪了公共行政必須正視以眞誠溝通爲基礎之「面對面互動」（face-to face interaction）的重要性，此一情境可以促使對話各造更爲深入地理解和分享彼此的處境（cf. Denhardt & Denhardt, 2003: 41）。如此，將有益於締造一種更具包容性以及降低疏離感的公共領

15　所謂解構是後現代主義論者的慣用語，也是一種研究方法和途徑，其意指將既存的結構拆解、打破，以剖析其內部隱藏而難以看穿的深層內涵。

域。

第三,對於理性主義的批判:

後現代主義對於理性主義的批判,特別是針對市場取向的理性選擇理論(公共選擇理論)和技術官僚(technocrat)[16]的反思,經常為公共行政學者引用。後現代的公共行政論者認為,公共問題的解決途徑應是對話優於客觀評估或理性分析(McSwite, 1997: 337)。真誠對話的觀念主張,公共行政人員與公民視為彼此真心對待,而不僅是理性自利地算計或衡量對方,並且參與者將對方視為和自己一樣,是一個有生命和有尊嚴的人(Denhardt & Denhardt, 2003: 41-42)。此種觀念一方面拒斥了自利個人主義的假定,另一方面則是對於技術官僚一向將服務對象視為只有代號或編號卻如同沒有生命的個案(case)的一種深切反省。

2.基本命題

根據上述的理論基礎,羅伯特·但浩德和珍娜特·但浩德二人提出了其所謂新公共服務的觀點,以七項命題為主軸,勾勒有別於工具理性取向的公共行政,茲扼要臚列敘述如下。

第一,服務公民而非顧客:公民與顧客的意義大不相同,前者的特質在於其被視為是處於社群當中,不但擁有權利亦對社群負有某種責任(*cf.* 許立一,2003:125-144);但後者乃是來自於市場理論,其為以價金換取服務或產品的消費者(*cf.* 許立一,2003:66-68)。羅伯特·但浩德和珍娜特·但浩德二人強調,由於公共利益應該是一種關於共享價值對話之後的結果,並非個人自我利益的聚合,因此公共行政所要服務的是作為社群成員的公民而不是市場中從事交易活動的顧客(Denhardt & Denhardt, 2003: 42)。

---

[16] 技術官僚一詞在左派(如新馬克思主義)學者的界定下,是一種只會從專業技術眼光、著重經濟效率、甚至可能以專業宰制人民,而缺乏人文思考的公共行政人員。

　　第二，追求公共利益：公共行政人員必須致力於建構一種對於公共利益集體的、共享的觀念，其目標不在於迅速的解決問題，而是在於創造共同的利益以及共同的責任（Denhardt & Denhardt, 2003: 42）。

　　第三，重視公民意識甚於企業家精神：公共利益應該由願意為社會做出貢獻的公務人員和公民提出，而不是由似乎將公帑視為己有之具企業家精神的公共經理人提出（Denhardt & Denhardt, 2003: 43; *cf.* 許立一，2002：49-52）。

　　第四，策略思維、行動民主：集體努力以及通力合作的過程，乃是使政策與計畫符合公眾需求之最有效以及最負責的方式（Denhardt & Denhardt, 2003: 43）。

　　第五，正視課責（accountability）的嚴肅性：公務人員不應該僅侷限於市場的考量，更應該重視法規和憲法、社群的價值、政治規範、專業準則、以及公民福祉（Denhardt & Denhardt, 2003: 43）。

　　第六，服務而非領航：對於公務人員而言，運用共享的、價值為基礎的領導方式，所以協助公民表達、獲得共享的利益，日趨重要，而不是企圖控制或引導社會走向新的方向（Denhardt & Denhardt, 2003: 43）。

　　第七，重視人民而不僅是生產力：公共組織以及參與其中的人們，如果能夠同心協力並採取以尊重他人為基礎的共享領導方式，將會為社會帶來長遠的利益（Denhardt & Denhardt, 2003: 43）。

（二）對公務倫理的意義

　　深思以上所列新公共服務的各項命題，蘊含了豐富的倫理思維，它們不僅是公共行政的理論，也可以說是一套關於公務倫理的理論。

　　新公共服務的觀點和論述不但關照了實務人員所處的系絡，又強調規範對於實踐的指導作用，是以羅伯特・但浩德和珍娜特・但浩德二人嘗試

整合理論與實務並兼顧價值反省。因此，作者認為其對公務倫理建構的啟發意義在於：

第一，堅持公共行政實踐民主價值的使命，也不輕忽管理手段對公共組織的重要性，因此至少在論述的關照層面，新公共服務希望兼顧實質理性與工具理性；

第二，對於公共行政知識的取得途徑，主張採取多元的方法和研究途徑，將公共組織的現象、個人行動、價值理念一併納入理論當中。此對公務倫理知識建構的意義是，不應侷限實證途徑而排除價值辯證的課題。一套完整的公務倫理知識體系，除了實務制度、管理措施之外，還應該澄清各種價值對於行政作為的意義。更重要的是，確立公共行政所追求的最終價值何在。

第三，公共服務的對象應該是公民，而公民不應僅是追求自利的個人，他（她）們是願意積極參與公共事務、對他人富有同理心、對社群負有責任的個體，在確保個人基本權利的前提下，公民可以做出利他的行動，而更重要的是，公共行政人員也是公民。基於此種人性觀點，公務倫理建構不應僅侷限於外控途徑，還應該包含公共行政人員心靈、心理層面的道德意識之修為。

現今公民在提倡社群建構和公民社會方面扮演重要而積極的角色，是以許多進步的、前瞻的市民和政治領袖已經體認到此一發展的重要性和可行性，而且開始加入他（她）們的行列。政治領袖已經開始運用現代資訊科技和更為便捷的工具，實質性地與公民接觸、展開互動。因此，同樣地，公共行政人員正重新界定自己在公民參與政府過程中的角色（Denhardt & Denhardt, 2003: 35）。

第二節　對工具理性行政的哲學反思

本節將根據上述以實質理性爲主軸的公共行政之觀點，從哲學的層次對工具理性行政進行反思，並指出這些反思對公務倫理建構的意義。

一、政治與行政分離論

（一）反思

工具理性行政以政治與行政分離論爲基礎，希望擺脫政治對行政效率的干擾，例如威爾遜和古德諾等人提倡此一主張，其原因就在試圖矯正當時美國政黨分贓對於行政效率的戕害，此一出發點固然立意良善，卻也導致在此觀點之下的行政理論，不願深入思考政治對於公共行政還有其他的意義，並使得公共行政理論與現實脫節，也使得公務倫理內涵的發展受到限制。換言之，自威爾遜以降，工具理性行政的政治與行政分離論就如同圖5-1所示之意象，政治與行政二者涇渭分明，行政不得逾越政治範疇，否則便被視爲是違背倫理。但根據各種經驗研究的發現，實情絕非如此。

誠如前一節所介紹之各家觀點一致指出，公共行政處於政治系絡當中，無法與政治一分爲二。換言之，政治本來就是公共行政的內涵，即使某種層級的行政人員或某些範疇的行政作爲可以或必須擺脫政治因素的影響，它們也絕非是全面地處於政治眞空的狀態。所以黑堡宣言就指出，政

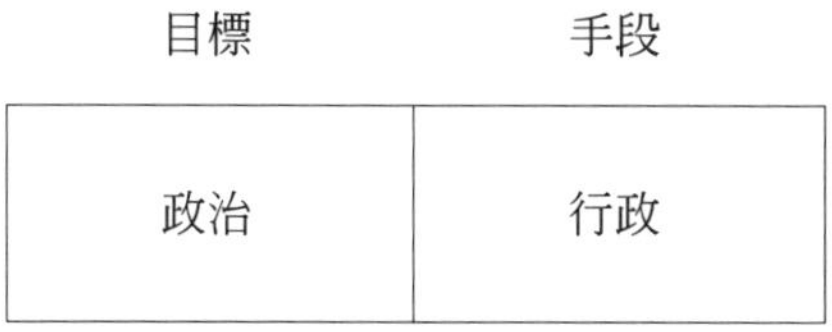

目標	手段
政治	行政

圖5-1　政治與行政分離論

資料來源：Frederickson & Smith, 2003: 18。

治與行政的關係可以分成三種層次：第一，在最高的即最抽象的層次上，行政不可能與政治分離。公共行政在此一層次上，誠屬治理和政治過程整體的一個部分，我們必須在一開始瞭解公共行政在政治系統和治理過程中的角色時，就充分明白此點；第二，在抽象程度稍低的行動層次上，行政與政治在某些情況下即使不致於可以完全分離，但二者的確有所區分；最後，第三個層次，如果我們要對那些涉身參與治理者，提出規範性和應然性之建言的話，則我們實應承認、闡釋、並且充分澄清政治與行政二者的區別（Wamsley *et al.*, 1990: 42-43）。換言之，政治與行政關係複雜，在某些方面而言可以二分，但在某些方面無法二分（Stivers, 1996: 268），實不能夠一概而論、簡單地一分為二。

一如黑堡宣言所言，不同層級的行政人員或不同範疇的行政作為，使得政治與行政存在著不同的關係。學者傅萊德雷克森和史密斯（Kevin B. Smith）二人剖析政治與行政分離論在實務上的限制指出，政治與行政一為目標一為手段固然有別，但公共行政人員的實務運作其實無法完全與政治切割，而從經驗分析的結果可以發現，政治與行政的關係呈現出幾種不同的樣態。據此，萊德雷克斯和史密斯二人便勾勒出一種不同於政治與行政完全切割的意象，如圖5-2所示。該圖所表達的意象是，行政雖然屬於手段的範疇，但其不可避免地會涉及目標的訂定。公共行政人員雖然受到政治的控制，但此一控制可能受限，甚至公共行政人員掌控政策與其受到政治控制的程度相當（Frederickson & Smith, 2003: 19）。其次，公共行政人員通常被要求必須服從政治決定（目標），因此其角色被期望僅僅只能是政策（目標）的執行者，萊德雷克斯和史密斯二人稱此種目標—手段二分界線為「防火牆」（firewall）（Frederickson & Smith, 2003: 18），但他（她）們實際上卻經常參與議程設定（agenda setting）和政策制定（policy making）（*cf.* Kingdon, 1995）。即使是基層的行政人員，其工作內容也經常涉及目標的闡釋或是詮釋政策（法令）並採取他（她）們所認定的適當作為，所謂「裁量權」就是如此，只不過裁量權可

能或大或小、範圍不一而已（*cf.* Lipsky, 1980）。因此，圖5-2是一種理念類型（ideal type），並不是具體的真實關係的呈現，圖中的那一條分隔政治和行政的曲線，其彎曲的程度可能會隨著不同的政策領域、不同的時間、不同的組織所導引之政治與行政的不同關係而有所變化（Frederickson & Smith, 2003: 18-19）。

（二）澄清公共行政之政治本質對公務倫理建構的意義

澄清公共行政的政治本質，並不意味著公共行政應該重蹈威爾遜等人所指責之政黨分贓的覆轍。反之，強調公共行政的政治本質，一則是指出公共行政不應與現實脫節；另一方面的重點則在於強調公共行政應對政治目標和價值有所堅持和執著，公共行政人員不應對政治目標和價值毫無反省能力，他（她）們應該扮演關懷社會公正與促成公共利益之實現的積極角色（*cf.* Jun, 1986: 18-19）。

申言之，只是要求公共行政人員消極性地擺脫黨派色彩，並不能真正地解決治理過程中所存在的問題，例如：民眾對於政治系統效能感的低

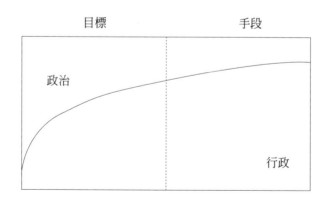

圖5-2　政治與行政的真實關係

資料來源：Frederickson & Smith, 2003: 18。

落、選民覺得政府不能回應其需求、以及黨派鬥爭導致政策總是難以長遠的眼光進行規劃、以致於公共行政淪為實現政客選舉利益的工具等。

總之，堅持行政無法與政治二分者，其主要的著力點在於，公共行政在治理過程中的正當性，事實上已經在憲法當中明確地界定，是以公共行政是除了行政、立法、與司法三權之外的另一個與前述三者並立的制度。黑堡宣言便是此一立場的代表。（*cf.* Wamsley *et al.*, 1990）。因此，當政客純然以選舉利益思考政策制定時，公共行政人員其實可以基於專業知識而更重要地是基於道德勇氣，向擁有權力者說真話。易言之，公共行政人員本質上擁有政策參與的正當性，他（她）們有倫理上的義務保護那些無法被表達的利益（此即所謂社會公正），依據法律、立法機關的決議、以及官僚體制的程序兼顧效率和公正（Goodsell, 1993; Wamsley & Wolf, 1996; Frederickson, 1997）。

再者，一般認為唯有透過選舉所產生的公職人員才具備正當性，在工具理性的行政理論中認為，只有民選或政治任命的公職人員才能提出政策方案，倡議某些政治議題。然而，此種看法其實忽視了，公共官僚體制本身可能比國會更接近社會縮影（Rohr, 1990: 76）。意即，公共行政人員應該可以扮演公民的代理人此一角色（Frederickson & Smith, 2003: 22）。換言之，公共行政人員所具備的代表性不比民選公職人員差，甚至有過之而不及，因為公共行政人員來自社會各階層，其組成比民選的公職人員更為貼近社會的各個階層。舉例言之，美國聯邦政府的「公平就業機會法」（The Equal Employment Opportunity Act, 1972）和「就業保障法」（The Affirmative Action, 1979）的制訂，使得社會中各個族群得以避免受到歧視，而公平地進入公部門服務，促使所謂「代表性官僚體制」（representative bureaucracy）在某種程度上得以實現，使得公共行政人員在治理過程中具備了一定程度的表意（expression）功能和代表性（*cf.* Rosenbloom & Kravchuk, 2002: 193; Goodsell, 1990: 109）。所以從取向實質理性之公務倫理角度觀之，政治與行政關係的意象，似可呈

現如圖5-3。該圖所表達的是對於公共行政人員參與目標（實質理性）設定高度期待的觀點，它反映了在不同情況下公共行政人員涉入目標設定程度或高或低的情形，如曲線以下和水平線以上的空間所示，但一般而言，公共行政人員對治理的參與都在水平線之下，多屬於手段性質。

歸納而言，公共行政蘊含著政治的本質，而針對公共行政之政治本質的省思，對於公務倫理建構取向之啟發，應有以下二個面向：

1. 公共行政應對社會公正與公共利益等政治價值給予高度關懷與倡導；

2. 公共官僚體制具備公民代表性，在政治過程中其表意的功能不容忽視，而表意功能則應體現於政治回應性（political responsiveness）之上。

職此之故，公共行政人員應本於道德勇氣、依法行政、專業知識等原則，致力捍衛公共利益，對政策提出建言，不應只是扮演政策執行的工具。

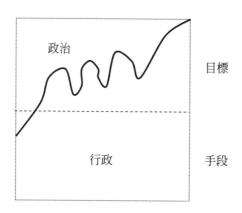

圖5-3　取向實質理性之公務倫理的政治與行政關係

資料來源：根據Frederickson & Smith, 2003: 20圖2.3d改繪。

二、管理主義

（一）反思

在傳統管理途徑的行政理論中，諸如威爾遜和古德諾主張公共行政的本分就是尋求實現政策目標的最佳手段，同時也認為前者正是公共行政呼應民意的展現（Wilson, 1887 reprinted in 1992: 19, 21-22; Goodnow, 1900 reprinted in 1992: 25-27）。所以，以控制為基礎、追求高效率的組織管理技術，似乎成為公共行政的唯一內涵。有助於促進人民福祉的管理技術之改善，當然是公共行政應該努力追求的方向。但是，此一管理主義先是假定了公、私部門可以等同視之，進而則認為講求管理技術的精進是公共行政的首要之務，受到傳統主義、新公共行政、黑堡宣言、新公共服務以及與前述立場相同的論者高度質疑。

當工具理性行政的支持者認為，政府機關與私人企業在本質上無異，並且一味地迷信企業管理的技術，可以全盤適用於政府機關時，頗有可能形成一種盲點：將公共行政的範圍侷限於政府組織的內部管理。其次，深究管理主義的行政理論，其中隱含著一個邏輯：公共行政只要致力於管控技術的改革以達成效率，就是完成民主政治的最大助力。誠如賽蒙所言：「所謂的行政理論，就是關注於組織應該如何建構與運作，以便有效率地完成其工作」，進而他又補充：「行政的根本原則就是理性，而所謂的理性就是，在各種備選方案中選擇達成目的的最佳手段，以及在各種結果相同的備選方案中選擇成本最低者」（Simon, 1997: 45），言下之意其實就是管理控制以達成效率。但是，此種忽視公私部門差異所導致之只重管控手段卻對目標缺乏反省的思維，卻足以將二次大戰期間德國官僚造就成為屠殺猶太人的劊子手。

反之，公共行政的內涵是治理，而所謂治理乃是包含了「國家以社會整體為名義所施行的獎酬和懲罰」，而且此種治理存在於政治的系絡之中（Wamsley et al., 1990: 36）。所以，公共行政是「公共」的，因為它是

以「社會整體為名所施以的作為」，也因此它是政治性的，因為公共行政涉及公共利益和懲罰的分配。職此之故，新公共行政、黑堡宣言乃至於新公共服務皆提出一種邏輯：先是區隔公、私部門的本質，其次闡述公共行政與企業管理內涵的不同，進而界定公共行政人員與企業經理人的角色差異。誠如新公共行政肯定公共行政人員的作為與民主價值的實現息息相關（Marini, 1971: 352-353; Marini, 1992: 2），黑堡宣言將公共行政人員視為公民受託人（trustee）（Wamsley *et al.*, 1990: 48），而新公共服務重視公共行政人員與公民的信任關係（Denhardt & Denhardt, 2003: 93-100）。

根據上述觀點，公共行政在運用以控制為基礎的管理手段時，必須謹慎避免陷入管理主義的謬思。而公共組織與公共行政人員之間、公共行政人員與公民之間並不完全是管理控制的關係，卻經常是一種夥伴與信任關係。學者哈特（David K. Hart）就將公共行政人員視為「道德企業家」（moral entrepreneur），他認為行政人員有義務以信任而非強制力為基礎運作公共事務，他（她）們需要承擔道德風險遠甚於經濟風險（Hart, 1984; Denhardt & Denhardt, 2003: 94）。易言之，公共行政人員所應重視的便不僅是政策的成本利益分析，還應考量政策的回應性、政策可以實現的價值等。身為民主價值的促進者、公民受託人、和道德風險的承擔者，公共行政人員必須奮力掙脫以控制為基礎的管理主義所產生之貶抑性的自我形象，必須在某些時候扮演具備批判意識的角色，對既定目標和當下的行政行為進行反省，則政策似乎才會較具回應性，它所能實現的價值較能合乎社會公正。

（二）釐清公共治理與組織管理的差異對公務倫理建構的意義

將公共行政導向公共治理，實與管理主義將公共行政侷限於組織管理大為不同，釐清公共治理與組織管理的差異，對公務倫理建構應具有如下意義。

　　第一，公務倫理需要觀照的層面不應侷限於微觀層次的管理技術，還應包含宏觀的政策價值辯證與回應性：公共行政的作為所影響之範圍涉及全體民眾，但是企業的行動往往只影響特定人[17]。當企業的決策失誤時，最差的結果是公司倒閉，波及的範圍只有股東和員工，或者還包括特定的消費者；但是，當公共政策失敗時，必須付出代價的卻是全體國民[18]，此也是公共行政之所以必須強調「公共」意涵的原因（cf. Frederickson, 1997：20-30, 41-47）。再者，公共行政運作於政治的系絡之中，此與企業在市場當中所面對的情況極為不同。市場所強調的是降低生產成本、提高利潤所帶來的競爭優勢，但是政治所需要的卻是一種促使價值分配獲得廣泛認同的「藝術」。因而，公共行政所需要的不僅是管理的技術，其更需要的是具備承受民選首長、政務官員、立法人員、法院、利益團體、媒體、公民等衝擊力量的抗壓性，還要能夠妥善地將各方的訴求圓融地達成一種均衡狀態的能耐（capacity）。因此，公務倫理所關照的層面不僅是如何確保公共組織及其人員合乎正軌，還應該包括如何確保政策的回應性；

　　第二，公務倫理的內涵除了外控性質的法律課責外，還應包含內省性質的道德修為：以「社會整體的名義施以獎酬和懲罰」意味著公共行政人員握有特權，特權運使的結果總是導致人民權益的增加或者減損，是以此等權力除了必須受到外部途徑的法規節制──課責（accountability）之外，更重要的是，其更需要行使特權之行政人員本身的道德內省與自律精神──個人責任（personal responsibility）（cf. Harmon, 1981: 121-122；林鍾沂，1994：198-204）。職此之故，公務倫理教育應該包括道德意識形塑與價值辯證能力的培養，而不是一味著重於外控制度的引介。

17　經濟活動所產生的外部性，或許也會影響全體民眾，例如空氣污染。但是此並非交易過程所預期的結果，因此其並非企業管理的主旨。企業管理所考量的對象為股東、員工、客戶乃至於競爭者，範圍特定。然而，公共行政的施政作為，本質上就是以全體民眾為決策視野。

18　至少，從預算來自於納稅人荷包的角度，其影響的層面當然為全體人民。

換言之，除了依法行政之外，公共行政人員還需要一種在價值衝突的情境中，做出適當而正確的判斷與選擇能力。尤其愈是位居要津或高階的行政人員，就愈是需要更多道德意識的薰陶與價值辯證能力的訓練。誠如學者高索伯（Louis C. Gawthrop）指出：「如果要使某人承諾爲民主效命，那麼其至少必須對『民主的倫理本質』、『民主的先驗價值』、以及『民主的道德觀』有所認識並具備成熟的體認」（Gawthrop, 1998: 24）。

三、行政知識的科學主義

（一）反思

　　剖析工具理性行政知識科學化之內涵，其具有如後幾點特色：1.首要之務在於，嚴格防杜價值和規範性的課題干擾行政學研究的「客觀性」；2.藉由假設的建立，也就是將理論予以操作化，以便在經驗世界中尋找證據檢驗假設進而確認理論的眞僞；3.將研究成果予以通則化，並經由分類和量化的方法達成此一目的（Rosenbloom & Kravchuk, 2002: 20）。換言之，工具理性行政知識採納了實證論的立場。而實證論的意涵可以扼要歸納如下（Tong, 1986: 12）：

1.所有知識植基於感官經驗；

2.意義以觀察爲依據；

3.概念與通則僅爲實體的抽象代表；

4.各種科學根據自然科學的方法論得以整合，亦即，最完美的知識應以數學公式的形式予以呈現；

5.價值並非事實，價值在經驗研究的領域中毫無意義。由於所有知識皆以事實爲根據，所以價值判斷不能作爲知識的基礎。

　　綜觀前列實證論的意涵，其對於工具理性行政之知識建構的價值觀所

產生的影響，可以歸納爲如下三點：

第一，方法論的一元論（methodological monism）：在行政科學的領域之中，所謂的實證論意味著：「自然科學的研究方法可以全盤地適用於公共行政之研究」。在此一觀點之下，對人的研究與對於沒有思想的物的研究如出一轍（Blaikie, 1993: 13; 17），此稱爲方法論的一元論（Bryman, 1988: 14）。即便二者有所差異，亦只須就其差異在方法上稍事修正，便可獲得適當的解決，換言之，自然科學與公共行政在方法論上可能有些不同，但在知識建構的認識論基礎上，似乎並無分歧。關於此點，科學家巴博（Karl Popper）以下的論述，正可明白地表達此一立場：

> 「我並不是主張自然與社會此二領域之理論科學的研究方法絕無差異，〔事實上〕它們的差異相當明顯，這些差異同樣地可以見諸於自然科學本身的不同學門之間，以及社會科學的不同學門之間……但是，我同意孔德（A. Comte）和密爾（S. Mill）以及其他許多人的觀點……前述的二個領域，它們的研究方法在根基上並無二致。」（Popper, 1961: 130 cited by Blaikie, 1993: 13）

第二，致力追求一般法則（general law）：科學理論被視爲一組高度普遍、如同定律一般的全稱陳述，而且此種一般法則的建構乃是科學的目標。在行政學當中一般法則就是知識的通則化，一套行政理論可以適用於所有類似的具體情境。科學法則乃是經由觀察個別現象之間的具體和簡單關係，以及其常態的連結性（constant conjunctions），加以歸納、抽繹而成。所謂解釋便是將個案置於適當的法則之下，加以邏輯推論的過程。這些法則在範圍方面屬於全稱性質，所以它們能夠涵蓋的觀察層面相當廣泛，並且它們的適用性亦以放諸四海皆準的形式呈現，如果沒有例外，它們不受時間與空間的限制：「實證論將主軸置於休謨（David

Hume）[19]的因果律則論之上，亦即，法則以原子型態的事件、事物的狀態之間的常態關連性爲基礎，進而被詮釋爲確實或可能的經驗客體。此一理論本身必然需要具備明確的知識並具經驗性」（Blaikie, 1993: 15）。基於此種信念，工具理性行政追求管理公共組織的通則，實不足爲奇。

第三，排斥價值判斷與規範陳述：實證論強調事實與價值分離的必要性，而否定價值探討和規範論述在知識研究中的地位，誠如克拉克夫斯基（Leszek Kolakowski）[20]所言：「我們必須拒斥價值在世界中占有一席之地的假定，因爲它無法與我們所認可的知識一樣，運用相同的方法予以揭露」（1972: 17 cited by Blaikie, 1993: 15）。紀登斯（Anthony Giddens）也曾對此表示看法：「價值判斷並不具備任何經驗的內涵，其所提出的內容無法在經驗中試煉它們的眞確性（1974: 3 cited by Blaikie, 1993: 15）。抱持實證論立場之工具理性行政，自然否定了規範理論在公共行政中的地位，此點可以從賽蒙的論述中窺其堂奧：「實際上，行政決策當中所蘊含的價值，鮮少是心理學或哲學意謂的最後價值（final value）」（Simon, 1997: 67）。換言之，工具理性行政即便有價值方面的堅持，此種價值也屬工具理性，就是可以量化計算的效率。

學者萬斯來（Gary L. Wamsley）曾指出，實證論與行爲主義使得公共行政理論步入學術的死胡同（*cf.* Wamsley, 1990b: 19, 24-25），傳統主義認爲，歷史途徑的研究可以豐富公共行政知識的觸角；而新公共行政、黑堡宣言、新公共服務都主張後實證論的立場，認爲行政知識研究也可以結構主義或新制度論，甚至後現代主義也可爲行政知識建構的基礎（Wamsley & Wolf, 1996: 24-31; Denhardt & Denhardt, 2003: 39-42）。

---

[19] 蘇格蘭的哲學家、經濟學家、和歷史學家，且被視爲是蘇格蘭啓蒙運動以及西方哲學歷史中最重要的人物之一，同時也是西方科學哲學之經驗主義的代表人物。一般咸認，實證論深受休謨哲學的影響。

[20] 生於1927年10月23日，卒於2009年7月17日，是波蘭20世紀重要哲學家及作家。

　　根據以上對於工具理性行政知識的科學主義內涵的剖析，以下將就實證論的三個面向，歸納其限制。

　　第一，方法論的一元論用於以人爲主體的社會研究有其侷限性：著重實質理性的行政論述強調公共行政人員具有自我意識，而所謂自我意識就意味著，人與自然界其他不會思考的生物或物質在本質上有所差異。換言之，他（她）對於外界所加諸之衝擊的回應，不是直接的反射動作而是經過心智活動後的行動。所以，公共行政研究的對象主要是人組成的社會以及人的社會活動，與其他生物和無生命的物質不同，主張方法論的一元論，並不能有效幫助人們理解以人爲主體的社會實務。事實上，西方哲學中的觀念論（idealism）[21]便是前述觀點的哲學基礎，誠如康德（Immanuel Kant）認爲，宇宙的終極實存（ultimate reality）在於精神（spirit）或觀念（ideal）而非感官知覺（sense perception）當中（Harmon & Mayer, 1986: 291）。申言之，人類的意識之中存在著一種先天和與生俱來的知識能力，康德稱此爲「超驗的知識」（a priori knowledge），而且其優先於經驗的感官資料之掌握，進而藉此超驗的知識能力，任何感官資料得以組合、安排、以及理解。意即，人們對於外界事物必然會予以詮釋，此便涉及主觀的價值判斷。

　　其次，前已述及，社會性的行動具有意向性，與他人必然發生互動關係，加上主觀詮釋的作用，因此，社會實體是一種在行動中被建構出來的產物（cf. 鄒理民譯，1991），此亦說明了社會的性質與自然完全不同。誠如學者萬斯來所言：「所有的社會建構，發展了文化，而文化形塑了個體的行爲」（Wamsley, 1990b: 21）。言下之意，文化或制度一方面由社會行動所形成，另一方面，它也對於個體行動產生限制。而此種互動涉及了主觀和客觀雙重因素，其中不但蘊含事實因素，更具有行動者的價值判

---

[21] 以笛卡兒（Rene Descartes）、史賓諾沙（Baruch Spinoza）、以及康德（Immanuel Kant）等人爲主要的代表人物。

斷和詮釋。職此之故，實證論認為對於社會和人的研究方法與對於自然的研究並無差異，顯然是一種不切實際的假定。

職此之故，強調行政研究應採後行為的（postbehavioral）、後經驗的（postempirical）和後實證論的立場（Wamsley, 1990b: 24），其意義之一便在於，質疑方法論的一元論之主張，而認為行政的知識研究可以包容各種方法，並且應該正視人和社會在本質上與物和自然有極大的不同。

第二，通則化的行政知識可能導致理論與實務脫節：行政學中採取後實證論立場的學者多半主張，公共行政理論不能脫離系絡而獨立存在，易言之，對於公共政策、行政機關、行政人員的理解，必須將之置於其所身處的環境、制度、時空背景（也就是所謂的結構）當中，始能獲得完整的觀察和理解。因此，以實證論建構的工具理性行政只重通則、忽視具體時空系絡的傾向，將導致行政理論往往與實務脫節。

學者懷特（Jay D. White）亦指出，工具理性行政熱中於工具性的科學，其結果是導致政策分析從文化和歷史當中被抽離出來，成為一種與歷史無關的（ahistorical）論述（1982: 132 cited by Denhardt, 2004）。然而事實上，就林布隆（Charles E. Lindblom）所提出的「漸進主義」（incrementalism）之觀點而論，一項政策往往是漸進調適（muddling through）的產物，亦即政策乃在政治氛圍當中參與決策的各種勢力作用之結果，此即一種社會互動系絡下的產物（1957 cited by 林鍾沂，2001：301-303），因此政策通常具有演化的特質，而演化就是一種歷史進程，所以要完整理解一項政策不能只從單一時點觀察，必須追溯其來龍去脈。此外諸如柯亨（Michael Cohen）、馬區（James March）和歐森（Johan Olsen）（1972）提出的「垃圾桶模式」（garbage can model），以及金敦（John W. Kingdon）（1995）所提出之「政策機會之窗」（policy window），他們的觀察皆說明了，欲對一項政策進行完整的瞭解，不能與其所處的系絡脫節。所以，當一套行政理論摒棄了歷史

和系絡的觀點，汲汲於超越時空的通則知識，似乎就如同空中樓閣一般缺乏根基，流於不切實際的虛幻。

抑有進者，白禮（Mary T. Bailey）從方法論的角度指出實證論引導的工具理性行政之限制，可用以說明通則化知識與現實脫節的情況。通則化之知識的原型就是因果關係（cause-and-effect relationship），但是白禮指出，探求因果關係經常未能克服時間落差（lag time）和干擾變項的困境，由於其中的複雜性往往不是研究者能力所能處理，因此他（她）們僅能就自己所認定的滿意標準決定變項並進行推論（Bailey, 1992: 37）。但當研究者排除了某些看起來微不足道的變項時，其推論的結果必然與實際的情形有所差距，而且結果可能令研究者大感意外。職此之故，重視系絡性的行政知識研究便是主張，對於公共行政現象的理解應該著眼於事物之間的關係網絡，此即關注於系絡（結構）對於行動所產生的作用，以及行動對於系絡（結構）所造成的影響。是以，系絡（結構）和行動乃是一種互為因果、相互辯證的關係（cf. Wamsley et al., 1990: 38-39; Wamsley, 1990b: 20; 1990c: 120-121）。上述觀點與科學主義之實證論的知識建構理念大相逕庭。

第三，排斥規範與價值課題的限制：科學研究的實證論主張價值中立（value neutrality），否定了規範論述和價值課題在公共行政知識中的地位。但是，傳統主義、新公共行政、黑堡宣言、以及新公共服務卻都主張，諸如正義、社會公正等價值課題對於公共行政而言非常重要，公共行政不能對之毫無反省能力，而規範性的論述更經常是行政實務的理念基礎、具有引導行動的作用。

白禮指出，以實證論為基礎的行政理論，為了確立因果關係，因此必須將問題明確界定（Bailey, 1992: 38），進而予以操作化（將抽象的概念轉化為具體可觀察的變項），同時採用量化的方法進行研究。基於此種考量，追求科學化的工具理性行政必須將無法明確界定以及量化的價值課

題，摒除於研究範圍之外。所以論者指出，諸如公共利益此一在公共行政中極為重要的課題，之所以為人刻意冷落，其原因就在於，公共利益的具體內涵難以精確地加以界定，其模糊性成為行政學術科學化的絆腳石，在沮喪之餘，乾脆對之棄守，不然就是粗糙地將之等同於經濟效率，甚至認為公共利益一詞只是特定利益的矯飾（Goodsell, 1990: 96-98）。

總之，工具理性行政將實證論之價值中立的信條奉為圭臬，而一味地排拒價值課題和規範論述，實扭曲了公共行政的本質。因為，在民主自由政體當中，公共行政與企業管理的差異之處就在於，前者乃是以具有倫理道德意涵的「公共」利益為終極目標，而不是個人的自我利益。反思價值課題與規範論述對行政知識研究之意義在於，重建它們在公共行政的核心地位。

（二）反思科學主義的知識觀點對公務倫理建構的意義

以上對於科學主義的知識觀點的反思，對於公務倫理之建構應有以下意義。

第一，重建公務倫理在公共行政領域的地位：因為偏重工具理性，公共行政追求科學化的同時，排斥了關於價值課題和規範論述的探討，也導致了公務倫理成為一種冷門的研究領域。畢竟倫理的研究不可避免地要涉及價值辯證，且倫理的論述本身通常就是規範性質的論述，所以學界要以科學的實證方法研究公務倫理的相關主題，往往面臨極大困難，因為價值課題總是難以操作化，採用推理或是辯證方法又與主流的科學化之要求格格不入，公務倫理的研究範疇不是因此嚴格受限不然就是此一領域的探討乾脆被學者拋棄。職此之故，反思科學主義的知識觀點，重視價值課題和規範論述對於公共行政知識研究的重要性，當有助於重建公務倫理在公共行政的地位。

第二，公務倫理知識建構途徑的多元化以及知識內涵的豐富化：行

政學者反思科學主義的知識觀點,其實用意在於提倡知識取得途徑的多元化,而不是全盤否定科學方法以及實證論對於行政知識建構的助益,對於公務倫理而言也是如此。知識取得途徑的多元化,更意味著公務倫理知識內涵的豐富化。誠如學者傅萊德雷克森的觀察,當代公務倫理的主流研究,多採取調查(survey)、實驗(experimentation)、訪談(interview)、個案研究(case study)等以經驗實證為途徑的研究方法(cf. Frederickson, 1994: 33-40)。這些研究必然對公務倫理的知識建構有所貢獻,無庸置疑。但相對而言,那些無法以實證方法加以研究而遭主流排除於外的題材,是否就毫無價值?從主張後實證論的學者角度觀之,顯然前述問題的答案為「否」。如此,則反思科學主義的知識觀點,當有助於公務倫理知識建構途徑的多元化並使其知識內涵豐富化。

第六章
公務倫理的現代主義色彩

本章將剖析先前各章所闡述之公務倫理內涵所蘊含的現代主義（modernism）色彩，亦即以現代主義哲學觀對公務倫理進行後設分析（meta-analysis）[1]。現代主義具備有幾項重要的哲學主張，雖然不一定都產生自現代，有一些觀念其實可遠溯於古代希臘哲學家的思想，但這些觀念到近代或現代被重新詮釋組合成為現代哲學的主要內涵。而之所以使用「現代主義」一詞以涵括公務倫理思維的原因，主要是本書稍後將引介後現代主義（postmodernism）對現代主義之批判，以呈現當代的哲學發展與情境轉變對公務倫理實務運作以及在哲學思維方面的挑戰與啟發。

第一節　現代主義哲學的內涵

本節首先說明現代主義的精髓以便作為後續闡述後現代衝擊與啟發的基礎。更重要的是，此處的分析將帶出前述各章探討之道德哲學和公務倫理體系所蘊含的現代主義色彩。

「現代」是一個時期或歷史的概念名詞，「現代性」（modernity）則是現代紀元所展現的情境特徵，至於所謂的「現代主義」則是意指西方文明脫離中世紀以後，特別是啟蒙運動的思維、意識型態及哲學觀，此可謂現代人普遍抱持的深層價值，所以也可稱之「現代價值」。由於現代主義牽涉的層面甚廣，為與本章探討主題相關，作者僅將重點置於與道德哲學和公務倫理相關的課題作扼要的闡述。

一、以人為主體之「主體哲學」的確立

文藝復興對於中世紀的觀念有所反動，尤其是關於人的地位經過了一番修整，人恢復了主體的地位，因此人們認為文藝復興為人的覺醒和再

---

[1] 所謂後設分析意指對一套理論或是一項研究為何以及如何建構與進行從事分析，通常涉及哲學層次的探討。

生。笛卡兒（René Descartes）的「我思故我在」（*Cogito, ergo sum*）宣告了人是認知的主體，意即，人是思想的主體無須證明，在思考的過程便可證明人的主體性。自此以後，人亦為權利的主體，如洛克（John Locke）、盧梭（Jean-Jacques Rousseau）主張「人生而平等」；人同時也是認知和價值的主體，如康德的哲學的三大批判。

主體哲學在康德的思想體系中發展到了高峰，他提出所謂三大批判：1.「純粹理性的批判」肯定了人為認知的主體，為牛頓的科學提供了正當性的形上學基礎；2.「實踐理性的批判」闡述人為道德的主體；而3.「判斷力的批判」則是闡述了美學、人生目的在主體中的基礎。以上三大批判肯定了人作為認知、道德、和美學（即判斷）的主體，無疑是為主體哲學觀確立了體系。其後，黑格爾（Georg W. F. Hegel）更將主體延伸成為「絕對精神」，認為其為一種絕對之知，亦即，知識的終極所在。黑格爾對於主體哲學的肯定，從他盛讚笛卡兒所提出之「我思故我在」的觀念中可見一斑。他指出：笛卡兒的哲學，就如同為在茫茫大海之中失去航向的人類文明提供了一盞明燈（沈清松，1993：10-11）。現代主義便沿著以人為主體的主軸，作為探討知識、價值、和權利等課題的基調。

二、理性主義

理性主義（rationalism）相信人具有理智的本質，此一理智並非存在於上帝。此一反省可就韋伯和哈柏瑪斯（Jurgen Habermas）的觀點加以論述。他們認為現代的特性就在於理性化，此一理性化的過程使世界走向一個規律控制的時代，社會邁向專業的分殊。哈柏瑪斯更指出此一趨勢使人類建構的產物——科學、藝術、和規範三者分立，科學本身所追求者為知識，知識之價值為求「真」；藝術所追求者為品味，其價值在於「美」；規範所要求者為正義，其價值在於「善」（沈清松，1993：13）。唯哈柏瑪斯認為三者的分立，實則造成了社會的割裂和人格的割裂，此亦造成馬孤哲（Herbert Marcuse）所謂之「單向度的社會」（one dimensional society）和「單向度的人」（one dimensional man）。再者，前述的理性化過程隨著工業化的發展，再加上科學、藝術、和規範三者分立，導致社會傾向於「工具理性」發展而非「價值理性」。

總言之，現代主義之中的理性主義，可以扼要地闡述為：第一、人的行動根源於理智的判斷，亦即，行動的依據是邏輯思考的結果；第二、透過制度的建立和延伸個人理性的展現，使得諸如國家、企業組織的決策與行動具有合理性、一致性、和普遍性，因而產生可預見性、可計算性；第三、由於科學、藝術、規範三者分立，加上工業和科技的進步，使現代的理性主義傾向於側重工具理性而非價值理性。

三、以基礎主義為核心的結構主義

結構主義（structuralism）的原創者為瑞士語言學者蘇緒爾（Fredinand De Saussure），他的學生在其身後整理他上課的筆記集結出版《普通語言學教程》（*A Course in General Linguistics*, 1915）一書，成為他一生學術成就的代表作，該書亦被視為結構主義的經典（*cf.* Palmer, 1999: 14；徐崇溫，1994：7）。結構主義原本是一種語言學，但是因為人文社會的研究者認為語言是社會生活的再現，所以欲進行社會分析可以從語言分析著手，也就是因為如此，本為語言學之研究途徑的結構主義才會被引介至社會研究的領域。欲理解現代主義必須對結構主義有所理解的原因在於，結構主義蘊含著承襲自古希臘而被啟蒙運動哲學家們加以復興和光大的西方哲學之重要精髓，特別是以基礎主義（foundationalism）和邏各斯中心主義（logos-centrism）[2]為主（White, 1991: 13-23），並包含著理性主義與再現主義的身影。許多批判現代主義之論者眼中的現代

---

[2]　邏各斯中心主義，是古希臘哲學以及古印度、古埃及以及後來的猶太教、基督教神學中非常重要的概念。邏各斯中心主義意指宇宙世界中存在著一種支配萬事萬物的原理。這些原理可說是一種不變的基礎，所以是一種基礎主義的論調。後現代（後結構）主義論者在提及基礎主義時經常以邏各斯中心主義一詞稱之。

主義其實就是啓蒙哲學提倡的理性主體觀以及結構主義，亦即除了主體哲學和理性主義外，結構主義也是批判現代主義的重心所在並以基礎主義和邏各斯中心主義爲主要對象。抑有進者，這些現代主義的批判者通常被稱爲「後現代主義論者」（postmodernist）但也經常被稱爲「後結構主義論者」（poststructuralist）[3]，可見結構主義與現代主義劃上等號，因此以下以較多篇幅闡述結構主義以呈現現代主義的特色。

（一）基礎主義是結構主義的中心思維

　　結構主義可說是基礎主義哲學觀點的投射。所謂基礎主義是假定自然世界或是人類社會存在著「不變的基礎」，基於此種不變的基礎現代的理性主義相信眞實是可以被發現和證明的，而不變的基礎本身就證明（proof）、認證（confirmation）和證據（evidence）此一連串活動與資訊的根源（*cf.* Sim, 1997: 20-22）。簡言之，因為有不變的基礎才能有證明的標的。此種不變基礎又可分為兩類：

　　第一，可稱爲自然世界的基礎──意即自然世界中存在著客觀不變的基礎，也就是客觀實在（objective reality）（任宏傑，2005）。此可謂爲西方認識論（epistemology）中經驗論（empiricism）的根源，經驗論主張因爲有客觀實在，所以人的感官才能去知覺它的存在，知識因此產生，希臘哲學家亞里斯多德就是此派的代表。

　　第二，可稱爲人類主觀知識的基礎──意即不變的基礎乃存在於人的「先驗知識」（a priori knowledge）之中（任宏傑，2005）。此可謂爲西方認識論中觀念論（idealism）的根源，觀念論主張人對外在事物的認知乃是人的觀念之投射（稍後將詳加說明），希臘哲學家柏拉圖就是此派的代表。

---

[3]　例如布希亞（Jean Baudrillard）、狄蘆茲（Gilles Deleuze）、德希達（Jacques Derrida）、傅柯（Michel Foucault）、高達理（Felix Guattari）、拉岡（Jacques Lacan）以及李歐塔（Jean-Francois Lyotard）等人。

　　蘇緒爾的結構主義語言學乃是以柏拉圖的理型論（theory of forms，或theory of ideas）爲起點，所以可謂爲以基礎主義爲中心思維。柏拉圖認爲，自然界中有形的東西是「流動的」（flow），所以世間才沒有不會分解的物質，物質會受時間的侵蝕，但是造就此些物質的「理型」（forms or ideas）（或稱「模式」modes、「共相」form）卻永恆不變，此即理型論（Gaarder, 1995: 66）。其實，柏拉圖此一觀點是對於在他之前的希臘哲學家安薩哥拉司（Anaxagoras）和希拉克里特斯（Hera-clitus）的主張，更爲詳細的闡述和發揚。安薩哥拉司認爲心靈（希臘語：nous）是宇宙秩序的超驗根源；而希拉克里特斯則認爲「邏各斯」（logos，意即規則；希臘文爲λόγος）乃是聯繫和組織宇宙流動變化之萬物萬象的律則，因此又稱理型論爲一種邏各斯中心主義（cf. 王又如譯，1995：55；張國清，1995:31; 56-60）。這些看法都是西方哲學基礎主義的根源，也是觀念論或理性主義的源頭。扼要言之，理型論是西方哲學關於本體論與認識論的一種觀點，柏拉圖認爲，人類所見的事物並不是眞實而是理型，此種共相是一種抽象的存在於人的觀念之中的完美理型。舉例言之，世界上各個品種的鳥的具體外型都不盡相同，但人們看到各個不同種類的鳥時，都可以認知其爲「鳥」，柏拉圖認爲這就是因爲在人的觀念中存在著一種關於鳥的共相也就是所謂理型。理型或共相其實就是不變的基礎，所以理型論正是一種基礎主義。結構主義論者相信語言當中存在著一種不變的結構和規律的原理（所以才稱結構主義），就是根源於理型論，它的核心即爲基礎主義。

　　基礎主義是現代主義哲學非常重要的構成，而結構主義正好將基礎主義展現得淋漓盡致，所以後來成爲後現代主義論者批判的對象[4]。

---

[4] 關於基礎主義與反基礎主義的哲學論點，可參考以下網頁資料獲得更詳盡的補充：

　　1. http://en.wikipedia.org/wiki/Foundationalism。檢索日期：2011年12月26日。

　　2. http://www.hudong.com/wiki/%E5%9F%BA%E7%A1%80%E4%B8%BB%E4%B9%89。檢索日期：2011年12月31日。

　　3. http://www.campus.org.tw/public/cm/cm02/2003/0302-4.htm，檢索日期：2011年12月31日。

（二）以觀念論作爲語言分析的起點

　　誠如前述，蘇緒爾的結構主義語言學乃是以柏拉圖的理型論爲起點，所以結構主義在認識論方面的取向是觀念論，也是上述第二種基礎主義的展現。

　　蘇緒爾根據柏拉圖的理型論指出，文字並非指稱具體個別的事物，因爲世界之中的萬事萬物即使是同類彼此亦各有差異，所以文字不可能窮盡萬物。換言之，文字所指涉的是柏拉圖所謂的觀念（ideas）或是概念（concepts），即經過具體事物抽象後的本質（essences），而非具體事物本身[5]（cf. Palmer, 1999: 15）。舉例言之，當人們言說「樹」這個東西時是和「樹」這個概念相繫，而非具體個別的那棵「樹」（徐崇溫，1994：8-9）。基此觀點，結構主義與笛卡兒（Rene Descartes）、史賓諾莎（Baruch Spinoza）和康德等人的觀念論或理性主義（cf. 仰哲，1982）似乎一脈相承，並且蘇緒爾本人也明確地反對經驗論（empiricism）（cf. 仰哲，1984）的主張。因而，結構主義認爲人類對於世界的知識（透過語言呈現）是一種中介性的（mediate）而不是直接性的（immediate）產物，意即，人類對於外界事物的理解乃是透過「超驗的觀念」（transcendent ideal）[6]做爲橋樑。

　　觀念論或理性主義的意涵，可由康德的論述獲得較爲完整的瞭解。

---

4. 周功和，2004，〈Plantinga的知識論應用在詮釋學〉，「華神教師研討會」宣讀之論文。取自：http://wwwlibe.ces.org.tw/library/thesis/Articles/%E5%91%A8%E5%8A%9F%E5%92%8C_Plantinga%E7%9A%84%E7%9F%A5%E8%AD%98%E6%87%89%E7%94%A8%E5%9C%A8%E8%A9%AE%E9%87%8B%E5%AD%B8.pdf。檢索日期：2012年1月10日。

5. 王汶成，2010，〈文本基礎主義：回到文學研究的人文指向〉，《中國社會科學報》。取自：http://www.literature.org.cn/Article.aspx?id=65876。檢索日期：2012年1月18日。

6. 林鎮國，2006，〈龍樹《迴諍論》與基礎主義知識論的批判〉，《國立政治大學哲學學報》，第16期，頁163-196。

5　即康德所稱之物自體（things in itself）。

6　超驗就是先於感官經驗之意。

康德主張，宇宙的終極實在（ultimate reality）存在於精神（spirit）或觀念而非感官知覺（sense perception）當中（Harmon & Mayer, 1986: 291）。申言之，人類的意識之中存在著一種先天和與生俱來的知識能力，他稱此為「先驗的知識」，而且其優先於經驗性的感官資料，藉此超驗的知識能力任何感官資料得以組合、安排、以及理解。尤其是，此一超驗的知識不會受制於任何客觀的實體及其衍生之感官資料，它純粹是一種心智的活動。感官資料一旦進入了超驗的知識當中，一連串的詮釋便持續地進行，而人們所置身的世界，就是經驗的實在（reality）與超驗的知識複雜而且相互糾結的產物（Burrell & Morgan, 1979: 227）。簡言之，康德認為，理解此種複雜糾結關係的起始點存乎於心智或精神，進而人類對於世界的理解，只是他（她）根據超驗的知識對於世界所產生的觀念。

基於以上觀念論與理性主義的看法，蘇緒爾認為語言（文字系統）既然作為人類的表意工具，那麼其所傳達的內容，必然是人類對於世界的觀念而不是具體事物，此即他的結構主義所採取之觀念論與理性主義的認識論立場。

（三）同時態的（synchronic）語言分析

基於前述的觀念論與理性主義之立場，蘇緒爾提出結構主義，批駁以經驗論（empiricism）為基礎的「歷時態」（diachronic）語言學，而採取「同時態」的語言研究觀點。所謂歷時態的語言學含有一個基本原理：文字的意義繫於其所指涉的特定客體（cf. 徐崇溫，1994：7-8）。意即，先有客體存在（即實在），然後經由感官知覺途徑被心智認知之後，才會有知識和語言。所以知識或語言的形成是「經歷一定時程」之後的產物。此種觀點所呈現的認識論即經驗論，諸如洛克（John Lock）、柏克萊（George Berkeley）和休謨（David Hume）等人一致地認為，心智（思想）就像一面鏡子映照客觀的實體（以感官為途徑）。職此之故，以經驗為基礎的歷時態語言學之邏輯為：心智（思想）是物的投射，文字是

思想的符號，語言則是符號的集合，在此過程中，心智只是一面忠實反射事物的鏡子，其中沒有觀念論者所稱之具有詮釋能力的超驗知識。是以，歷時態語言學認為，語言的本質取決於實在與文字之間的關係。亦即，實在和文字（語言）是一個發生於前、一個產生於後（實在經由感官知覺映照於心智或思想並由文字表意出來）的關係，所以此被稱為歷時態的研究途徑，茲將其繪成圖6-1。

然而，蘇緒爾則是一反前述觀點，他所提出的同時態之語言學，具有如下的特質：

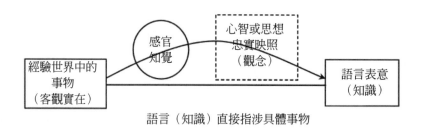

語言（知識）直接指涉具體事物

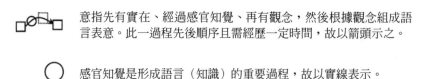

意指先有實在、經過感官知覺、再有觀念，然後根據觀念組成語言表意。此一過程先後順序且需經歷一定時間，故以箭頭示之。

感官知覺是形成語言（知識）的重要過程，故以實線表示。

意指觀念只是實在的映照與再現，並無所謂詮釋過程，故以虛線表示。

意指語言（知識）是實在的再現，故以實線表示。

圖6-1　以經驗論為基礎的歷時態語言學分析

資料來源：作者自繪。

第一，創造意符（signifier）與意指（signified）[7]的概念，以說明語言結構的組成：蘇緒爾在《普通語言學教程》一書中，首先對於歷時性的語言學提出批判，就是前已述及的主張——文字所指涉者乃是概念或觀念而不是具體的事物。蘇緒爾認為歷時態的主張使人們認為，一個名詞和一個事物之間的聯結，是一種非常簡單的操作。然而，實際上前述假定虛妄而不實，他強調語言符號所整合的內涵並非事物和名詞，而是概念和聲音——形象（sound-image）[8]。為了論證此一主張，蘇緒爾特地引用了一組新的術語——意符和意指說明整個語言系統的內容。所謂意符就是文字的聲音——形象部分，而意指則是文字所指涉的觀念（意義、人的思想）（Palmer, 1999: 19）。他說：「在語言中，人們不能把讀音和思想分開，或把思想和讀音分開。……所以，語言當中表意作用的過程，包含了聲音——形象與概念二者的往返運動，此即從意指到意符的前進和後退的過程」（cf. 徐崇溫，1994：9）。其次，蘇緒爾所提供之新觀念對於傳統的突破之處在於，他設想了表意作用的彈性空間，他斷言語言符號具有任意性，亦即，意符和意指之間的關係是一種純粹的協定關係，表意作用取決於構成一種語言的各要素之間的關係。他以一個五元法郎硬幣的價值為例，說明此一概念，他言道：「為了確定一個五法郎硬幣的價值是什麼，人們可以將它與不同的東西進行交易，例如與麵包交換；以及它可以和同一個體系中的類似價值相交換，例如與另一個法郎的硬幣交換，也可以與另一個體系如美元的硬幣相交換。同樣地，一個文字可以與某種不同的東西或一個思想進行比較；此外，它亦可以與某種同樣性質的東西或另一個文字相比較」（徐崇溫，1994：9-10）。職此之故，文字的內涵並非一成不變，只要人們共同約定以它和某一特定的概念相對應，文字的意義就可以有所變化。意即，文字和意義之間僅有約定成俗的關係（conventional relations），除此之外並無永恆不變的本質（eternal

---

[7]　亦有學者將意符譯為「能指」，而將意指譯為「所指」。
[8]　即文字的讀音和書寫的形式。

nature）。在此一點上，蘇緒爾推翻了柏拉圖的看法，因為柏拉圖假定事物具有永恆不變的本質（Palmer, 1999: 21）。不過值得注意的是，此種意符和意指二者關係的任意性，也成為後結構主義發展的起點（*cf.* Cilliers, 1998: 41-45）。

　　第二，強調結構之中的理性本質：前述衡量五法郎價值的例子中，亦可用以說明了結構主義隱含著理性（reason）的因素，意即，結構之中必然存在邏輯或規則的概念。雖然，蘇緒爾認為意符和意只之間的關係為任意性質，而且只要人們約定成俗，此種文字的意義將會改變，不過，此一觀點並不影響結構主義對於邏輯觀念的強調。換言之，前述例子中，比較和交換皆需要以某種規則作為標準，是以，如何比較以及交換什麼才能有所依據。舉例而言，五法郎可以購買多少麵包？此種交易固然可以由買賣雙方自行喊價，但是在結構主義強調理性或邏輯性的觀點之下，市場上自然會有一種交易的標準存在（由社會系統約定成俗），這就是所謂的「行情」。此種「行情」決定了交易的進行，亦即，決定了五法郎的價值。反之，如果一般的行情是五法郎只能交換一磅左右的麵包，那麼有人企圖以五法郎交換兩磅的麵包的話，他（她）勢將無法達成目的，此即結構主義之中所隱含的理性本質。由此看來，如果以結構主義理解社會行動，將可發現其所強調的結構當中之理性或邏輯，對於社會行動而言起著規範性的作用。此種觀點，對於紀登斯（Anthony Giddens）（1976; 1979; 1984）所發展的結構形成論（the theory of structuration）有所影響。紀登斯相信，結構必然對於行動產生制約的作用。只不過，結構主義的原始觀念卻未關注於行動可以促使結構產生變遷，所以被視為具有命定論（determinism）的色彩。但是，紀登斯則是提出了超越命定論的觀點，本書稍後將對此有所闡述。

　　第三，文字的意義由關係（relationships）決定，而結構就是關係（relationships）：結構主義強調個體被鑲嵌於結構當中，而所謂的結構其實就是個體所形成的關係，舉例言之，一句話乃是由個別的文字所組

成，結構主義重視的是個別文字之間所形成的關係，而不是文字本身。因此，關係決定了個體的地位，但關係並不是個體的加總，它是一種質的觀念並非單純地只是量的總和。申言之，蘇緒爾認為，界定一個文字的意義是根據它在語言系統之中與其他文字的關係而定。特別是，他認為此種關係是「否定的」（negative）並非「肯定的」（positive）性質，意即，一個文字的意義必須藉由與其他文字的差異性進行比較，始能獲得理解。所以，外國人不能瞭解某一個文字的字義，是因為他（她）不能夠分辨該字與其他文字之間的差異所致。職此之故，不同的語言系統中，即使是意義相當的兩個文字，亦可能指涉著不同的觀念。舉例言之，英文中河流—「river」與溪流—「stream」大致可以在法文中找到對應的兩個文字「fleuve」和「riviere」。英文中「river」源於法文的「riviere」，因此理論上二者的意義應該相同，但事實上，法文中的「fleuve」才比較接近於英文「river」的字義。進而，如果深究這四個文字的意義，將會發現其實它們的差異頗大而無法完全等同視之。英文的「river」意指規模大於「stream」的水流，所以它們所指涉的只是流量大小的概念，但是法文的「fleuve」和「riviere」在觀念上則與英文的「river」和「stream」南轅北轍，「fleuve」是指流入海洋的水流，而「riviere」是指流入「fleuve」的水流（*cf.* Palmer, 1999: 15-18）。前述的例子說明了蘇緒爾的觀點，即對於一個文字之意義，如果不從其所存在的關係當中加以理解，實無法獲得真正的瞭解。

綜觀以上所述，蘇緒爾的語言學之所以稱為結構主義，其主要的原因在於他採取了同時態的研究立場，使得對於語言的理解，從探討文字與客觀實在的關連性，轉換成為探討文字與文字之間的關係，即所謂「結構」之上，因而所謂的結構一詞，一言以蔽之，就是一個語言系統的關係網絡。本章將同時態的結構主義語言學簡單繪成圖6-2。

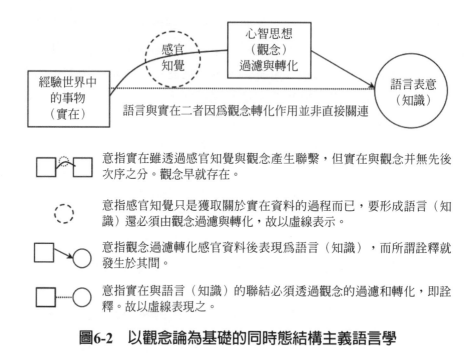

意指實在雖透過感官知覺與觀念產生聯繫，但實在與觀念并無先後次序之分。觀念早就存在。

意指感官知覺只是獲取關於實在資料的過程而已，要形成語言（知識）還必須由觀念過濾與轉化，故以虛線表示。

意指觀念過濾轉化感官資料後表現為語言（知識），而所謂詮釋就發生於其間。

意指實在與語言（知識）的聯結必須透過觀念的過濾和轉化，即詮釋。故以虛線表現之。

圖6-2　以觀念論為基礎的同時態結構主義語言學

資料來源：作者自繪。

（四）結構主義移植到人文社會研究領域後的蛻變

　　蘇緒爾的結構主義主要經由人類學者李維史陀（Levi-Strauss）的引介，成為一種廣泛應用於人文社會領域的研究途徑。誠如前述，因為語言被認為是社會生活的再現，所以論者認為結構主義可以作為人文社會的研究途徑之一，發展迄今結構主義的一些概念對於社會學理論的啟發與影響頗為可觀，例如結構功能論可以說是其中的代表，同時也廣泛地被引用於其他領域，此由「結構」一詞經常出現在人文社會各種領域的研究文獻當中即可見一斑。

　　然而必須特別一提的是，結構主義對於各個人文社會研究領域的影響最主要的應是一種理念的啟發，而不一定是所有概念和方法的全盤移植。所以當社會學、政治學以及公共行政學在應用結構主義的觀念時，經驗論

反而成為主要的認識論，例如對於公共行政學而言，制度結構通常被視為是「客觀的實在」而採用實證途徑加以研究探討，其影響相當深遠。由於主體哲學、理性主義和基礎主義（結構主義）是後現代主義批判的對象，所以基於主體哲學、理性主義和基礎主義發展出來的再現主義（representationalism）當然成為後現代主義批判的標的，進而經驗論和實證途徑（科學）因為蘊含再現主義也成為後現代主義論者質疑的一環。以下介紹現代主義的第四項特徵—再現主義。

四、再現主義

　　不論是觀念論還是經驗論都主張符號為世界之再現，只是觀念論主張符號所呈現的是觀念對外在世界事物的投射（如圖6-2所示），而經驗論則是認為符號就是外在世界事物的直接映照（如圖6-1所示）。若針對觀念論與經驗論兩種觀點進行比較的話，論者或謂再現主義在經驗論當中可獲得更為淋漓盡致的彰顯，因為對經驗論者而言，符號可說就如同一面鏡子，無須經過觀念的過濾，即可直接呈現真實世界，使得其「再現性」極為貼近再現主義的精髓。所以，也許有論者不同意觀念論是一種再現主義，因為在觀念論之中，符號所呈現的是觀念而不是直接映照外在世界之事物。但如果將觀念論與後現代（後結構）主義進行比較時，那麼將會發現後現代（後結構）主義才是真正地「反再現主義」（anti-representationalism），觀念論並非如此。因為，後現代（後結構）主義主張語言學的結構主義所謂之不變的基礎並不存在，此即後現代反基礎主義（anti-foundationalism），因此後現代（後結構）主義論者質疑符號要再現什麼呢（cf. Sim, 1992: 20-32）？（關於反基礎主義和反再現主義，本章稍後會再做介紹）。反之，觀念論源於柏拉圖的理型論，理型論就是一種基礎主義，亦即，理型或是共相就是一種不變的基礎，而符號本身就是根據此種不變的基礎所產生，但後現代（後結構）主義卻指出，不論觀念論和經驗論其實都蘊含再現主義的主張，也就是現代主義在認識論方面極為重要的特質就是再現主義。

申言之，主體哲學確立了人作為認知的主體的概念，而理性主義則指出了人作為認知主體的能力繫於理性的思維。至於人類認知世界的過程為何？現代哲學的發展過程中，人發現其作為認知之主體而自然世界為客體，但主、客之間的溝通必須透過現象的建構，始能認知或控制客體，而現象的建構就是藉由符號、概念、和理論等的傳達，所以符號、概念、和理論等就被視為是真實世界的再現。所謂再現一詞的意涵，論者認為，具有雙層意義，一為「代表」，即概念、理論、繪畫、雕刻就是人們所觀察之客體的代表；另一則是「表演」之意，概念、理論、繪畫、雕刻就是以濃縮的方式表演了世界正在進行的狀況（沈清松，1993：11）。顯而易見的是，以經驗論為基礎的所謂客觀的科學理論便是一種再現主義的觀念，基於再現主義的觀念，人們相信自己可以為世界臨摹一幅縮圖，進一步加以控制，前述的概念、符號、知識、理論等便構成了世界的代表，搭起主體和客體之間的溝通橋樑。

第二節　四種道德哲學中的現代主義色彩

前述各章所提及的四種道德哲學思維皆可說是現代主義的體現，或者更精確而言，它們都是主體哲學、理性主義、基礎主義與再現主義的展現，以下扼要析論之並繪成表6-1。

一、就主體哲學觀之

不論是直觀論、德性論、目的論還是義務論都是以人為中心所展開的哲學論述。雖然它們各自關注的重點不同，如本書所做之歸納──直觀論和德性論探討焦點在於人性，而目的論和義務論則是將焦點置於人的行動之道德判準，但皆以人為主體並作為哲學論述的中心。

二、就理性主義觀之

　　理性之於道德就如同水之於魚一樣的理所當然，易言之，因為有理性才會有道德，道德是人類理性的展現。長期以來，人們相信，人之所以為人是因為人有理性，而人之所以異於禽獸是因為人能夠基於理性建構道德或從事符合道德的倫理行動。因此，即使四種道德哲學對於符合道德的倫理行動之產生各有不同的見解：

1. 直觀論認為符合道德的倫理行動始於人的直觀；

2. 德性論認為符合道德的倫理行動始於人的良善人格；

3. 目的論認為符合道德的倫理行動決定於後果；

4. 義務論則是認為符合道德的倫理行動決定於對道德原則的堅持。

　　然而綜觀上述，它們的主張都指向人具備理性，而認為：(1)理性展現於人性本質之中（此屬直觀論與德性論的觀點）；進而，(2)理性乃是人的計算能力（衡量得失）之根源（此屬目的論的觀點）；以及，(3)理性就是人能堅守和判斷道德原則的原因（此屬義務論的觀點）。

三、就基礎主義觀之

　　四種道德哲學都以不變的基礎作為預設展開其論述，茲將基礎主義在四種道德哲學中的體現臚列如下：

1. 直觀論相信人直觀能力可以判斷一件事和行為是否符合道德，是以此一論述的基礎主義就展現於它預設了直觀此一不變的基礎。

2. 德性論相信個人可以擁有道德的性格（美德），是以此一論述的基礎主義就展現於它預設的良善人格。

3. 目的論預設不變的基礎在於主體（人）的計算能力（此即所謂理性），

以及客觀的得失之標準。

4. 義務論則是預設不變的基礎在於主體（人）對普世道德原則的判斷選擇
能力（此乃康德所認定之理性），以及客觀存在的普世道德原則。

必須特別一提的是，功利主義和康德哲學通常被認為是西方理性主義
和基礎主義的典型。

四、就再現主義觀之

四種道德哲學都深受再現主義的影響。以認識論的觀念論和經驗論
作為判準對四種道德哲學的再現性進行分析，可以得出以下的意象（im-
ages）：

1. 直觀論相信人道德直觀能力，此種直觀顯然是康德所稱的「先驗知識」
並非透過感官經驗獲得的知識，所以在經驗世界中的道德行動與人的道
德直觀能力之間的關係，很類似於柏拉圖理型論所言之「人類觀念中的
理型與經驗世界具體事物的對應」，所以此一道德哲學的再現性乃是以
先驗觀念作為主體與客體二者的聯結，意即側重「觀念的再現」。

2. 德性論相信人具備美德，美德作為一種人格特質究竟是與生俱來的先驗
知識還是後天學習的經驗知識？在德性論的道德哲學中似乎並未做明確
的釐清，所以它是知識論上的觀念論抑或經驗論途徑顯然無法妄下斷
言。誠如本書之前所述，美德可以如同直觀論者所謂之道德直觀能力一
般是先天的人性本質，也可以是經由學習而來的後天修養，所以觀念論
與經驗論知識途徑在此處顯得更加難以切割與互斥，也就是美德的根源
可能二種兼具。因此，在德性論的道德哲學中對美德是存在於先驗觀
念還是來自於經驗知覺並未做深入探討，因此作者姑稱之為「存而不
論」。德性論的再現主義色彩凸顯於其主張，個人的道德性格（美德）
必須由行動具現，亦即此派論述的再現性存在於道德行動對美德的彰顯
過程。

3. 目的論認為人應該根據行動後果決定行動的道德性，此一主張具有高度
的經驗論取向，亦即一項行動的道德性是根據「可見的」行動後果加以
衡量，因此目的論乃以經驗知覺作為主體與客體之間的知識聯結（經驗
知識），它側重經驗的再現。

4. 義務論認為人具備先驗知識可以對普世的道德原則進行判斷和選擇，此
一主張即屬觀念論的範疇，亦即一項行動的道德性是根據存在於人的觀
念中「不可見的」道德原則所決定，因此義務論以先驗觀念作為主體與
客體之間的知識聯結（先驗知識），即側重觀念的再現。

表6-1　四種道德哲學的現代主義色彩

道德哲學 / 現代主義	直觀論	德性論	目的論	義務論
主體哲學	哲學論述中心為「人」的道德性格。	哲學論述中心為「人」的道德性格。	哲學論述中心為「人」的道德行動標準。	哲學論述中心為「人」的道德行動標準。
理性主義	人的理性展現於道德直觀能力	人的理性展現於良善的人格特質	人的理性展現於計算行動後果	人的理性展現於判斷與堅持道德原則
基礎主義	不變的基礎存在於人的直觀能力	不變的基礎存在於人的良善人格	不變的基礎存在於主體（人）的計算能力以及客觀的得與失之標準	不變的基礎存在於主體（人）對普世道德原則的判斷堅持能力以及客觀的普世道德原則
再現主義	傾向以先驗觀念作為主體與客體之間的知識聯結，即側重觀念的再現。	傾向將先驗觀念及經驗知覺孰先孰後的爭議課題存而不論，但主張個人的道德性格（美德）必須由行動加以具現，此乃其再現性之所在。	傾向以經驗知覺作為主體與客體之間的知識聯結，即側重經驗的再現。	傾向以先驗觀念作為主體與客體之間的知識聯結，即側重觀念的再現。

資料來源：作者自繪。

第三節　二種公務倫理體系的現代主義色彩

　　現代主義的重要哲學構成——主體哲學、理性主義、基礎（結構）主義、再現主義對於現代的社會研究之假定（assumptions）——本體論（ontology）、人性論、認識論和方法論（methodology）影響甚深。首先，所謂本體論意指對宇宙世界之基本觀點，就公共行政研究領域而言，本體論就是對公共行政所處系絡（外在世界）以及對自己本身的假定，此將進而形成對行政研究對象的預設觀點。其次，所謂人性論意指對人的本質的預設，就公共行政研究領域而言，即對於政治人物、公共行政人員、民眾等人性本質的假定，對此課題本書第一及三章已有探討。再者，所謂認識論意指關於人如何認知外在世界以及知識如何建構的哲學探討，就公共行政研究領域而言，認識論的內涵為公共行政知識建構途徑之哲學探討。最後，所謂方法論意指研究方法的哲學分析，此與認識論息息相關甚至往往難以一分為二，也就是從事認識論分析時常會涉及到方法論的層次，反之亦然，就公共行政研究領域而言，方法論即關於各種行政研究方法背後的哲學觀之析論（*cf.* Burrell & Morgan, 1979: 1-2）。

　　為了更貼近分析對象——較為具象（體）（即抽象層次低於道德哲學）的公務倫理，作者以前揭四種假定做為探討二種理性取向公務倫理中蘊含之現代主義色彩的分析面向，分析結果先以表6-2所示。以下將詳加析論四種基本假定與現代主義四種哲學觀點之間的連結關係，以及說明其中公共行政理論的要義及對公務倫理之影響。

表6-2 現代主義對行政研究之假定以及對行政理論與公務倫理的影響

現代主義	公共行政研究之假定	公共行政理論	公務倫理
結構主義－基礎主義（邏各斯中心主義）與本體論具直接關係。	**本體論** 意義：對公共行政所處世界的預設觀點。 現代主義的影響： 1.實在論－不變的基礎乃是存在於認知主體（個人）之外，制度結構如同客觀的實在一般。 2.名相論－不變的基礎存在於人的「先驗知識」之中，制度結構觀念與理性之創制。	**公共行政 研究對象** 1.工具理性取向的公共行政：採實在論，研究對象為具體與外顯的行政制度和行為。 2.實質理性取向的公共行政：採名相論，研究對象為抽象與內隱的公共價值和意義。	**公務倫理體系 本身的特性** 公務倫理體系是被設計來符應和確保此種制度結構按照正軌運行的機制，蘊含結構功能論之色彩。 1.工具理性取向公務倫理體系：著重制度設計。 2.實質理性取向公務倫理體系：著重教育。 以上二者皆呈現為「結構－功能」即「輸入－產出」之型態。
主體哲學、理性主義、結構主義－基礎主義（邏各斯中心主義）和再現主義皆對認識論產生影響，而其中又以理性主義和再現主義影響最為直接。	**認識論** 意義：對人如何認識外界事物的觀點，也就是對知識如何建構的看法。 現代主義的影響： 1.經驗論－實證論： (1)主體哲學肯定人為認知主體； (2)理性主義肯定理性為組合感官經驗資料的基礎； (3)結構主義及基礎主義使得實在可以在人的認識活動中被發現並使語言可以具備溝通性且因而成為知識建構的材料；	**公共行政的 知識建構取向** 1.工具理性取向的公共行政：採經驗論－實證論，因為公共行政學是一門關於「促使行政此一工具有效率地實現政治價值的知識，因此可以用上述認識論途徑為之，行政學科學化乃其形象。」 2.實質理性取向的公共行政：採觀念論－反實證論，因為實質理性取向的公共行政主張的是行政理論不應該只侷限於手段的效率性，還應該正視公共行政所要實現的價值。關於價值的探討	**公務倫理的 知識建構** 1.工具理性取向公務倫理體系：著重於可以實證研究的題材，並以此研究成果做為主要知識內涵，其知識特性在於手段層面的實用性與操作性。 2.實質理性取向公務倫理體系：知識建構多呈現為規範性的論述，其知識特性在於澄清公共價值、揭示倫理原則、啟迪公共行政人員的價值思考與判斷能力。

現代主義	公共行政研究之假定	公共行政理論	公務倫理
	(4)再現主義體現為符號乃是客觀實在（經驗世界）的再現。 2.觀念論—反實證論： (1)主體哲學肯定人為認知主體； (2)理性主義所謂之理性即人的先驗知識，也就是觀念； (3)基礎主義的不變基礎及世人的理性觀念； (4)再現主義體現為符號乃是觀念的再現。	無法採用以經驗論為主的實證（科學）方法完成。	
主體哲學、理性主義對人性論產生直接影響	人性論 意義：對人性本質的預設。 現代主義的影響： 1.自利理性之主動原子論的自我。 2.自利理性之被動原子論的自我。 3.自利但以整體利益為優先的理性之被動社會的自我。 4.利他或兼顧整體利益的理性之主動社會的自我。	公共行政人員及民眾的形象 1.自利理性之主動原子論的自我—存在於工具理性取向行政，行為主義或是公共選擇（市場）理論屬此一觀點的主要研究途徑，代表性的理論有賽蒙的行政行為和新公共管理的論述。 2.自利理性之被動原子論的自我—存在於工具理性取向的行政，代表性行政理論包括泰勒的《科學管理》和早期人群關係運動，以刺激—反應模式解讀人的行為。 3.自利但以整體利益為優先的理性之被動社會的自我—存在於工	公共行政人員的倫理行為 1.工具理性取向公務倫理體系：強調自利或是刺激—反應行為模式，故著重外控倫理。 2.實質理性取向公務倫理體系：肯定人的反省能力，故著重內省倫理。

現代主義	公共行政研究之假定	公共行政理論	公務倫理
		具理性取向的行政，傳統行政學屬之。 4.利他或兼顧整體利益的理性之主動社會的自我—實質理性取向的行政理論相信人性中除了自利理性外還會有利他的作為，亦即人的自由意志除自利外還會展現在對價值的批判和反思能力。	
主體哲學、理性主義、結構主義—基礎主義（邏各斯中心主義）和再現主義皆對方法論產生影響。	**方法論** 意義：對研究方法的哲學探討。 現代主義的影響： 1.科學取向的方法 2.論述取向的方法	**公共行政的研究方法** 1.工具理性取向的公共行政：科學取向的方法。 (1)符號運用乃是以客觀證據的展示為主流； (2)研究進行採方法論的個人主義觀點時分析單元為個體、研究進行採方法論的總體主義觀點時分析單元為整體； (3)因此資料蒐集處理以量化研究為主流，部分採質化研究，也有兼採二種路線者。 2.實質理性取向的公共行政：論述取向的方法。 (1)符號運用為主觀論據的闡述； (2)研究進行採方法論的系絡主義故無分	**公務倫理的研究方法** 1.工具理性取向公務倫理體系：科學取向的方法，重點在呈現倫理制度約束和改變行政行為的實際成效。 2.實質理性取向公務倫理體系：論述取向的方法，重點在建構和探討倫理制度的共享意義，促使倫理意識內化於行政行動之中。

現代主義	公共行政研究之假定	公共行政理論	公務倫理
		析單元之考量； (3)資料蒐集處理多爲論理性的文獻探討也有非科學實證取向的深度訪談。	

資料來源：作者自繪。

一、從本體論而言

　　現代主義中的結構主義—基礎主義（邏各斯中心主義）哲學觀對社會研究之本體論假定產生重要影響，特別是受到結構主義的影響，社會被視爲是一種既定而且有規則的結構。基於此種觀點，在本體論方面，公共行政的研究者預設了公共行政所處的世界爲一具有中心基礎結構的世界。抑有進者，此種本體論又衍生出二種不同觀點：一是認爲不變的基礎乃是存在於認知主體（個人）之外，制度結構如同客觀的實在一般（任宏傑，2005），論者稱爲實在論（realism）；另一爲則認爲不變的基礎存在於人的「先驗知識」之中（任宏傑，2005），而制度結構是人的觀念與理性之創制，論者稱爲名相論（nominalism）（Burell & Morgan, 1979: 1, 4）。上述本體論假定蘊含在二種不同理性取向的公共行政並對公務倫理體系的建構產生影響，以下析論之。

（一）工具理性取向的公共行政

　　工具取向的公共行政包含傳統管理途徑的公共行政與新公共管理，它們的本體論深受基礎主義以及結構主義的影響，在本體論方面所採取的主要是實在論的假定，意即行政學探討的制度結構和各種現象乃是存在於認知主體（個人）之外。在傳統的行政學當中，基礎主義的本體論與結構主義的思維緊密結合，例如在韋伯的官僚體制和行政管理學派尤爲明顯。進而在後續理論發展方面也對行爲主義及系統理論乃至於新公共管理之下的

行政理論產生很大的影響。茲臚列敘述如下：

　　第一，傳統的行政學採取的是一種將世界（本體）視爲根據既定規則運行的機械（mechanistic）構造（Morgan, 1986: 22-25），換言之，基礎主義於此處投射成爲機械世界觀的本體論，而且可以說與結構主義的精神極爲接近。職此之故，公共行政的論述焦點在於發現放諸四海而皆準的法則，並根據這些法則適當地安排和運作制度結構，認爲如此一來可以使行政組織如同機械般地有效率。從社會學理論觀之，此時行政學採取的是一種結構功能論（簡稱功能論）（structural functionalism）的途徑（Burell & Morgan, 1979: 25-28）。

　　第二、在行爲主義之下的行政學，基礎主義所指的不變基礎則被理解爲「人的理性」，而且此種理性被界定爲「自利的理性」。公共行政所面對的世界（本體）乃是「由眾多個人的理性行爲加總而成之整體制度結構」。申言之，此一觀點可說是邏各斯中心主義的現代化，而其轉變歷程是：西方世界在西元4世紀至14世紀時（又稱黑暗時期），幾由基督教完全主導其文明內涵，原本「邏各斯」一詞之意涵從古希臘哲學的「宇宙世界自然規律」轉變成具有濃厚的神學意味之「上帝的旨意」，所以在此一時期中宇宙世界運行之依據是上帝的旨意而非自然規律。但在14世紀中葉以後，西方世界在文學家佩脫拉克（Francesco Petrarch 1304-1374）召喚下亟欲恢復古希臘時期以柏拉圖思想爲典型的人文主義（human-ism），再加上15世紀延續至16世紀的文藝復興、宗教改革以及科學革命使得個人主義（individualism）獲得增強、理性主義獲得確立（cf. 王又如譯，1995：245-258；262-350），邏各斯的意涵又從上帝的旨意轉化成爲人的理性。作者試將邏各斯之意涵自古至今的演變繪成圖6-3扼要示之。總言之，經由近代延續至現代的主體哲學和理性主義確立以及強化，以人的理性爲要素的邏各斯中心主義以及基礎主義發展至高峰，後現代論者因而稱之爲現代主義。據此，本章所以稱之爲「邏各斯中心主義的現代化」。職此之故，公共行政理論將制度結構視爲個體理性行爲的總和，其

古代
性質：自然的
意涵：宇宙運行
的規律

中世紀
性質：宗教的
意涵：上帝的旨意

近代
性質：復古的
意涵：由人的
理性所展現的
上帝旨意

現代
性質：世俗的
意涵：人的理性

4世紀　　　　14世　　　　16世

古希臘時期至羅馬帝國崩解

黑暗時期

文藝復興

啓蒙時代

 意謂一種思想蛻變和轉化的過渡時期

時間軸僅用以標示並未依據時間長度比例繪製

每一個方塊都有部分重疊意指思想的傳承性，亦即每一時代思想的影響不會突然出現也不會嘎然終止

圖6-3　邏各斯之意涵的演變

資料來源：作者自繪。

所關注的焦點爲個人在制度結構中的理性行爲。

　　第三，系統論一如傳統行政論述，在社會學的範疇分類上，也被歸爲結構功能論，所以可說其深受結構主義影響。從基礎主義的角度衡量，系統理論蘊含的不變基礎之哲學觀在於系統有履行特定功能以利生存的「理性能力」，例如帕森思（Talcott Parsons）所言之適應（adaptation）、目標達成（goal attainment）、整合（integration）、型態維持（latency）（Denhardt, 2004: 82-86; Morgan, 1986: 39-48），此種觀點反映出以目的理性[9]爲中心的基礎主義，也就是現代的邏各斯中心主義。至於在此觀點下所謂結構則不再是一種傳統行政學眼中「封閉的機械結構」，而是一種以生物有機體作爲喻象（metaphor）的「開放的有機結構」

9　意即系統爲了生存的「目的」必須做出「有利於」生存的反應。

（open organic structure）（Hatch, 1997: 38-41; 130-131），亦即將公共行政系統本身以及其面對的世界（本體）視爲一具有演化、變遷能力的系統。

第四，新公共管理的興起根源於對官僚體制無效率的不滿以及對市場機制效率的頌揚，所以如果從基礎主義的角度觀之，新公共管理相信的不變本質當然就是人的理性，而公共行政本身以及其所面對的世界（本體）正如同行爲主義的假定一樣，就是「由眾多個人的理性行爲加總而成之整體制度結構」。在新公共管理論者眼中，以市場的概念理解公共行政本身以及其所面對的制度結構，可以解決公共行政的效率問題，此時「由眾多個人的理性行爲加總而成之整體制度結構」可以稱爲市場。

（二）實質理性取向的公共行政

實質理性取向的公共行政包括傳統主義、新公共行政、黑堡宣言以及新公共服務，它們的本體論亦深受基礎主義以及結構主義的影響，然其所採取的本體論是名相論的假定，意即行政學探討制度結構和各種現象乃是人的理性觀念創制的產物。茲臚列敘述如下：

第一，傳統主義的公共行政本質上是以結構主義爲其基礎（White & McSwain, 1990: 27）。此派觀點認爲公共行政本身及其面對的世界（本體）就是憲政制度，亦即憲政制度就是一種中心結構。其中不變的本質就是憲政制度所保障的民主自由，而其實民主自由所反映的就是西方啓蒙時代以來所頌揚的人文主義、理性主義、個人主義等價值，此即爲其基礎主義。對憲政價值的堅定信仰和捍衛決心就是實質理性的投射，於是在此觀點下，公共行政被認爲是實踐前述價值信仰的實務作爲，所以稱爲實質理性取向的公共行政。從以上的分析可知，傳統主義呼應著以人的理性爲中心之現代的邏各斯中心主義。

第二，新公共行政與黑堡宣言二者所展現的結構主義在於，它們相

信制度結構的存在並且必然對個體（尤指公共行政人員）產生制約作用。
但是它們與傳統和行為主義乃至於系統理論的行政理論不同的是，其相信
個體有能力對制度結構造成改變。新公共行政與黑堡宣言也和傳統主義一
樣，認為某些價值是公共行政責無旁貸必須加以捍衛者，例如在黑堡宣言
一文中，便明示捍衛憲政價值才是公共行政人員專業主義的真諦（Wams-
ley *et al.*, 1990: 47-50）。職此之故，新公共行政與黑堡宣言以及新公共
服務也蘊含中心結構的結構主義思維，對新公共行政與黑堡宣言而言，憲
政制度就是此種結構的具體展現，公共行政所面對的世界就是以憲政制度
為根基的政治系絡。另一方面，基礎主義對此二者的影響則是展現於它們
強調公共行政存在的意義就是捍衛某些價值，因此一如傳統主義，不變的
本質就是這些價值，例如社會正義和公正，而此所反映的就是西方啟蒙時
代以來所頌揚的人文主義、理性主義、個人主義，即以人的理性為中心之
現代邏各斯中心主義。

　　第三，新公共服務的行政理論在本體論的假定上也具備結構主義
色彩，新公共服務認為公共行政所面對的世界主要應是公民社會或社群
（Denhardt & Denhardt, 2003: 33-35），此即所謂中心結構。基礎主
義的觀念則展現在其主張公共行政應該「服務於公民所欲彰顯之公共利
益」，亦即不變的基礎是「公共利益」，而誠如前述傳統主義、新公共行
政和黑堡宣言一樣，此處所反映的乃是西方啟蒙時代以來所頌揚的人文主
義、理性主義、個人主義，即以人的理性為中心之現代邏各斯中心主義。

（三）對公務倫理的影響

　　綜合而論，儘管二種理性取向的公共行政內涵有所差異：工具理性
的行政著重於制度結構的安排本身，而實質理性的行政則著重於制度結構
應該實現的理性價值，但在基礎主義（邏各斯中心主義）—結構主義的本
體論之下，不論是工具理性抑或實質理性取向的行政理論大多認為，公
共行政本身以及它所面對世界乃是一具有「一定程度」之僵固性（fixed-

ness）的制度結構[10]，其主要是以理性為不變的基礎，於是制度結構所展現的一般特性為邏輯、例行、明確、穩定以及可預期，而混亂、例外、曖昧、動盪以及不可測則被視為非常態。所以，公共行政的規劃多半就是根據理性進行制度結構之安排，以達成某種理性的價值為目的。公共行政的實務作為被認為是按照既定制度結構之規則的理性行動。

職此之故，公務倫理體系是被設計來符應和確保此種制度結構按照正軌運行的機制，其多半呈現為「結構—功能」之型態，舉例言之，如擬制倫理法規（結構）預期公務人員遵循行事（功能），或是安排公務人員接受倫理教育（結構）預期課程中所灌輸的價值內化成為其行為的標準（功能），前者為工具理性取向的公務倫理體系之具現，而後者則是實質理性取向的公務倫理體系較常採取的途徑，但二者都有「結構—功能」的身影，也就是基礎主義—結構主義的本體論影響。

二、從認識論而言

現代主義哲學觀主體哲學、理性主義、基礎主義（邏各斯中心主義）—結構主義和再現主義都與現代社會研究的認識論息息相關。參考圖6-3可以瞭解，溯自古代希臘（甚至還要更早）的西方哲學發展至近代以及現代，其脈絡相傳、有跡可尋，所以主體哲學、理性主義、基礎主義（邏各斯中心主義）—結構主義和再現主義，絕不會是在近代或現代突然躍出歷史簾幕，它們承襲了先人的觀點而有所演變，同樣地也對後續的思想產生影響。扼要言之，現代主義四種哲學觀對現代社會研究在認識論上產生的影響大致可臚列如下：

第一，主體哲學肯定人為認知主體，認識活動以人為起點。在觀念論方面，基於柏拉圖的理型論，人的觀念是認識實在的基礎。在經驗論方

---

[10] 不同的行政理論對制度結構的僵固性有不同認知，例如傳統行政理論之下結構的僵固性顯然高於黑堡宣言。

面，則是感官知覺作爲認識實在的途徑。

第二，理性主義強化了人作爲認知主體的邏輯組合能力。亦即，人在認識實在之後必須要具備一種將各種零碎資訊組合成知識體系的能力，此即所謂理性。是以，不論是觀念論抑或經驗論都肯定理性是不可或缺知識要素。

第三，基礎主義（邏各斯中心主義）—結構主義預設世界存在著不變的基礎和規律，因此對認識論至少產生兩個作用——1.使得實在（因爲其具備不變的基礎和規律性）可以在人的認識活動中被發現；2.使得語言可以具備溝通性且因而成爲知識建構的材料。申言之，結構主義以基礎主義（邏各斯中心主義）爲根基賦予了語言非常重要的功能就是，將人的認識內涵有系統地和邏輯地予以表達，也因而使語言能夠成爲人與人溝通自身認識內涵的橋樑。反之，如果沒有所謂不變的基礎或是規律存在的話，那麼個人與他人對實在的認識如何獲得共識？如何彼此獲得瞭解？做爲表達社會實在的語言也就不會有所謂的中心結構，而沒有中心結構意味著即使是文化相同的人群也不可能發展出共同的語言。

第四，再現主義強調符號對實在的再現性，此乃是對語言做爲人們溝通認識內涵之橋樑的進一步支撐。從再現主義的角度，細究觀念論和經驗論的內涵，可以發現此二者分別就是古希臘哲學家柏拉圖和亞里斯多德思想在近代和現代的演出。意即，經過後來人們的詮釋，再現主義於此出現極爲有趣的分歧和對立——在觀念論之下再現性體現於符號再現觀念，而在經驗論中符號則是對客觀事物的再現。前述的分歧可說是當代社會研究「科學化」與否的分野。所謂社會研究科學化意指以自然科學的研究方法從事社會研究，此一路線就是採取經驗論的認識論，社會研究從而稱爲「社會科學」。在現代社會科學中，以經驗論爲哲學基礎而採取自然科學研究法的認識論又稱「實證論」（positivism），反之採取觀念論的認識論則被學者稱爲「反實證論」（anti-positivism）（Burell & Morgan,

1979: 1-2, 5）。

以上四種現代主義哲學觀之中尤以理性主義和再現主義與認識論的關係最為直接和密切，以下本章將從理性主義和再現主義的角度，呈現二種理性取向的公共行政在認識論層次與現代主義的關連性，並指出二者在認識論方面所採取的不同立場對於公務倫理體系建構的影響。

（一）工具理性取向的公共行政

整體而論，理性主義和再現主義此二種現代哲學觀，以經驗論為主流路線展現於工具理性行政的認識論之中，所以工具理性行政的認識論基本上就是以實證論為主流。在工具理性的行政理論中，理性主要展現在達成政治目標之手段的效率性。更重要的是，效率透過科學尤其是量化的方法加以衡量被認為是較為精確的途徑，所以公共行政的知識內涵應該是「可觀察的客體」（observable objects）的再現。職此之故，經驗論在行政學的發展歷程中逐漸成為工具理性行政知識建構的主要哲學基礎，此種認識論又稱為實證論（cf. Blaikie, 1993: 13-17; Bryman, 1988: 13-18）。行為主義的行政研究本質上是因實證論而生，而結構功能論的行政研究之後續發展也普遍採取了實證論的立場。

誠如威爾森（Woodrow Wilson）對公共行政所下的定義：行政是達成政治目標的工具（Wilson, 1887 reprinted in 1992: 11-24），自此公共行政學成為一門關於「促使行政此一工具有效率地實現政治價值的知識」。隨後行政管理學派（administrative management school）（cf. Wamsley & Wolf, 1996: 14-15; McSwite, 1997: 116-127; Rosenbloom & Kravchuk, 2002: 16-21）論者追隨前述理念，試圖建構可以提昇效率的行政，但此時他們採取的是以邏輯（理性）演繹為主但較缺乏經驗意涵的途徑發展當時所謂行政科學。諸如古立克（Luther Gulick）尤偉克（Lyndall Fownes Urwick）二人在1937年所編輯的專書《管理科學論文集》（*Papers on the Science of Administration*）以「管理科學」自詡，

此時的行政理論可以說是頗為符合結構主義的路線。因為，正統的結構主義就是主張觀念與經驗並行的同時態認識論觀點。

以經驗論為基礎的實證途徑在行為主義興起以及賽蒙主張行政學科學化後，成為20世紀迄今行政學認識論的主流。賽蒙批評行政管理學派的各種論述為經不起科學實證考驗的「行政諺語」（the proverbs of administration）（Herbert, 1946: 62-67），也就是意指行政管理學派所揭櫫的各種管理原則缺乏經驗意涵。因此，賽蒙所追求之行政學科學化的軌道其實就是「經驗論—實證論」的認識論路線，而此種認識論非常契合於將公共行政視為工具理性。誠如賽蒙言道：「所謂的行政理論，就是關注於組織應該如何建構與運作，以便有效率地完成其工作」，進而他又補充：「行政的根本原則就是理性，而所謂的理性就是，在各種備選方案中選擇最能夠達成目的者，以及在各種結果相同的備選方案中選擇成本最低者」（Simon, 1997: 45）。由上述賽蒙的主張不難看出，公共行政就是一種達成政治目的的手段，所以知識建構的目的在尋找效率的手段。而如何能夠在各種備選方案中選擇成本最低者？不能妄加臆測也不能僅靠理論演繹，經驗證據始具有說服力。職此之故，工具理性行政自此確立了以經驗論為哲學基礎之實證論做為其認識論的基本立場。

（二）實質理性取向的公共行政

整體而言，理性主義和再現主義此二種現代哲學觀，乃是以觀念論展現於實質理性行政的認識論之中，意即實質理性行政採取的是一種反實證論的認識論立場。實質理性取向的公共行政主張的是行政理論不應該只侷限於手段的效率性，還應該正視公共行政所要實現的價值。關於價值的探討無法採用以經驗論為主的實證（科學）方法完成，反之此類課題經常要探索當事人的主觀詮釋以及透過研究者的反思批判，所以釋義學（hermeneutics）、詮釋理論（interpretivism）和批判理論（critical theory）（cf. Blaikie, 1993: 28-45, 52-58, 63-69）的運用成為此一取向

行政研究注重的途徑（Burell & Morgan, 1979: 28-35）。簡言之，實質
理性行政理論傾向「觀念論—反實證論」的認識論立場。

實質理性取向的行政理論主軸為價值的探討，其通常需要採取辯證的
方法為之，此種知識建構的路線在本質上其實是依循了康德所主張之「純
粹理性的批判」，意即人自身擁有的理性可做為價值批判和反思的基礎。
誠如黑格爾所言，人擁有所謂「絕對精神」，此一絕對精神是一種絕對之
知，意即知識的終極所在（沈清松，1993：10-11）。康德的理性和黑格
的絕對精神，用柏拉圖的語言即「觀念」或是「理型」。因此關於反思、
辯證以及批判公共行政價值所建構起來的知識體系—實質理性取向的行政
理論，從再現主義的角度思考，便是人的理性觀念之再現。

抑有進者，實質理性取向的行政理論如新公共行政理念或黑堡宣言的
支持者們，經常提及的價值或者是行政人員應該遵守的美德——宏觀（總
體）層次的如民主、正義、公正、公共利益（*cf.* Frederickson 1989: 97;
Wamsley *et al.*, 1990: 32; Wamsley, 1990b: 117-118; Denhardt, 1991:
103; Marini, 1992: 1-2）或是微觀（個體）層次的如各種自由權利、關
懷、榮譽、仁慈、樂觀、勇敢等（Bailey, 1964 cited by Geuras & Ga-
rofalo, 1999: 85; Wamsley *et al.*, 1990: 34; Denhardt, 1991: 103; Hart,
1984 cited by Geuras & Garofalo, 1999: 86），都是現代主義代表人物
—啓蒙哲學家們[11]將理性主義賦予哲學、政治學和倫理學方面的內涵。

（三）對公務倫理的影響

前已述及在認識論方面，觀念論—反實證論以及經驗論—實證論都
可以發現現代主義四種哲學觀。從整體觀之，現代公務倫理的認識論和研

---

[11] 最為聞名的有：英國的洛克（John Locke，1632-1740）、休謨（David Hume，1711-
1776）；德國的康德（Immanuel Kant，1724-1804）；法國的孟德斯鳩（Charles de Secon-
dat, Baron de Montesquieu，1689-1755）、伏爾泰（Voltaire，原名Francois-Marie Arouet，
1694-1778）、盧梭（Jean-Jacques Rousseau，1712-1778）。

究重點也主要反映著現代主義的兩項哲學觀點——理性主義和再現主義。在理性主義方面體現爲公務倫理知識內涵包含著：1.如何確保手段的效率性（工具理性取向），以及2.反思價值的正當性（實質理性取向）二種範疇。而在再現主義方面則體現爲公務倫理知識主軸包含著：1.針對事實的解釋——理論是客觀實在的再現，以及2.針對價值的辯證——理論是觀念的再現等二種範疇。換言之，工具理性取向的公務倫理體系以經驗論—實證論爲其認識論的路線，而實質理性取向的公務倫理則是傾向以觀念論—反實證論爲其認識論的路線。二種理性取向的公務倫理體系呈現之特質，臚列闡述如下：

第一，工具理性取向的公務倫理著重於可以實證研究（empirical study）的題材，並以此研究成果做爲主要知識內涵，所以採取經驗論—實證論的認識論立場。如本書第四章所述，其知識特性在於手段層面的實用性與操作性。美國學者曼諾（Donald C. Menzel）從美國幾本主要的公共行政學術期刊《公共行政評論》（*Public Administration Review*）、《公共行政季刊》（*Public Administration Quarterly*）、《美國公共行政評論》（*American Review of Public Administration*）、《行政與社會》（*Administration & Society*）、《公共生產力與管理評論》（*Public Productivity and Management Review*）、《國際公共行政期刊》（*International Journal of Public Administration*）、《公共行政研究與理論期刊》（*Journal of Public Administration Research and Theory*）、《廉政年刊》（*Public Integrity Annual*）、《公共事務教育期刊》（*Journal of Public Affairs Education*）以及《州與地方政府評論》（*State and Local Government Review*）在1999年至2003年間所刊登之公務倫理實證研究的論文進行主題的歸納分析（Menzel, 2005: 17-18），頗有助於理解工具理性取向的公務倫理知識建構旨趣，並且從他的歸納分析中，可以明顯地發現這些研究即便涉及價值課題，但它們的焦點始終並非價值本身的探討，而是著重於手段層次的實用性與操作性，本章將之繪成表6-3。

表6-3　1999年至2003年美國公共行政主要學術期刊之公務倫理實證研究論文主題與知識旨趣

研究主題	知識旨趣
倫理決策與道德發展	・當個人決策時面對倫理的挑戰時，何種因素會進入個人的理性思考過程？ ・個人的道德發展階段如何影響決策的對與錯之標準？
倫理法規與管制機關	・何種法規結構以及這些法規如何導致對或錯的行為？ ・管制機關和委員會執行倫理法規和管制措施的效率為何？
組織績效與倫理	・倫理文化的濃淡以及組織領導人如何影響組織績效？其影響的程度為何？ ・高績效的公共組織是否採用最佳的倫理管理措施？
倫理管理的經驗和策略	・哪些因素構成最佳的倫理管理措施？ ・是否有某些倫理管理策略較為優異？
社群、文化以及倫理環境	・某種社群文化如何被廣泛地視為是共同價值和利益的集合體並對組織、城市、州或全國的倫理環境產生影響？ ・為何某些社群或文化較能接納濃厚的或淡薄的倫理環境？

資料來源：Menzel, 2005: 17-18。

　　第二，實質理性取向的公務倫理著重於價值反思與論證，雖然經常運用實務的案例以為佐證，但並非採用實證途徑做為個案探討的路線，而傾向於觀念論—反實證論的立場。舉例而言，如學者傅瑞德雷克森（H. George Frederickson）於2005年發表的一篇專書論文〈公共倫理與新管理主義：公理式的理論〉（Public Ethics and the New Managerialism: An Axiomatic Theory），內容主軸是針對美國新公共管理實務歸納出幾項公理式的倫理原則，文中引介了多個案例包括有——1995年美國副總統高爾（Albert Gore）進行的《國家績效評估》（*Report of the National Performance Review*, NPR）（Gore, 1995）、1980年代美國聯邦政府「財政部門的借貸醜聞」和「國防部」（Department of Defense）與「居住暨都市發展部」（Department of Housing and Urban Development, HUD）的三大醜聞、以及1992年至2002年間聯邦政府組織精簡卻

導致州政府和非營利組織規模增加以執行聯邦政策等案例，以做爲其立論基礎以及論證依據，此一論文雖非實證研究但仍鏗鏘有力（Frederickson, 2005: 165-183）。綜合言之，實質理性取向的公務倫理之知識建構多呈現爲規範性的論述（normative discourse），誠如本書第五章提及，其知識特性在於澄清公共價值、揭示倫理原則、啓迪公共行政人員的價值思考與判斷能力。

三、從人性論而言

在人性論方面，現代主義哲學觀最重要的影響當屬主體哲學和理性主義。笛卡兒的名言：「我思故我在」就是現代主義對於人性在哲學上的錨定，人的思考能力之基礎就是理性。在理性的基礎上，康德所提出的三大理性批判更建構了一套關於人做爲認知、道德、和美學（即判斷）主體的完整哲學體系，成爲現代主義的中心骨幹（沈清松，1993）。以下將從康德的主體哲學以及理性主義兩個面向，扼要析論現代主義在公共行政理論的體現以及對公務倫理的影響。

（一）工具理性取向的公共行政

在人性論方面，現代主義的主體哲學與理性主義對工具理性取向的公共行政影響甚深，在不同程度上呈現出不同範疇和內涵，其中一個構面是自我的主動積極與被動消極性質，另一個構面則是原子論的和社會的自我，茲析論如下。

第一，誠如本書第三章提及的行政理論之人性論假定的分類中（參考圖3-1），「主動原子論的自我」即「自由意志論」（voluntarism）之假定（cf. Burell & Morgan, 1979: 2, 6），此處的自我意志完全展現於追求自利的動機之上，而且又完全去除社會對個人的制約性，可說是現代主體哲學和理性主義的一種極端形式。原子論基本上認爲個體可以脫離社會整體而獨立存在，在此觀點下採取自利個人主義，認爲個體純然地以追求

自我利益極大化為行為動機，主動的概念則是意味著個體具備判斷和運用自我與整體之關係以達自利的理性能力（Harmon, 1981: 41）。在工具理性取向的行政理論中，行為主義或是公共選擇（市場）理論當屬此一觀點的主要研究途徑（Jun, 1986: 65-66, 68-70; Jackson, 1993: 113-130），代表性的理論有賽蒙的行政行為和新公共管理的論述（Harmon & Mayer, 1986: 134-155, 241-252）。

　　第二，除了「主動原子論的自我」外，本書第三章亦曾提及，根據學者哈蒙的分類，工具理性取向行政理論中對人性的觀點還有「被動原子論的自我」以及「被動社會的自我」二種假定（參考圖3-1）（Harmon, 1981: 40-41），論者又統稱此二種「被動的」自我為「命定論」（*cf.* Burell & Morgan, 1979: 2, 6）：

1. **在被動原子論的自我方面**——當行為主義衝擊傳統行政學後，以制度結構為主題的研究也開始融合行為主義的途徑，也就是接受了經驗論—實證論的認識論立場，而被動原子論的自我即屬此派研究路線在人性論方面的展現。換言之，此時行政研究仍未完全脫離對制度結構之關注，但對制度結構採取的是原子論式個人主義的觀點，一方面原子論將整體制度結構視同為個體行為的加總，另一方面個人主義將制度結構視為是自利理性的產物，但由於採取被動自我的觀點，所以個體基本上被認為是必須受到制度結構的制約或是個體之生存繫於制度結構。申言之，在原子論式個人主義的觀點下，個體之所以加入於某個制度結構之中，乃是因為該制度結構能夠實現和滿足個人的目標和利益，所以當自我目標和利益無法藉由制度結構獲得實現和滿足時，在主動原子論的自我觀點下，假定個體可以「任意」脫離整體而遺世獨立，但在被動原子論的自我觀點下，雖然也假定個體先於整體而存在，可是個體卻不盡然能夠任意脫離整體（Harmon, 1981: 40-41）。採取此種人性論的代表性行政理論包括泰勒（Frederick Winslow Taylor）的《科學管理》（Scientific Management, 1947）和早期人群關係運動如巴納德

（Chester I. Barnard）之《行政主管的功能》（*The Functions of the Executives*, 1938），它們著重於制度安排對個體行為的影響，特別是為提昇組織效率此一工具理性（Harmon & Mayer, 1986: 83-118），組織成員的行為被認為是根據制度安排所作出的反應（即刺激—反應之行為模式），某種程度上呈現著結構功能論的色彩（Burell & Morgan, 1979: 103-104, 130-148）。

2. **在被動社會的自我方面**——此種人性論比上述被動原子論的自我更富濃厚的「命定論」色彩，在此種人性論下，行政研究幾乎僅注重整體制度結構，將人的主體性淹沒在整體制度結構中，論者稱此種著重整體系絡的觀點為總體主義（holism）（*cf.* Blaikie, 1993: 22-23），依照社會學途徑的分類此類行政研究則屬結構功能論（*cf.* Burell & Morgan, 1979: 41-68）。行政學中典型的結構功能論包含傳統行政學和系統理論的行政學。首先，傳統行政學將行政組織視為機器一般，人為組織機器之附件，強調去人性化的組織原則，即屬命定論之範疇。其次，系統理論的行政學雖然不再將行政組織視為機器而代之以生物有機體的概念，但同樣並未重視個體與組織的關係，仍屬命定論的範疇（Burell & Morgan, 1979: 6, 25, 103-104; Jun, 1986: 62-64; Morgan, 1986: 22-25; Harmon & Mayer, 1986: 68-83, 126-134）。若以現代主義的主體哲學和理性主義分析以上行政理論中的人性論，其中人的主體地位和理性主要是反映在制度結構的設計和安排上。換言之，實質理性取向的行政論者尤其是人文主義行政論者或採取新馬克思主義路線者，雖然常常批判現代資本主義工業社會的組織常將人的主體地位淹沒，造成人與制度結構之間產生異化（alienation）的現象，看來似乎是主體地位的喪失。但如果從更為深層的現代主義與後現代主義的哲學爭辯觀之，傳統行政理論事實上並非後現代主義所謂去中心化的自我之展現（本書稍後將會介紹），反之它仍是以主體哲學和理性主義為基礎。申言之，其主體哲學觀乃是伴隨著人對制度結構所採取之基礎主義或是邏各斯中心

主義的信念而體現，意即傳統行政學相信良好的制度設計可以帶來預期的正向結果，因為制度依據人的理性所建構，人的理性就是不變的基礎（基礎主義、邏各斯中心主義）。

（二）實質理性取向的公共行政

主體哲學和理性主義同樣地對實質理性取向的公共行政產生重要影響，從康德哲學純粹理性的批判為起點，界定人為認知、道德和美學之主體，可以發現實質理性取向的公共行政重視價值的辯證和反思正是呼應了康德的思想體系。此處的人性論也可說是一種「自由意志論」（*cf.* Burell & Morgan, 1979: 2, 6），但其自由意志展現在主體對價值的批判和反思能力，並且如康德所言人乃為道德之主體，故個體不能脫離道德依附的系絡—社會，所以此處的人性論屬第三章曾提及之學者哈蒙所稱的「主動社會的自我」（參考圖3-1）（Harmon, 1981: 42）。扼要言之，主體哲學和理性主義體現在實質理性取向的公共行政的人性論可以總結為以下兩個重點：

第一，在主體哲學以及主動社會的自我之人性論基礎上，實質理性取向的公共行政強調對價值的反思，乃是肯定人作為思想的主體擁有對自己所信奉的意識型態與信念從事質疑、辯證、和應用在日常生活的能力。

第二，在理性主義以及主動社會的自我之人性論的基礎上，實質理性取向的公共行政對於人的理性之理解可以分成兩個角度說明——1.根據前項所述，可進一步指出，人之所以可為價值反思之主體乃是因為其擁有理性。2.此處的理性意涵並不侷限於自利個人主義，反之其更相信人追求社群的共善（或稱共同利益）（common good）[12]才是理性的完整展現，

---

[12] 在政治哲學或理論當中，經常使用「common good」一詞，此處將之譯為「共善」，它的意義其實就是公共的利益，但它所著重的不只是物質層面，更重要的是其亦重視精神層次之善的境界。所以它與公共行政或政策分析常提之公共利益（public interest）或是經濟學當中的公共財（public goods）並不等同。

而且這正是一個理性的公民在公共領域中所必須展現的公共性格。此一的觀點源於亞里斯多德，他認爲公民必須具備「實踐的智慧」（*phronesis*; practical wisdom）[13]以兼善天下（good of all）、促成良善社會。因此論者指出，現今的「私人公民」（private citizen）——個人與社群脫節且以原子論個人主義爲基礎參與公共事務，根本與亞里斯多德的主張背道而馳（Stivers, 1990: 250）。亦即，理性的公民不應侷限在自利的狹隘格局當中參與公共事務，反之公民是可以對共同利益做出積極貢獻的人，他（她）行動的目的不僅在利己也在利他。誠如學者歐菲德（Adrian Oldfield）所言，此種利他精神乃是使得自主個體得以凝聚成爲社群的關係特質，並且使其行動具備道德性，同時也使得個體成爲「公」民（Oldfield, 1990: 20）。

（三）對公務倫理的影響

受到現代主義影響的人性論呈現爲二種不同理性取向的公共行政理論，進而也對應產生二種不同取向的公務倫理體系。在第四章和第五章中根據道德哲學的觀點針對二種理性取向的公務倫理之內涵已經有過分析，以下乃是就現代主義哲學觀爲基礎，從人性論的角度對二者進行後設分析。

第一，工具理性取向的行政理論大致將人性界定爲自利的理性，意即人的行爲動機爲追求自我利益極大化。基於此種人性假定，於是導引出兩項工具理性取向之公務倫理傾向採取倫理的外控途徑之基礎：1.當自利的個人身處於公務體系和公共領域之中，自我利益之追求很有可能與整體利益與公共利益發生衝突，因此爲了保全整體利益和公共利益，個人之利益

---

13 「*phronesis*」一詞在哲學中意指實踐的智慧，出自亞里斯多德，他認爲科學可以分爲三類：一爲理論的科學，例如數學，其目的在於追求知識；一爲實踐的科學，例如政治學、倫理學，目的在於達成良善的行動（good action）；一爲創造的科學，例如繪畫，目的在於追求美的生活。其中第二類實踐的科學，便是使人們獲得被稱之爲*phronesis*的智慧，以達成好的行動，故一般將*phronesis*譯爲實踐的智慧。

必然要受到限制。2.抑有進者，基於被動社會的自我之人性假定，也就是命定論的觀點，認為人的行為乃是根據制度結構的刺激所做出的反應，所以針對損害整體利益和公共利益之自利行為的改變或遏止，從外在的制度結構之安排著手應是有效途徑。

第二，實質理性取向的行政理論相信人性中除了自利理性外，應該還擁有利他意識和自省能力的理性，例如多位支持黑堡宣言觀點的學者就主張，人性之中或許具有自利傾向，但應該彰顯和激發公共行政人員的利他精神和自省能力（*cf.* Goodsell, 1990: 111; Stivers, 1990: 265; White, 1990: 197; Dennard, 1996: 322），並且以前述精神孕育公共行政人員以捍衛憲政與公共利益為主要內涵的專業主義（Wamsley *et al.*, 1990: 47-50）。基於此種人性假定，導引出如後的觀點——只顧及倫理的外控途徑卻漠視倫理內省的途徑，將導致公務倫理體系殘缺不全。

四、從方法論而言

現代主義的哲學觀影響著公共行政研究的本體論、認識論和人性論，故同樣地也對方法論產生影響。整體而論，二種理性取向的公共行政與公務倫理所對應的研究取向為：1.工具理性行政—科學取向，意指採取自然科學的研究方式從事行政研究；以及2.實質理性行政—論述（discursive）取向[14]，意指行政研究採取哲學辯證、理論推導和觀念闡釋的方式進行。以下歸納前述分析，將本體論、認識論和人性論歸類於前述二種研究取向，進而指出它們對方法論所產生的影響。

第一，基礎主義（邏各斯中心主義）—結構主義認為公共行政具有中心基礎結構以及不變的本質，誠如前述，此種現代哲學觀對本體論產生直接的影響，而且其導致了對應於不同行政研究取向的本體論：科學取向—實在論、論述取向—名相論（見稍前關於本體論的探討）。以上二種本體

---

[14] 「discursive」為對談的、論述的意義。

論使行政研究方法探討的對象分為二種題材：1.具體與外顯的行政制度和行為；以及2.抽象與內隱的公共價值和意義。

第二，理性主義和再現主義相信人的理性能力可以將片段、零碎的資料進行具邏輯性和系統化的整合，進而得以讓語言符號（即研究成果與理論）再現研究對象，因此導引出對應於不同行政研究取向的認識論：科學取向─經驗論與實證論、論述取向─觀念論與反實證論（見稍前關於認識論的探討）。以上二種認識論使行政研究方法的符號運用取向可以分為二種範疇：1.客觀證據的展示；以及2.主觀論據的闡述。

第三，主體哲學和理性主義肯定人為具有理性的認知、道德和判斷主體，衍生出對應於不同行政研究取向的人性論：科學取向─自利理性之主動或被動原子論的自我、科學取向─自利但以整體利益為優先的理性[15]之被動社會的自我、論述取向─利他或兼顧整體利益的理性之主動社會的自我（見稍前關於人性論的探討）。以上人性論使行政研究方法對分析單元的看法分為以下類型（見表6-4）：1.在科學取向方面，包括──(1)基於主動或被動原子論的自我假定，採取方法論的個人主義（methodological individualism），分析單元為個體（cf. Bryman, 1988: 38-40）。視個體優先於整體，且整體為個體之總和，研究重心在瞭解個體在制度結構中的行為。此一觀點下，研究資料的蒐集處理主要為量化統計。(2)基於被動社會的自我假定，採取方法論的總體主義（methodological holism）[16]，分析單元為整體（cf. Blaikie, 1993: 22-23）。視整體優先於個體，整體或為個體機械性的組合（傳統行政學）或為個體相互依存的有機體（系統理論行政學），研究重心在發掘導引個體行為的制度結構安排。此一觀點下，研究資料的蒐集處理以量化統計或質化分析為之；以及2.在論述取向方面──基於主動社會的自我假定，採取方法論的系絡主義（method-

---

[15] 例如結構功能論的行政理論僅關注整體利益，預設了整體利益之實現即可實現個人利益。

[16] 總體主義僅著眼於整體而掩個體於整體之中，例如採結構功能論途徑的傳統行政研究和系統理論的行政研究即屬之。

表6-4　現代主義對人性論的影響及其與方法論的對應關係

主體哲學及理性主義	人性論	方法論	分析單元	研究重心	資料的蒐集處理
自利理性	主動或被動原子論的自我	個人主義	個體	瞭解個體在制度結構中的行為	量化統計
自利但以整體利益為優先的理性	被動社會的自我假定	總體主義	整體	發掘導引個體行為的制度結構之安排	量化統計或質化分析
利他或兼顧整體利益的理性	主動社會的自我	系絡主義	無分析單元的考量	理解個體與整體的共享意義（價值）	文獻探討為主或非科學取向的深度訪談

資料來源：作者自繪。

ological contextualism）[17]（*cf.* Bryman, 1988: 64-65），並無分析單元的考量。視個體與整體無分孰先孰後，欲研究特定系絡中的個體必須將之與系絡併同考量否則無法獲得完整理解，是以個體與整體不可分割，研究重心在理解個體與整體的共享意義（價值）。此一觀點下，研究資料的蒐集處理以論理性的文獻探討為主或採非科學取向的深度訪談[18]方式為之。

　　根據上述分析，以下將現代主義哲學觀導引而出方法論在二種理性取向的行政理論以及在公務倫理之體現予以說明之。

---

[17] 主動社會的自我強調個體在整體當中的意義以及其能動性，誠如本書第三章曾探討過的施為觀點；而系絡主義主張必須將研究對象（人）置於其所處系統（環境），始能對之完整理解，並注重研究對象的主觀詮釋，此假定了個體必然與整體互動而且個體並不完全受制於整體。所以，主動社會的自我之人性論與方法論的系絡主義正好契合。有論者認為系絡主義是實證研究當中質化方法的基礎（*cf.* Bryman, 1988: 64-65），但此處本章欲強調的是其非科學取向的特質，因為其主觀詮釋意味極為濃厚。

[18] 此處「非科學取向的深度訪談」意指訪談的進行並不是以資料的「歸納」俾建構可以推論的或系統化的論述做為目的，而是以理解當事人處境和觀點或是以發掘線索為目的。

（一）工具理性取向的公共行政

在工具理性取向的行政理論中，如賽蒙主張行政研究之目的在於尋找有效率的手段，故朝向科學化的發展勢所必然，茲將其方法論扼要臚列如下：

1. 研究對象爲具體與外顯的行政制度和行爲。

2. 除傳統行政學科學化（經驗實證）程度不足之外，其研究方法的符號運用乃是以客觀證據的展示爲主流。

3. 研究方法的分析單元爲個體的行政人員、利害關係人或整體的公共組織、政策制度；資料蒐集處理以量化研究爲主流，部分採取質化研究，也有兼採二種路線者。

（二）實質理性取向的公共行政

實質理性取向的行政理論之支持者，主張公共行政理論與實踐不可能純然地價值中立，反之價值本身的反思應是公共行政的核心課題。而價值本身的反思並不能採取科學的方法爲之，故其方法論呈現以下內涵：

1. 研究對象爲抽象與內隱的公共價值和意義。

2. 研究方法的符號運用主要是主觀論據的闡述。

3. 研究方法並無分析單元之考量；資料蒐集處理以論理性的文獻探討爲主或採非科學取向的深度訪談方式爲之。

（三）對公務倫理的影響

二種理性取向的公務倫理體系與上述二種理性取向行政理論的方法論邏輯一貫，茲扼要臚列如下：

第一，在工具理性取向的公務倫理體系中，其方法論特徵爲——1.研

究對象爲具體與外顯的倫理制度和行爲；2.研究方法的符號運用爲客觀證據的展示；3.研究方法的資料處理以量化研究爲主流，部分採取質化研究，也有兼採二種路線者，重點在呈現倫理制度約束和改變行政行爲的實際成效。

第二，在實質理性取向的公務倫理體系中，其方法論特徵爲——1.研究對象爲抽象與內隱的公共價值和意義；2.研究方法的符號運用爲主觀論據的闡述；3.研究方法並無分析單元之考量，而資料蒐集處理多以論理性的文獻探討爲主也有兼採非科學取向的深度訪談方式爲之，研究重心在建構和探討公務倫理制度的共享意義，促使道德倫理意識內化於行政行動之中。

從以上的歸納分析可以發現，本體論、認識論、人性論和方法論四種假定彼此間具有邏輯的關連性，茲將此種關連性繪成圖6-4並呈現它們與二種理性取向的公共行政及公務倫理之關係。

本章以現代主義哲學觀對道德哲學、二種理性取向的行政理論及公務倫理進行後設分析，指出在本體論、認識論、人性論和方法論四個層面上現代主義產生的影響。下一章將以後現代主義對現代主義的解構（decon-struction），析論此一哲學發展對公務倫理的危機和啓發。

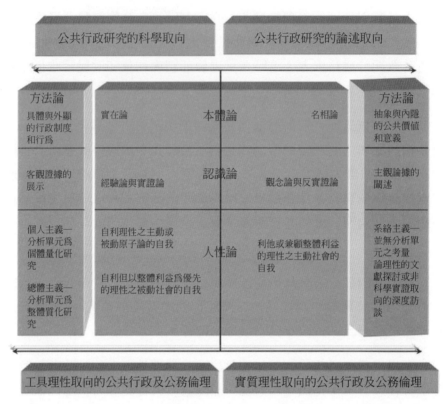

圖6-4　四種假定之間的邏輯關係與公共行政及公務倫理之關連性

資料來源：作者自繪。

第七章
後現代對公務倫理的挑戰與啓發

　　西方從事文化研究的學者發現，當代的情境特質與現代化之初存在頗大的差異，學者們針對此情境特質賦予了許多不同名稱，意義各有些微差異，而且它們所指涉和強調的面向亦有不同，但都可視為是後現代社會（postmodern society）的形貌（許立一，1999：230）：

1. **後工業社會**──從工業發展的趨勢，強調今日社會的生產模式及產業內涵與工業化之初的差異，例如自動化的生產模式或生物科技產業的探討。基於前述的改變，對於社會結構和生活形態所產生的影響。

2. **後資本主義社會**──從資本主義演化的角度，強調當代經濟形貌與資本主義興起之初的差異，特別是認為今日資本要素已有變化，「知識」凌駕於傳統的土地、勞力、自然資源等生產要素之上。

3. **資訊或網絡社會**──從電腦科技長足的進展以及網際網路無遠弗屆的角度，強調資訊在今日社會所扮演的角色及其特徵，例如闡述資訊焦慮的情形；以及網路普遍地進入日常生活後，人類生活的各個層面之形態的變遷，例如網絡型組織之設計與管理的探討。

　　前述社會情境所衍生出來的文化特質，論者稱為後現代性（postmodernity）（Smart, 1993），而在此種情境中發展出來針對現代主義進行批判的意識型態（ideologies）、觀點（perspectives）或認識論則被稱為後現代主義。作者認為，後現代主義顛覆現代主義對於公共行政與公務倫理具有雙重意義，意即它同時是一種危機也是一種轉機。一方面，後現代主義對道德哲學與公務倫理對理性所做的批判與價值空洞化，很可能導致民主政治根基的侵蝕效應。但另一方面，後現代主義對現代主義諸多批判觀點，卻也可能對公共行政有所啟發，並將之導向更具道德倫理意涵的方向發展。

　　以下首先闡述後現代主義對現代主義的批判觀點，其次析論後現代主義與後現代性對道德倫理內涵產生的衝擊。再者，從後現代主義重視對話

的角度反思當代民主政治運作的危機，以及從後現代主義重視他異性的角度反思當代社會中的壓抑現象。最後，引介論者提出之「後現代主義的自由社群主義」（postmodernist liberal communitarianism）觀點，並進一步勾勒後現代主義的倫理行政內涵。

第一節　後現代主義的內涵：以德希達的解構主義爲闡述架構

許多被視爲後現代主義的代表性人物，例如布希亞（Jean Baudrillard）、狄蘆茲（Gilles Deleuze）、傅柯（Michel Foucault）、高達理（Felix Guattari）、詹明信（Fredric Jameson）、拉岡（Jacques Lacan）、羅逖（Richard Rorty）以及李歐塔等人（cf. Aronowitz, 1992; Botwinick, 1993; Callinicos, 1989; Edge, 1994; Haber, 1994; Hollinger, 1994; Holub, 1992; McSwite, 1997a; Nicholson, 1992; O'Nell, 1995; Sarup, 1993; Simons & Billing, 1994; White, 1991），他們的觀點儘管在細微處有所差異，但在顛覆現代主義的基調上，都與法國哲學家德希達（Jacques Derrida）提倡的解構主義（deconstructivism）有著高度的一致性。這些顛覆的基調可以歸納爲：反主體哲學、反理性主義、反結構主義—基礎主義（邏各斯中心主義）、反再現主義。以下將以解構主義作爲闡述後現代主義內涵的主要架構，並且補充以其他後現代主義論者的觀點。

德希達所謂的解構主義乃是透過顛覆結構主義的過程（所以稱「解構」）以批判現代主義。他提出一種閱讀西方哲學的方法，並將之稱爲解構。解構是一種揭露文本結構及其形上本質（metaphysical essence）之間差異的分析方法，它要凸顯一種總是爲人忽略的現象，即：文本不能單純被解讀爲是作者的訊息傳達而已，還應該被解讀爲不同文化或世界觀的

衝突。換言之，一個文本可能同時隱含許多觀點，而這些觀點通常會彼此衝突。因此，解構的目的就在凸顯矛盾。解構方法就是一種將原有結構予以拆解的策略，就像是「用X光片來分析文本」一樣（Sarup, 1993: 50-56）。從解構的過程，德希達提出語言學者索緒爾發展出來的結構主義一向宣稱文本是具有中心結構的說法並不正確。申言之，結構主義主張文本之中必然存在著邏輯或規則，此種邏輯和規則就是現代主義之理性的反映。並且，結構主義強調個別文字被鑲嵌於語言結構當中，而所謂的結構其實就是個別文字所形成的關係，舉例言之，一句話乃是由個別的文字所組成，結構主義重視的是個別文字之間所形成的關係，而不是個別文字本身。從語言學的研究爲起點，結構主義通常被作爲一種觀察社會的方法或是觀點，因此社會存在著一種中心結構，決定個體在其中地位以及個體之間的互動關係（*cf.* Palmer, 1999: 14-18；徐崇溫，1994：7）。解構主義就是以顛覆上述中心結構和邏輯規則做爲解構的起點，並且對現代主義哲學觀進行了顛覆與批判，茲歸納其論點臚列如下。

一、去中心化的主體觀（decentered subject）與反基礎主義（anti-foundamentalism）

德希達質疑結構主義當中所隱含的結構二元對立之觀點。所謂結構的二元對立之觀點意指，語言的結構可以分爲言說（speech）和書寫（write）兩個部分，結構主義論者認爲書寫只是用以呈現言說的工具，進而導引出顛覆主體哲學的去中心化的主體觀（或稱去中心化的自我de-centered self）以及反基礎主義（反邏各斯中心主義）的觀點。

笛卡兒嘗言「我思，故我在」，他認爲「我思」中的純粹自我是一種確實性、眞理的一個要素，就是一種本質的「在」（presence of es-sence）。但是，書寫卻被認爲是次要的、輔助性的工具，它只是對於言說的一種軟弱無力的臨摹而已。相同地，盧梭亦認爲書寫無非是言說的描述，書寫是言說中的那一種「在」的中介（mediation），可是也可能對

於前者產生毀滅性的作用。至於，羅素（Bertrand Arthur William Russell）的看法則是更爲明顯地貶抑書寫的地位，他將「經由相識而得到的知識」和「藉由描述得到的知識」予以區隔，他說：「當我對一個對象有直接的認識關係時，我可以說我認識了那個對象」，反之，若是藉由描述的途徑，則是間接的認識，並且從屬於相識而得到的知識（cf. 徐崇溫，1994：208-210）。德希達將笛卡兒、盧梭、以及羅素的觀點，總結爲主體是「自我—在」（self-presence）[1]的性質，其透過言說構成了關於世界的知識，德希達稱此種言說優先於書寫的觀念爲「言說中心主義」（phonocentrism）（cf. Sarup, 1993: 35）。在言說中心主義的觀念之中，言說之所以優越於書寫，是因爲它比較接近「在」，也就是接近於言說者的自我本質。它的接近性乃是因爲言說具有即時性，在言說當中意義內附於其中，當我們說話時，會先有一種內在的聲音浮現在我們意識之中，因此我們其實是先對著自己說話。在此同時，我們可以掌握意義並且能夠掌握「在」，反之，書寫顯然地缺乏言說的前述特質。所以，言說優越於書寫（cf. Sarup, 1993: 35-36）。

前述認爲言說優越於書寫的看法，進而肯定了「在」的本質和基礎地位，亦反映了西方哲學中的觀念論與理性主義之「超驗現象」的觀念。德希達認爲，從柏拉圖（Plato）開始到康德的哲學都是此一立場的體現，他稱此一西方哲學的傳統爲邏各斯中心主義。邏各斯中心主義意涵著，有一種永恆不變的本質（essence）或眞理的存在，其爲所有信念的基礎（foundation）（cf. Sarup, 1993: 37）。對於結構主義而言，言說—邏各斯中心主義的意義是，主體（言說者—自我）爲一個獨立於語言之外的超然存在，意符則是一個可以被完全掌握的概念意義，而其內涵具有統整性。是以，語言之中蘊含著「自我—在」的本質。

---

[1] 「自我」意指人乃操作語言的主體，意即言說所表達的是說話者的意念和想法，因此主體於此言說過程是「在」的。

　　但德希達顛覆前述言說―邏各斯中心主義的觀念，他透過對於語言的解構指出，意義其實是持續性地在意符鍊游移的過程中，不斷地被依時間序列陸續出現的意符所描述，而且沒有任何特定的意符可以被視爲能夠完整掌握特定的意指，進而語言成爲一種只是意符的操弄（playing）過程，在此過程中，主體亦無法超然於意符系統之上成爲一種絕對的「在」（unqualified presence）（cf. Sarup, 1993: 33-34）。簡言之，德希達的結構主義凸顯了語言中「不在」（absence）的性質，從而否定了主體的中心地位。他的觀點對於西方哲學自柏拉圖以降的觀念，以及啓蒙所標榜的主體哲學和理性主義，無疑是一種徹底的顛覆。後現代主義的論者又將結構主義（言說―邏各斯中心主義）的觀點稱爲基礎主義（也稱邏各斯中心主義），因此諸如德希達等後現代主義者的主張則被稱爲反基礎主義（cf. Sim, 1992: 20-32）。

二、顛覆再現主義、凸顯他異性進而有助於反思主流論述

　　德希達從批判結構主義出發，顛覆了再現主義，導出一種「他異性」（otherness）的觀念。抑有進者，因爲他異性的觀念，提供了針對主流論述反思的線索。

　　德希達反對結構主義的意符與意指之間一對一的對應關係之主張（一個意符指涉一個意指），換言之，符號與其背後所代表的事物並不能被視爲一種「統整體」（unity），意即文字、事物、或思想永遠不可能被整合爲一。德希達進一步指出，文字的意義總是需要由其它的文字予以補充，換言之，一個意符總是難以完整地掌握其所欲描述的意指，所以，它總是必須藉助其它的意符進行意義的釐清。例如，我們在查字典的時候會發現，字典中對於一個文字字義的說明，往往又必須藉助其他的文字加以補充。所以如前所述，德希達認爲，當人們閱讀一個符號時，其意義通常不會很明顯地呈現在其眼前，意義往往是在意符的操弄過程中，連續性地卻又難以一針見血地被陳述，最後，此一過程演變成意符對

意符的說明。德希達稱此一連串的過程爲──意義持續性地在意符鍊中游移（moving along on a chain of signifiers），而且我們無法精確地知道何處是意義的位置所在（location），因爲它從未固著在一個特定的符號之上（Sarup, 1993: 33），他稱之爲「延異」[2]（differance）。後現代主義論者李歐塔（Jean-Francois Lyotard）則稱上述情形爲「語言戲局」（language game），因爲符號的意義永遠不固定，隨著對話者彼此之間的對話情境改變，其中符號的意義又充滿著任意操弄的意味，所以李歐塔稱之爲「戲局」（cf. Botwinick, 1993: 17, 33; Haber, 1994: 9-10）。

　　舉例言之，基督教認爲宇宙中有一個至高無上的主宰者，在論述當中人們可以稱之爲「耶和華」（Jehovah、Yahveh與Yahweh）、「神」（或上帝）（God）、「神聖的唯一」（The Holly One）、「萬主之主」（Lord of Hosts）、「萬能之神」（the Almighty），也可以使用「三位一體」（The Trinity）形容祂。前述的幾種稱呼皆用以陳述此一宇宙中的唯一主宰，但每一種稱呼都無法完整地掌握基督教徒對此主宰的意義認知。

　　由前述的例子可以得知，意符總是只能掌握一個概念的部分意義，因而語言系統必須在一連串的言說過程中，運用各種意符以陳述其所欲表達的概念之意義。此種看法意味著，各個意符在語句當中先後出現，是一種具有時間感的（temporal）先後順序之性質（cf. Sarup, 1993: 34）。是以，德希達認爲，符號的結構並非如同結構主義者所言的那一種可以拆解之機械式結構，而是由一種連續性的「軌跡」（trace）所決定，在其中各個意符對於特定概念所無法掌握的某一部份之意義（德希達稱之爲「其他」（other）），永遠在某一個當下（present）（各個意符在語句中出現的那一個時間點）之刻「不在」（absence）（cf. Sarup, 1993: 33）。

2　德希達認爲語言同時意涵認同（是什麼）與歧論（不是什麼），舉例言之，一句話：「小黃是一個人」其便同時意謂「小黃不是一條狗」，因而語言不斷地被遞延（deferred）。狄逸達爲此創造了一個名詞「延異」，其乃差異（difference）與遞延（deferral）的結合。

從以上德希達的論點，導引出一種觀念，即一個指涉特定概念的文字（或記號），相對於其他指涉相同概念的文字，都是一種「其他」，它們只掌握了概念的部份意義，所以沒有主從的地位之分，此即「他異性」。此一觀點進一步延伸，便是顛覆了所有宣稱自己為真理的論述，其所僭越的支配地位和其中所隱藏的霸權心態。因為，如果真有真理的存在，那麼所有的論述也僅能掌握真理的某一個部分，誰可以自詡為真理的代言者？

　　總之，正因為符號的意義在此種語言戲局中不斷地產生差異，而在此種不停流轉的過程中，結構主義主張語言的基礎主義（或邏各斯中心主義）的特質亦即中心結構，還有言說主體以及理性，根本就不存在（*cf.* 林春明，1993：47；蔡錚雲，1993：60-61；黃訓慶譯，1996: 82）。

三、質疑全稱法則（universal law）和客觀描述的可能性

　　德希達的解構主義，對於結構主義偏好於全稱法則也提出了批判，而且此一批判對於社會研究的認識論也產生相當的啓發。德希達主張，記號在不同的系絡之中，具有不同的意義（*cf.* Sarup, 1993: 34）。是以，他認為，諸如李維史陀（Claude Levi-Strauss）的結構主義人類學研究，試圖以原始部落的圖騰發現人類心智中的共通架構，乃是一套令人質疑的方法論。簡單歸納李維史陀的結構主義人類學，其乃是試圖將人類行動的共通結構（general structure）予以抽離而出，尋找前者與語言學的類比性以進行研究，其內涵包括（Sarup, 1993: 39）：

1. 將有意識的語言學現象之研究，轉向存在於語言之中的潛意識基礎結構（unconscious infrastructure）之研究；

2. 文字並非獨立的個體，欲理解其意義必須從文字之間的關係著手；

3. 前述的結構主義思維導引出系統的觀念；

4. 最終目標在於發現全稱法則。

　　然而，德希達運用解構方法針對李維史陀的主張提出了如下的批判：

1. 質疑全稱法則的可能性：李維史陀依循結構主義之傳統觀點，認為語言為一穩定的體系，文本蘊含著固定的意義，是以，透過文本的分析可以獲得確切的真理（Sarup, 1993: 39-40）。但是，德希達卻持相反的看法。首先，從語言的解構所得之發現，他認為語言是一個開放性的系統，在其中每一個意符都只能掌握部分的意義（或是「真理」），而且這些部分的意義加總之後，也不一定是意義（真理）的全貌。所以，所謂的「法則」是否存在，令人質疑。

2. 反對根據主體和客體對立的基礎，能夠獲得客觀描述的看法：德希達指出，所有對於客體的描述，必然受到主體意識的干擾（Sarup, 1993: 40）。換言之，沒有所謂「純粹」客觀的描述。

四、人文社會的研究即詮釋的詮釋（interpretation of interpretation）

　　德希達認為詮釋學不啻為研究人文科學的適當途徑，因為，詮釋學主張人類的生活具有歷史的性質，其意味著對於社會和行為的研究，如同閱讀文本一般，對此德希達深表認同（cf. Hollinger, 1994: 97）。但是他反對詮釋學者高達美（Hans-Georg Gadamer）那一種隱含基礎主義的主張，高達美認為世界之中有一種先於詮釋而存在的實在或基礎，在此基礎之上人們得以詮釋和從事社會的建構（cf. Blaikie, 1993: 59）。此一以實在論為預設的詮釋學，繼而引發了一些亟待釐清的重要課題，諸如：對於文本的閱讀是否存在著正確和真實的方法？我們如何判斷相對立的詮釋？是否可以獲得最後或完整的詮釋，或者此為一種危險的觀念？詮釋的循環（interpretive turn）是否排除或忽視了物質因素對於詮釋和對談的影響？前述的物質作用如何可以被詮釋為文本？在文本之外是否存在著任何事物值得我們關注？（Hollinger, 1994: 97-98）

　　德希達對於前述實在論的詮釋學，所引發的一連串課題之看法是：無須庸人自擾。因為，他反對言說優於書寫的言說中心主義，也反對語言中存在基礎結構或規則的邏各斯中心主義，而主張記號並非「在」或存在（being）的直接再現或名稱，反之，文本總是透露著自我本質的那一個「在」的「不在」（absence of self-identical presence）。職此之故，他認為，對於人文社會的理解，如果眞是詮釋學所謂的如同文本的閱讀一般，那麼我們實在不必試圖追求其根源的（original）、終極的、和確定性的解讀，或者亟求聽到文本的作者說些什麼。是以，前述的一切令人困擾難解的問題也就不復存在了。簡言之，就德希達的看法，文本是一個永無止盡的詮釋過程，我們永遠在詮釋先前的著作和詮釋（Hollinger, 1994: 98）。他批判結構主義的言說中心主義，以及顚覆西方哲學中的邏各斯中心主義，其實就是意味著社會研究如同閱讀文本一般，乃是一種詮釋的詮釋。

第二節　後現代主義與後現代性對道德倫理的衝擊

　　本節將從後現代主義及後現代性兩個層次析論道德倫理在當代社會所受到的衝擊。首先，立於後現代主義的角度乃屬哲學思想（philosophical thinking）層次，以下將以後現代主義顚覆現代主義四種哲學為主軸，並以社會研究的四種基本假定為構面，析論後現代主義對道德哲學與公務倫理基本命題的解構。其次，立於後現代性的角度乃屬社會實踐（social practice）層次，作者將以當代高度分工社會為起點，析論後現代的道德不確定性，指出其所導致之道德倫理實踐的危機，並總結此種道德不確定性乃是反基礎主義與反邏各斯中心主義的體現。

一、哲學思想層次：後現代主義對道德哲學與公務倫理基本命題的挑戰

根據本書第六章的分析，做爲公務倫理基礎的現代道德哲學本質上淵源於現代主義，是以後現代主義對現代主義所進行的顛覆也同時解構了現代道德哲學，當然也解構了現代公務倫理。不過，必須特別說明的是，此種解構是一種思想上和哲學上的解構，並不一定造成實務上效應，但也不能完全排除其對人們在思考當代公務倫理體系時可能產生思維方面的影響作用。以下茲根據後現代主義對現代主義的顛覆基調，指出其對道德哲學與理性取向的公務倫理於思維層次上的解構。

（一）顛覆主體哲學對道德哲學與公務倫理基本命題的挑戰

後現代主義對啓蒙哲學家如康德等人所界定的人爲認知、道德和美學（判斷）之主體觀念進行顛覆，而此種顛覆的根源來自於後現代主義論者如德希達和傅柯對於人做爲主體所具備的理性本質之預設提出質疑（毛榮富，1992：176；Haber, 1994: 89-90）。誠如本書之前的分析，道德哲學中直觀論和德性論是以人性論爲中心的哲學論述，不論是道德直觀能力或是人的美德性格，其實都可謂爲是根源於人的理性。是以，後現代主義此種對於人爲理性主體的人性論之顛覆，等於是對直觀論與德性論之基本命題提出質疑，如下所列：

1. 直觀論所宣稱之人所具備的道德直觀能力究竟是否存在？
2. 德性論所宣稱之人格中所具備的美德特質究竟是否存在？

基於上述關於直觀論和德性論之基本命題的質疑，使得公務倫理也面臨基本命題方面的疑問：

1. 公共行政人員以及公民的是非判斷能力究竟是否可欲？
2. 公共行政人員以及公民的美德品格究竟是否可欲？

（二）顛覆理性主義對道德哲學與公務倫理基本命題的挑戰

如前所述，後現代主義所要批判和顛覆的核心課題其實就是啟蒙運動以來對於理性主義的頌揚（毛榮富，1992：168；朱元鴻等譯，1994：74）。因此在認識論的層次上，理性意味著人對於自身行動以及對道德原則的認知判斷基礎。而道德哲學中目的論著墨於行動的後果的判斷（計算得失的能力），義務論則著墨於人對道德原則的認知和堅持，此二者皆須依賴人的理性為基礎。因此，後現代主義顛覆理性主義可說是對目的論和義務論之基本命題的質疑，如下所列：

1. 目的論主張人能夠對行動後果有所認知並做出判斷以採取倫理行動的能力究竟是否存在？
2. 義務論主張人能夠對道德原則有所認知並願意遵循以採取倫理行動的能力究竟是否存在？

基於上述關於目的論和義務論之基本命題的質疑，使得公務倫理也面臨基本命題方面的疑問：

1. 公共行政人員以及公民認知其行動後果並做出判斷以採取符合倫理的行動究竟是否可欲？
2. 公共行政人員以及公民認知道德原則並願意遵循以採取符合倫理的行動究竟是否可欲？

（三）顛覆結構主義－基礎主義（邏各斯中心主義）對道德哲學與公務倫理基本命題的挑戰

長期以來在現代民主政治中人們奉行不悖的多數原則（目的論觀點），以及人們深信不疑的某些普世道德原則，例如不可殺人、不可強盜等（義務論觀點），乃是現代社會人們建立互信的基礎，同時更是公共行政獲得治理正當性的根源。首先，以行動後果是否有利於社會中多數人此一標準判斷行動的道德性，乃是政治過程中最容易也最可行的決策規則，

當人們願意相信此一規則並據以行動時，也就意味著秩序社會的建立，此種規則便成為人們的互信基礎。相同地，當我們相信某些道德原則具有普世性質就是預設了它們對任何人都有效，也就是任何人都有遵守這些原則的「義務」，所以在正常情況下，我們相信別人會依照道德原則行動，此即互信基礎。其次，當有人的行動對社會造成傷害性的後果或試圖挑戰我們信奉的道德原則時，政府便被認為應該責無旁貸地採取作為去遏阻那些行動或捍衛道德原則，因為政府是唯一一個基於人民自願讓渡出來的自由權利而擁有某些特別權力的機制，可以因應那些破壞秩序社會的行動，此一原理就是啟蒙哲學家洛克（Locke, 1689）和盧梭（Rousseau, 1762 translated by Cole, 2003: 8-9, 12）等人所主張的社會契約論，亦即公共行政治裡正當性之根源。歸納言之，在本體論的層次上，啟蒙哲學對於政治過程和公共生活的觀點，就是相信其中必然存在著不變的基礎或是永恆的規律，所以社會因此具有中心結構，此即結構主義—基礎主義（邏各斯中心主義）的思維。

然而，後現代主義對結構主義—基礎主義（邏各斯中心主義）進行顛覆，使得政治過程和公共生活所重視的秩序社會顯得極為脆弱。誠如道德哲學中目的論所發展出來的功利主義明確主張所謂善行的準則就是：「追求社會中最大多數人的最大幸福」，此種準則在後現代主義論者眼中遭到質疑，因為他們認為類此的全稱法則其實是對於「他異性」的漠視和宰制（domination）（*cf.* White, 1991: 63-74, 126-147）。衡諸實際情形，最大多數人的最大幸福可能從未在人類的政治實作中實現，經常可見的事實卻是「相對強勢」（並不一定是多數）的人們之幸福獲得較多的保障。職此之故，後現代主義論者認為，這些自詡為全稱法則而對所有人一律適用的道德原則與倫理行動準則，其實總是特定言談情境下的敘事（narratives）[3]，也就是李歐塔所稱的語言戲局（Haber, 1994: 13-14, 23-24）。相同地，在後現代主義的觀點下，道德哲學的義務論主張世界

3　敘事意指說故事（story telling）。

上存在著某些普世道德原則令人們在行動時可資遵循，也遭到嚴苛的挑戰。例如康德所稱之「無上命令」經過後現代主義解構之後，它們儼然不再擁有「無上的」地位。總之，不論是功利主義的多數原則還是康德的無上命令，在後現代主義論者眼中這些道德原則與倫理行動準則，皆非基礎主義或是邏各斯中心主義支持者所認為的不變基礎或規則，反之它們都是可變的甚至是經常變動的，只能夠在特定的時空當中發生作用。所謂社會公義以及必須捍衛公義社會的公共行政是否都只是符號（語言）的要弄而已？

職此之故，後現代主義顛覆結構主義—基礎主義（邏各斯中心主義）可說是從本體論的層次，對目的論和義務論之基本命題提出質疑，如下所列：

1. 目的論所主張之社會中多數人的最大幸福究竟是否可欲？
2. 義務論所主張之社會中普世的道德原則究竟是否存在？

經上述解構之後，人們的互信基礎以及公共行政取得正當性的根源顯得可以妥協並可以權宜調整，使得以下攸關公務倫理課題成為疑問：

1. 公共行政所欲捍衛的正義、公平、秩序應該根據什麼基礎或是標準界定其內涵？
2. 公共行政人員與公民當下奉行的正義、公平、秩序能夠持續多久？
3. 如果公務倫理行動準則缺乏穩固基礎，政府及公共行政人員應該依據何種標準施展其壟斷性的權力和強制性的作為？
4. 人民應該根據什麼基礎相信政府和公共行政人員？
5. 如果公共行政各種權力作為所依據的道德倫理標準根本就不是人們可資信賴的穩固基礎，那麼公共行政的正當性何在？

（四）顛覆再現主義對道德哲學與公務倫理基本命題的挑戰

　　後現代主義顛覆基礎主義，是以既然沒有所謂不變的基礎，進而語言符號便無所謂可以再現的對象，所以其對再現主義亦採取質疑的態度，主張符號並非實在的忠實映照，而是詮釋的詮釋。意即，符號（語言）充其量是言談當下情境的產物，隨著言談者的不同或是情境的差異，相同符號可能有著不同的意義，而且符號的意義常是言談者對他人的詮釋所為的再次詮釋。因此，一個符號或一組語言既不是源自於柏拉圖理型論的那種存在於人類觀念中之萬事萬物共相的投射，也不是理性主義興起後由啓蒙哲學家定調的人類共有特質—理性的展現，更不是經驗論者所主張之客觀事物的眞實反映。此對現代的社會研究之認識論以及方法論形成極大挑戰，當然也對現代道德哲學和公務倫理的知識建構與研究進行是一大質疑。如本書第六章之分析，再現主義在現代社會研究的認識論層次上，分為二種路線：經驗論—實證論、觀念論—反實證論，此二種路線又分別可對應於目的論與義務論的道德研究。從後現代主義論者顛覆再現主義而主張符號乃是詮釋的詮釋此一角度，分析以上二種道德哲學在認識論層次的問題，可說是對於它們所延伸出來的知識建構觀點提出如下的質疑：

1. 再現行動後果之善惡並成爲導引倫理行爲之目的論取向的道德知識究竟是否可欲？
2. 再現普世的道德原則並成爲導引倫理行動之義務論取向的道德知識究竟是否可欲？

　　其次，後現代主義顛覆再現主義在方法論層次對目的論和義務論之基本命題所提出的質疑爲：

1. 目的論傾向經驗實證途徑採取方法論的個人主義或總體主義進行研究，試圖再現事件或行爲的倫理事實究竟是否可欲？
2. 義務論傾向觀念論述途徑的採取辯證方法進行研究，試圖再現事件或行動蘊含之價值的倫理意涵究竟是否可欲？

上述的質疑進而也衍生出對於公務倫理以下命題的疑問：

1. 以實證方法進行公務倫理制度與行爲之研究可以還原眞相，進而做爲政策與公共行政人員或公民行動的倫理準則究竟是否可欲？

2. 以辯證方法進行公務倫理價值與思維之研究可以發現眞理，進而做爲政策與公共行政人員或公民行動的倫理準則究竟是否可欲？

　　綜合言之，現代的道德哲學與公務倫理體系基本上就是根據主體哲學、理性主義、基礎主義與再現主義等啓蒙運動所興起的現代主義哲學觀建構起來的知識系統，而現代民主政治更是與啓蒙運動密不可分。故後現代主義解構現代主義，針對人爲主體、人的理性、社會中心結構以及符號再現性一一加以質疑挑戰，不僅在哲學思想的層次上對道德倫理思維形成衝擊，也在社會實踐層次上呈現出「道德不確定性」的現象。以下引用學者包曼（Zygmunt Bauman）的觀察，加上作者的補充觀點，闡述後現代社會所呈現的道德不確定情狀，以凸顯倫理實踐的危機。

二、社會實踐層次：後現代的道德不確定性

　　當代社會高度分工的型態對於道德倫理的完整實踐形成巨大的阻力。學者包曼認爲，後現代社會呈現出濃厚的道德不確定性，他稱之爲「道德原則的多元主義」（pluralism of moral rules），並且指出此種多元主義造成「後現代的道德危機」（postmodern moral crisis）（Bauman: 1993: 17-21）。包曼對於此種道德不確定性的產生原因及其所帶來之危機所做的觀察，作者認爲值得參考和深思，故引介其觀點並加以補充臚列闡述如下。

（一）道德目的論的實踐危機：難以預期的行爲效應

　　所謂難以預期的效應（unanticipated effects）意指，在後現代社會

當中人們對其行動之後果以及後果所可能產生之效應通常難以預料。因此，導致人們無法對其行動後果負起責任（或負完全責任）的危機。舉例而言，當代網路科技發達幾乎深入人們生活的每一層面，但是個人在網路上的作為可能會引發蝴蝶效應一般的後果，此種效應不但擴散範圍廣泛並且發展方向很難預期，還可能導致影響力量呈現倍數與急遽增強，就如同滾雪球般一發不可收拾。此種事態發展的後果之所以通常並非始作俑者所能預期的原因在於，過程中參與者眾多且都在其中或多或少施力、擴大效應，所以也很難要求最初作為者對後果負全責。

申言之，當代社會中人們的所作所為經常產生深遠的和持久的效應，而且人們總是無法親眼見識或精確預測這些效應。不論是在時間或者是空間上，人們的行動與其結果之間存在著極大的距離。因而，此導致我們不能憑藉自身原有的知覺能力去洞悉行動的後果，也難以透過完整掌握行動後果的方式去衡量行動的利弊得失。亦即，人們原初的目的性作為經常伴隨著副作用—非預期的結果，而這些副作用可能抑制了原本意欲的良善目的並引發任何人都不樂見的意外災難。抑有進者，此些災難可能傳遞到那些我們從未到過或居住的地方，以及波及那些我們未曾謀面的人們。意即，人們以一種無心的、無知的、非經刻意設計的、以及不是存心使壞的方式，為惡或犯下道德上為人詬病的行為。職此之故，我們長期以來抱持的道德信念，很可能已經無法因應今日人們行動所產生的效應，此使得我們一直信守的那些昔日經過試煉而且值得信賴的倫理原則失去規範作用（Bauman: 1993: 17-18）。

舉例言之，目的論的道德哲學一直以來都在教導人們根據自身行動對他人產生的可見和可預測之後果，以做為與人相處的倫理原則以及判斷是非善惡的道德標準，但時至今日，當人們主觀上以為能夠但實際上總是難以確切掌握自身行動後果，目的論的道德行動準則，呈現出明顯的力有未逮之處。

（二）道德義務論的實踐危機：高度細密的分工

　　後現代社會的另一個實際現象是分工極爲細密，幾乎每個專業領域都有許多人牽涉其中，而每一個人都在整體任務之中扮演很小部分的角色。由於牽連甚廣，所以似乎沒有人能夠被合理地認爲應對最後結果負完全責任。職此之故，形成了一種現象：「有罪行發生卻可能找不到可以咎責的主嫌」。即使是在此過程中有某些具有良知和自省能力的人想要有所作爲去修正錯誤，也因爲他（她）在整體行動當中僅僅扮演很小的角色，因此其試圖改變最終狀態的努力可能根本毫無作用。對許多人而言，此種現實日積月累地形成了一種無力感並對社會產生自我放逐的疏離感，成爲某些人合理化其放棄自律和擔當的藉口（Bauman: 1993: 18-19）。換言之，雖然道德哲學的義務論告誡我們應該要堅守某些普世的道德原則以做爲行動的標準，但在此情境下，道德淪喪和倫理冷漠似乎勢所必然。

（三）道德直觀論與德性論的實踐危機：斷裂的自我

　　在稍前闡述後現代的解構主義哲學已經述及去中心化的自我此一概念，其意義就是自我並不在行動當中扮演主體的角色。此一哲學觀其實是來自於後現代社會的實際現象，誠如前述，後現代社會由於分工極爲細密導致個人無法爲行動結果負起責任。因此，更進一步形成了一種「自我的斷裂化」（fragmentation of self）情形，這是對照現代主義關於道德行動主體觀念而產生的後現代關於自我（主體）的形象（image of self），亦即自我似乎很難再被視爲一種「完整的道德主體」，簡言之，個人不能爲「整體行動」的後果負起「完整責任」。包曼認爲，相對於斷裂的自我，那種「做爲道德行動主體的自我」應稱爲「眞實自我」（real self）（Bauman: 1993: 19）。

　　今日的工作生活內涵其實就是：讓人們在不同的工作中從事多重性的角色扮演，而讓人們在一件工作中的每一個分工任務上又只扮演眾多角色的其中之一，例如某人身爲律師爲不同的個案辯護必須視案情差異扮演

不同的辯護角色，作者稱此為角色的多重性；又，在為某一特定個案辯護過程中，律師事務所中許多人員參與其中、任務分工，該名律師僅擔任某一部份任務，此即作者所謂角色的零碎性。於是此種多重又零碎的角色扮演，使得個人根本不能體驗和感受完整的自我（whole selves）。這些角色並不是完整和獨特的個體，不能與真實自我等同視之，因此形成了一種「斷裂自我」（fragmentary selves）（Bauman: 1993: 19）。

易言之，身為「個人的」自我（personal self）是無法取代的，但做為一個角色的扮演者（role player）就並非如此。在工作中，每一個角色明定了任務的內容以及何時、如何完成，每一個角色扮演者都必須清楚瞭解任務內涵並具備完成任務的技能，所以扮演特定角色的「我」被要求不得改變任務內涵與完成任務的方法（否則就被視為缺乏專業精神），一旦我選擇離開，將會有人立刻填補我的位置，因為每一項任務早已具備一套標準作業程序，而操作標準作業程序之人員可以系統化地加以訓練，因此有可替代性（replaceable）。所以，當我們發現所要執行的任務在道德上有可議之處時，我們很可能會自我安慰：「反正我不做也有人會做」。角色的意義只是我們在工作時穿在身上的制服，當我脫下制服後另一個人會再穿上同樣的制服繼續任務的進行，所以工作行為從來就不是與「個人」有關的事（personal business）（Bauman: 1993: 19）。綜合而論，在後現代社會中，角色並非真實自我，它並非道德主體的展現，角色扮演根本不需要直觀論所謂的道德直觀能力，也不需要德性論所謂的美德人格。因此，誰來負起責任？便成為難題。

（四）後現代的道德意象：反基礎主義與反邏各斯中心主義

整體而論，後現代社會的道德意象（images of morality）就是反基礎主義與反邏各斯中心主義。學者包曼稱之為「道德原則的多元主義」或是「缺乏倫理準則的道德」（morality without ethical code）（Bauman: 1993: 20, 31-36），其意味著：各種道德原則並存、百家爭鳴，即便有

宣稱爲所謂「普世的」道德原則也可能只是一群支持者的「價值選擇」而已（即後現代主義論者所謂之語言戲局的產物），並不是基礎主義概念下那種不變的基礎，也不是邏各斯中心主義概念下那種永恆的規律。所以各種道德原則和價值理念紛陳，並無一家之言可定於一尊，也因此原本某項道德所應該具備的權威性現在卻不復存在且出現權威的可替代性。於是包曼又指出，身處此後現代社會中人們總是感受到強烈的道德混淆（moral ambiguity）（Bauman: 1993: 21）。意即，關於何謂道德總是人言人殊、莫衷一是，致使人們對於如何採取合乎倫理的行動經常無所依循。這種現象也正是後現代主義論者根據反基礎主義的前提顛覆再現主義而提出符號乃是「詮釋的詮釋」之觀點的體現，換言之，關於道德倫理的意涵總是人們基於他人詮釋所做的再度詮釋。在這樣的情況下，人們雖然享有前所未有的道德選擇自由，但同時也面臨著前所未有的困惑。

申言之，人們總是憧憬一種值得信賴並且可以導引行動的權威（道德倫理原則和價值信念），根據此些準則，人們可以判斷如何抉擇以及採取何種行動，更重要的能夠爲自己的所作所爲負起責任。然而在後現代情境下，我們所欲信守的各種權威可能彼此相互傾軋，而且似乎沒有任何一種權威擁有足夠的力量可以獲得人們完全的信賴。因此，人們不再信賴任何權威或至少不再完全地信賴某種權威，更無法堅持對某一權威的信賴感。以上就是後現代社會的道德危機（Bauman: 1993: 19-21）。

誠如前述，當代工作生活情境使得個人的眞實自我爲角色扮演所取代，在不同的任務分工中，我們所扮演的角色總有一套行爲規範和必須遵守的倫理準則，當一個人的工作與生活愈是緊密結合時，其受到職業道德和工作倫理的影響也就愈大。然而，即使一個人認同工作是其生活非常重要的成分，通常此類工作被稱爲個人的職涯或志業（career），工作畢竟不會是一個人生活的「全部」，在他（她）生活的其他層面，勢必有一些不同於職業道德和工作倫理的道德倫理規範需要遵從。因此某些問題便被凸顯出來：當職業道德、工作倫理與個人生活其他層面所必須遵循的道德

倫理規範有所衝突時，個人如何調解這些衝突？此種道德倫理的衝突將導致二種後現代道德倫理的反基礎主義或反邏各斯中心主義之特質：

第一，個人經常必須對多重角色扮演所需要遵循的各種道德倫理原則之間的權威性進行排序，因此其所遵從的道德倫理其實並不一定是無上的權威，而是個人對特定價值信念的偏好「選擇」。

第二，另一種使人更感困惑的情況是，個人經常必須調解職業（角色扮演）道德與真實自我必須遵從的道德二者之間的衝突，因此其願意遵從某種道德倫理所根據的並不一定是其權威性，更可能只是自己甚至是他人所做的「判斷」。申言之，此乃肇因於當人們已然將其工作視為終身志業時，角色扮演或許早已內化成為個人所認同之自我，是以造成個人難以分辨角色扮演與真實自我二者本質的差異。又或許就個人主觀認知而言，其工作上的角色扮演和真實自我二者並無差異，但對其周遭的人們（尤其是關係緊密的親友）而言，卻並非如此。易言之，職場上對個人的期望與親友們對個人期望總是呈現落差，其間的道德倫理要求也不同，是以此處所需要的不僅是個人從各種道德原則進行選擇加以遵循的能力，更需要個人分辨角色扮演與真實自我二者差異的能力，以及分辨角色扮演與真實自我二者所需要遵循之道德原則的能力，更重要的是決定孰先孰後，此即所謂判斷，而且是一種在特定言談情境中（即個人與職場的人際互動以及個人與親友的人際互動）所做的判斷。

第三節　以後現代思維反思當代民主治理

不論在哲學層次的後現代主義還是在社會實務的後現代性，其意象之一就是反基礎主義與反邏各斯中心主義的體現，它所反映的是質疑全稱法則或是總體敘事（general narratives），也就是主張不應「以一種一致的

標準看待每一個具有差異特質的個體」。在反對全稱法則或是總體敘事的基礎上，根據後現代主義論者李歐塔的看法，似乎只有在局部性的（local）深度對話情境中才稍有可能在參與者身上找到些許共同性，李歐塔稱這些局部性的對話情境爲語言戲局。抑有進者，此種對話在後現代主義論者的眼中其目的根本不在「求同」—取得共識，而可能只在「理解彼此的差異」。將此種概念置入民主政治運作的系絡對公共治理的啓發是：深度對話能夠在理解彼此差異的前提下，使得參與對話者形成共識的可能性增加，作者將此種深度對話稱爲「實質公民參與」（authentic citizen participation）。以下將指出在價值解體的基礎上，缺乏實質公民參與形成一種「超眞實」（hyperreality）（*cf.* Baudrillard, 1983）現象的民主要弄，並且進一步產生對於差異個體形成不公現象的壓抑。

一、在價值解體的基礎上缺乏實質公民參與所形成的民主要弄：超眞實的表象民主

以下本章將指出在後現代社會系絡基礎主義的思維遭到挑戰，因此在基本價值崩解和道德倫理薄弱的情形下，缺乏實質性的公共對話，使得有心操弄者有很大的空間能夠以民主之名要弄民主，俾獲取個人利益。以下作者將以後現代主義論者布西亞（Jean Baudrillard）提出的「超眞實」概念，闡述在基礎價值和理性規則力量薄弱的社會中，缺乏實質公民參與可能對民主政治帶來的侵蝕效果（許立一，2008a）。作者以爲，此種民主政治的後現代性—超眞實其實就是一種「在價值解體基礎上缺乏實質公民參與所形成的民主要弄」（playing of democracy without authentic citizen participation on values deconstruction）。

（一）超眞實對民主政治的意義

後現代主義健將詹明信指出，後現代性可視爲是一種隨著新科技的發展以及全球經濟體複雜關係所構成的一種文化傾向，而這股文化傾向可說是資本主義高度發展後的產物，它展現出來的特質有：基礎價值流失、歷

史之無深度（depthlessness of history）、自我的斷裂化、復古風流行、
贋品僭越眞品（唐小兵，1993；Jameson, 1981; Smart, 1993: 17）。雖
然上述的文化現象已然舉目可見，然而在哲學意識型態的層次上，論者
也直指後現代主義在解構了社會中心結構和人類的理性之後卻未能有效
重構（reconstruct）或是提出替代性的論述，因而後現代性帶來的是一種
空幻（cf. 彭文賢，2000）。特別是在公共領域之中，此種後現代性的空
幻終將導致民主治理所依賴之基本價值的喪失。申言之，公共事務的運作
如果沒有了一些基本價值、規則和理性，則集體秩序如何維繫？作者以
爲，在自由民主的社會，維繫集體秩序的意義之一應在於對資源進行公正
（equity）的分配，而欲達成公正此一目的，實質公民參與乃是重要構成
條件，亦即只有公民親身參與對話並深入理解公共議題，才能夠清楚知道
自己和他人的眞實需求，始有可能以同理心（empathy）做出決策，進而
促使資源分配的公正性。雖然後現代主義論者會批判公正此一價值在本質
上就是啓蒙哲學家所提倡的理性，指出它並非基礎主義或邏各斯中心主義
所主張的那種不變的基礎或是永恆的規律，即便後現代主義論者所言屬
實，諸如公正此類價值對於民主政治良性的發展還是非常重要。意即，不
論公正是不是不變的基礎或是永恆的規律，只要它確實對於民主政治有正
面的助益，它就應該成爲公共事務運作的基本價值，此也正是人類理性的
展現，即使理性是一種被構作出來而非不變的基礎或是永恆的規律亦然。
職此之故，公共事務的運作缺乏理性，社會公正自然將喪失殆盡。而缺乏
理性和基礎價值的民主政治以一種論者稱爲超眞實的後現代性體現於當代
社會的公民參與之中（Baudrillard, 1983: 23; cf. Fox and Miller, 1995:
7; Farmer, 1995: 150-155）。

　　所謂的超眞實就是前述解構主義思維在現實生活的體現，其意謂用
以再現眞實的模型或符號（象徵）被視爲是眞實的本身，因而反客爲主地
取代了眞實本身的地位，所以此亦爲反基礎主義的體現。舉例言之，電影
「侏儸紀公園」運用電腦動畫試圖再現恐龍的生態，動畫只是嘗試還原眞

實的一種符號和模型，它畢竟不是眞實的本身，但人們卻可能深信電影中所勾勒的景象就是恐龍時代的眞貌，甚至有意識或無意識地將動畫視爲就是眞實的本身。

此外，超眞實被認爲是晚期資本主義社會所發展出來之文化高度商品化（commodification）後的超商品化（hyper-commodification）[4]之展現（cf. 許立一等譯，2001：76-82；85-90），意即超眞實乃是超商品化的文化氛圍下之產物——不論其爲實在或是虛擬（simulation）當一切都可以被視爲商品出售而且有人願意購買（甚至趨之若鶩）時，眞實可能會演變成遠不如虛假更受大眾歡迎，而且虛假可能被視爲眞實甚至比眞實還要眞實。舉例言之，在網路虛擬遊戲盛行的今日，熱中的玩家對於虛擬情境中各種擬眞事物的重視程度，可能要遠勝於對眞實世界當中生活周遭各種事物的關懷。前一陣子甚爲流行的「開心農場」遊戲，玩家還會在遊戲當中爲了充實自己的虛擬財富去竊取別人的虛擬財貨，一切當眞在玩，甚至玩出人命！雖然在實際上，虛擬世界中的財貨乃是因爲其可以在眞實世界兌換成金錢，它們才具有眞實價值，然而重點就在於，眞實與虛構的糾結對於人們心態和認知上所產生的是一種視爲理所當然的接納而非衝突，此即論者所謂的超眞實與超商品化的關聯。

當代民主政治的運作在某種程度上也顯現出超眞實與超商品化的現象，意即民主政治被做爲一種「感官」商品在媒體上操弄和販售時，不啻正是超商品化造成超眞實的體現，此一過程的產物便是表象民主。而在此種政治後現代性的氛圍中，公民對於公共事務的參與顯得缺乏深度，又在行政革新之新公共管理路線大力提倡公共服務民營化與政府內部市場化推波助瀾下（cf. Gore, 1993: 60-64; Stillman II, 1995: 30; Dennard, 1996: 318-319），私人企業大幅接管公共領域的主要功能（cf. Ostrom,

---

4　超商品化則是意指主體地位的喪失，主體成了爲市場或是商品而存在的客體，意即，商品的生產是爲了在市場上販售，而不是爲了主體的需求。抑有進者，傳統上並非市場交易標的的貨物，在後現代的今日，也可成爲商品。

1974; Savas, 1982; Massey, 1993; Milward, 1994: 41-62; Pierre, 1995: 55-81; Hughes, 1998: 46-50; Peters, 1996: 16-17），公民參與公共事務將更顯貧瘠。誠如2001年英語世界出版了一本著作「*The Silent Takeover: Global Capitalism and the Death of Democracy*」（作者Noreena Hertz），該書在台出版的中文譯名爲《當企業併購國家：全球資本主義與民主之死》（許玉雯譯，2003），書中探討的主題正是當代資本主義的實況：實力雄厚的企業和財團藉著國家所推動以「自由」和「效率」爲名的「改革」，不斷在市場中進行兼併而壯大自己，甚至將原本爲國家機關所壟斷的公共服務功能或者是由全民所共有的財產（公營事業）也一併吸收的現象。於是作者提出一個至爲關鍵的問題就是：「全面性的民營化所帶來的財富分配公正嗎？新形成的資源壟斷及其運用具備正當性嗎？」

前述超商品化之後的超眞實民主運作使公民參與流於表象，也就是在感覺上民眾或許會認爲有很多管道公共事務有很多參與管道，尤其是媒體所提供的途徑，但是若是深思此些管道可以發生的實際作用以及它們對於公共議題所能提供之資訊的完整性，就可以發現其中的表象性質，亦即此種參與正是超眞實體現。缺乏實質性公民參與的公共事務設計與執行，將導致「公共」領域退化成爲「支配」領域的危機。私人企業進占公共領域，則是將個人從政治的參與者（公民）角色和文化的形塑者角色，轉化成爲政治與文化的旁觀者與消費者。舉例言之，觀眾（原應是公民）坐在電視機前觀看電視公司耗費成本（以換取更大收益—商品廣告）、記者努力挖掘的政治新聞報導，如遇有自己不喜的事件可能對著機器（電視）破口大罵或冷嘲熱諷，若是遇到自己所樂見的訊息則可能是鼓掌叫好或喜形於色。當代人們對於公共事務的認知相當依賴媒體所提供的訊息，問題就在於媒體的報導是否公正？更重要的是，媒體並不能夠提供實質的公民參與（authentic citizen participation），然而它們卻經常以「民眾擁有知的權利」爲名，讓人們以爲觀看媒體節目或是積極「call-in」表達個人意見就是一種公民參與。此種情景意味著後現代性的一種特徵——表象世界

與過度消費的文化。

　　此外，既得利益者往往爲鞏固或加強自身利益，總是會去試圖主導形塑社會的道德倫理與制度，即使有充分證據顯示，他（她）們形塑的結果與其初衷總是背道而馳（楊麗君、王嘉源譯，1992：3）。追求政治安定與秩序的生活應是人的天性之一，然而，此亦可能成爲既得利益者透過意識形態進行教化以維護自己利益的可趁之機。因此民眾若僅滿足於閱聽經過媒體包裝和渲染資訊，而不能夠質疑事件的表象，很可能就會迷失於商品化的報導之中並進而促使此些資訊商品超商品化，面對超商品化的資訊，閱聽人所重視的往往並非其內容的眞確性而是戲劇性。藉由此種超商品化的資訊理解公共議題甚至參與公共事務，無異於緣木求魚。此種政治後現代性使得公共論辯轉化成爲實質意義貧乏的消費行爲，例如觀眾藉著call in至政論性節目獲得一時之間情緒上的滿足，或者是藉由觀看此類節目獲得心理上和感官上的滿足，此種現象就是後現代主義論者所謂的超眞實（Baudrillard, 1983: 23; *cf.* Fox and Miller, 1995: 7; Farmer, 1995: 150-155），從而，媒體由中介以及傳播的角色轉變成爲公共議題的主導者。

（二）超眞實對民主政治造成危機

　　後現代社會超商品化的發展帶動了媒體此種感官事業之影響力高度膨漲，是以也促成了政客（爲了選票）與媒體（爲了商業利益）二者結盟，造就了一種後現代的政經巨靈，擴大了超眞實在民主政治的影響面向，對民主政治造成了根基腐蝕的危機。總之，超眞實此一後現代性在民主政治中所顯現的形象就是「價值解體的民主要弄」，民主淪爲符號的要弄而已。

　　歸納以上的分析，公共事務運作的後現代危機如下：

1. 公民之間的公共對話已然經由媒體轉化成爲一種消費文化。

2. 政治人物缺乏宏觀的社會責任意識，只汲汲於媒體形象的營造，致力於虛而不實的政治語言以嘩眾取寵，試圖贏取選票。因此，促成了一種隱含市場法則的民粹政治。

3. 隱含市場法則的民粹政治，不但難以包容弱勢和少數，還會導致一個社會淪於短視近利、缺乏遠見，並使得民主政治流於表象、偏離「參與」的本質，導致更深的疏離感。

　　民主社會常出現政治人物本末倒置地只關注選舉成敗，而經常可見刻意操弄和利用媒體，使得民眾難以分辨各種政治事件或是各項政策作為的眞僞。尤其是大量模糊的政治語言、羅生門般的政治戲碼與醜聞舉目可見，各種捏造、誇大言辭或是事件被誤以爲就是眞相，但眞相本身卻由於缺乏戲劇效果反而容易爲人所忽視甚至排斥。

　　此種公共事務運作的後現代性意味著政客以及民眾對於成熟民主政治之公民參與的內涵缺乏認知，同時也意味著政客對於政治家必須負有引導實質公民參與文化之責的認識不清。換言之，政客常打著「公開、透明」的虛僞大纛營造一種表象式的民主，無所不用其極地運用媒體以提高知名度或是形塑意見，在此種氛圍之下，「政客—媒體—選民」三者似乎無可避免地要形成一種「表演—舞台—掌聲（選票）」三者環環相扣的「三位一體」。而以操弄（爭取選票的權宜之計）爲動機的各式議題和政治語言，勢將不免淪於嘩眾取寵，於是隱含市場法則的民粹政治便應運而生。換言之，當「市場導向」或「顧客導向」流於一種口號、遭到濫用和誤用之際，它已經不是公民對於公共治理過程實質參與的展現，其結果亦將不會是高品質的公共服務。此種民粹政治蘊含了三項假定（assumptions）：

1. 公共治理的過程好比市場交易（利益交換）；

2. 將公民視同爲「消費者」；

3. 公共事務的決策以實力原則爲基礎。

但上述的假定存在著某些限制：首先，公共治理絕非如同市場中的交易行爲（利益交換）。其次，公民根本不能等同於顧客。再者，公共治理應該蘊含著包容弱勢的理念。總之，以上三種假定扭曲了公共治理的內涵，茲申論如下。

首先，顯而易見的是，公共事務的運作絕非如同市場中的交易行爲一般，原因在於經濟學當中的市場概念乃是交易者可以自由進出其間的場域，但是政治制度或公共生活卻往往不是人民可以自由決定是否參與的場域；再者，交易是一種對等的關係，但政府與民眾之間卻經常處於權力不對稱的關係，政府的施政經常對民眾具有強制力。舉例而言，一個人從事股票交易，他（她）可以自由進出股票市場，即便可能由於行情一瀉千里而心不甘、情不願地認賠殺出，但總是一種自由意志的抉擇。但是，法律和公共政策制訂之後必然具有全面性的效力，人民不能選擇是否遵行，否則將受到一定的處分，由此可見政治制度與公共領域無法自由進出的強制特質，以及其中不對稱的權力關係。

其次，人民不應等同於顧客，因爲經濟學當中假定了顧客完全以自利作爲行爲的動機，反觀身處於公共領域當中的人民，不一定完全以自利作爲行爲的動機，例如今日社會常見志願工作者之自發性的利他行爲、群體生活中的公德心等，皆非出於自利。並且幾乎所有的政治制度對所有人民具約束力，而人民基於制度所做出的行爲也不一定符合自利的原則。

最後，隱含市場法則的民粹政治還有一種傾向，就是實力原則。在眞正的市場交易中，實力原則具現在交易者的財力、消費能力、顧客的數量等方面，但將市場法則運用到政治場域當中，此一實力原則便是選票的多寡或是利益團體力量的強弱等，同時多數決往往就是最爲便利的決策方式。不論是以多元主義（pluralism）還是公共選擇理論（public choice theory）爲基礎所進行的政治經驗分析都指出，在許多的層面上，民主政

府的運作方式的確呈現出，以市場當中的實力原則作為政策取向的重要基礎。意即，在多元主義的觀點之下，政策通常是利益團體競爭之後的均衡，但並不保證所有的政策利害關係人都能得到令其滿意的結果，其通常是強勢團體獲得較大的利益（*cf.* Dunleavy and O'Leary, 1987: 68-70; Dye, 1992: 26-27）。簡言之，今日政治多元主義的實務運作所蘊含的市場法則可能導致如後的惡果──少數或弱勢可能遭到邊緣化和漠視。

　　究極而言，浮濫的市場導向之民粹政治呈現了如後的特質：公共行政人員之間、公共行政人員與公共組織之間、公共組織之間、公共組織與民眾之間、以及公共行政人員與民眾之間，並無交互關連的社會連帶觀念即所謂的社群（或共同體）意識。抑有進者，它們之間的關係似乎僅是交易關係或是權力關係，但不會是倫理關係或是道德關係。易言之，在此種情境之下，公共行政似乎成為無關倫理道德的利益交換和權力鬥爭過程，即便有合作的關係也只有暫時性的利益結盟。在此種氛圍之下，不論是公民抑或政府官員皆難以展現其在公共領域所應展現的美德，整體社會則是陷入氣度狹隘、缺乏和諧、短視近利、上下交征利、以及彼此猜疑的氛圍。

二、省思當代社會對於他異性的壓抑

　　以上分析了在價值解體的社會情境中，缺乏實質公民參與對於民主政治所造成的超真實危機，作者對此種危機之根源嘗試地提出如後進一步的理解：啟蒙政治哲學所蘊含之全稱法則思維與總體敘事的民主論述對於後現代社會高度分歧和多元的情境無能因應，因而導致民主政治受到操弄的空間變大。抑有進者，表象民主的操弄最終可能造成的結果就是對他異性（差異）的壓抑（oppression）。學者楊格（Iris Marion Young）針對當代社會中差異所受到的各種壓抑進行歸納分析，有助於省思民主政治的後現代性危機，茲將其臚列敘述之。

（一）剝削（exploitation）

以馬克思（Karl Marx）的用語，剝削意指資本主義體系當中資產階級（擁有生產工具者）對於無產階級之生產剩餘的豪奪。馬克思認為，前資本主義社會（precapitalist society）的階級壓抑乃是直接透過政治手段為之，例如奴隸社會和封建社會的階級差異源自於與生俱來的優勢和劣勢地位，而這些階級地位經由國家制度獲得的保障。因此商品的生產無須購買勞力（因為勞工就是奴隸），所以利潤等於「運用勞力的價值」（value of labor performed）。但在資本主義體系下，勞力本身就是一項商品，所以資產階級採購和消費勞力的過程中會使之產生新的價值，因此利潤的計算除須考慮「運用勞力的價值」之外，還需要考慮「採購和消費勞力的價值」（value of labor purchased and consumed）。如果資產階級欲求更高利潤的話，就必須要增加附加價值，最簡便的做法通常就是竭力降低採購和消費勞力的成本，此即是剝削的根源（Young, 1990: 48-49）。

晚近以馬克思主義（Marxism）針對資本主義提出批判的論者（通常又稱為新馬克思主義論者（Neo-Marxists）或是如前述從馬克思主義支持者轉向批判現代主義的後現代主義論者），在探討剝削此一壓抑現象時，常將焦點從傳統上的階級差異轉向性別差異，亦即他（她）們認為剝削不僅存在於資產階級和無產階級之間，性別差異也經常是剝削的所在。對大部分的社會而言，基於性別差異所形成壓抑乃是最為普遍的現象。長期以來現代主義洗禮之下的主流論述，以男人為主體的思維將女人性別社會化（gender socialization of women）而賦予了如後的內涵：提供男人與孩童情感依歸、滿足男人性事需求、以及相對於男人更應該逆來順受的群體（cf. Brittan & Maynard, 1984: 142-148）。女性的性別社會化形成了一種父家長式的宗族制度結構（institutional structures of patriarchal family），使得整體而言女性在社經地位的發展上總是阻力大於比男性。舉例言之，此種制度結構下，男人經常可以從照顧孩童的責任中脫身，致力

於事業的發展（Brown, 1981）；又，職場上經常有以性別為基礎的工作設計，如護士、祕書、侍應生此類被界定為具有潤滑人際關係（smoothing human relations）屬性的工作，總是招募女性擔任，至於那些需要決策、擔當責任的工作則總是屬意於男性員工（Alexander, 1987 cited by Young, 1990: 51）。抑有進者，在資本主義社會中，基於性別差異所形成的壓抑最具體的展現就是薪資的差距。換言之，由於性別社會化，女性被認為不適合擔當大任，故而職務的分配總是位居底層，所以她們經常只能獲得較低薪資（Young, 1990: 50-53）。

總之，以後現代主義的角度反思，剝削在本質上就是根源於總體敘事對於他異性所產生的壓抑，就以上所述為例，這些總體敘事包括了資本主義經濟學（市場）理論以及女人性別社會化的論述。

（二）邊緣化（marginalization）

楊格指出，以美國此一多種族的社會為例，基於種族差異所形成壓抑，體現為邊緣化遠甚於剝削。邊緣份子（marginals）意指在一群無法或將無法進入勞動體系的人們，而這些邊緣份子遭到勞動體系排擠並且因此只能生活在社會邊緣的過程與現象，便稱為邊緣化。當然，邊緣份子遭到邊緣化的原因並不一定純粹是基於種族差異，只是從統計數字看來，種族因素在美國似乎是形成邊緣化非常重要的變數。根據楊格的分析，在美國社會中，非洲裔和拉丁裔加上以下的條件，呈現出高失業率的現象：1.年齡；2.單親媽媽及其子女；3.身心障礙。另外，還有更為嚴重的現象是，非洲裔和拉丁裔的年輕人找不到第一份工作的比例也偏高（Young, 1990: 53）。

楊格認為，邊緣化或許是最危險的一種壓抑形式，因為其通常排除了某一整個族群參與社會生活的機會，嚴重地剝奪其物質方面的生存條件甚而可能使之瀕臨滅絕。剝奪物質方面的生存條件之邊緣化通常造成某種違背正義的後果，尤其是當社會其他群體擁有充沛資源時更顯突出。當前許

多先進的資本主義社會對於此種物質剝奪的不公現象已經有所警覺，並且採取某些具體措施加以因應，例如提供福利給與和服務。然而此種福利國的觀念和作法卻未必能夠長久存續下去，況且在諸如美國這種最典型的福利國家當中，其財富重分配的政策作爲也總是未能消除社會中大量的貧困和剝奪。因爲，重分配政策只能在某種程度上減輕非因邊緣化的物質剝奪所造成之傷害。楊格指出，先進資本主義社會還存在著兩種已經超越了財富分配因素所導致的邊緣化現象，因而造成二種不公平的後果（Young, 1990: 54-55）：

第一，福利供給的本身產生了新的不公，因爲政府在提供這些福利的同時，順帶剝奪了福利依賴者原來享有的權利和自由。傳統上，自由主義主張每一個公民擁有做爲一個理性自主行動者所有的平等權利。但是今日，福利依賴者因爲其依賴於政府機構提供支援或服務，因此老人、窮人、身心障礙人士等族群總是必須順服於政策以及此些政策執行者的監護性、懲罰性、貶低性和恣意性的對待。亦即，做爲一個福利依賴者就意味著必須要承受社福供給者包括參與其中執行政策的公、私部門行政人員合法的侵犯，他（他）們執行法律而要求邊緣者必須服從，將權力施加於這些邊緣者的生活當中。相關機構在決定邊緣者的需求時，其所憑藉的基礎是社會科學的研究成果，而社福機構也會根據自己的需要決定福利供給的標準與內容，社會福利專家總是知道什麼才是有益於他（她）們所服務的對象，而不是讓邊緣者自己主張自己的需求。總之，在當代社會，社福依賴者無法享有充分的隱私、尊重和個人選擇權。

第二，即使福利國家的措施減輕了物質剝奪，邊緣化的壓抑作用仍然未能解決，因爲這些福利供給的同時遏阻了那些社會公認之人際關係正常表現的可能性。當代女性主義論者（feminist）對此提供了精闢的道德理論，深刻地反省了其中的壓抑效應。他（她）們指出，當一個人對他人有所依賴時，並不意味著依賴者就應該受到某種歧視、喪失做爲一個自主個體的尊嚴和權利，此種道理就像是嬰孩必須依賴父母養育、臥病在床的父

母必須依賴子女照顧一樣的自然。換言之，當代先進資本主義社會的福利供給政策與具體作為，已經脫離「正常的」人際互動關係。

（三）無力感（powerlessness）

傳統馬克思主義強調資本主義體系之階級因素所導致的剝削，此種剝削體現為資產階級的權力和財富來自於無產（勞工）階級勞動所產生的利潤。但是此種傳統觀點並不能完整描述當代社會，因為馬克思主義對於階級的劃分方式－資產階級與無產階級，並不能有效解釋一群基於專業能力而在生產過程中掌握權力、實行剝削（或扮演剝削者的工具）卻不能被歸類為所謂資產階級者的存在。因此，當代資本主義社會對他異性的壓抑，也可以從專業人士與非專業人士所形成的社會階級鴻溝予以觀察。

楊格認為，在高度資本主義社會中，有些人們之所以產生無力感，是因為他（她）們缺乏專業人士所擁有的權威、地位和自我認知。他指出，專業人士通常享有某些優勢並因而擁有特權，導致非專業人士產生無力感（Young, 1990: 57-58）。作者將之歸納並稱為「專業的門檻」、「專業的權威」以及「專業的優遇」，茲臚列敘述如下。

第一，專業的門檻：獲得並運用某種專業包含著昂貴和進取的特質，易言之，想要成為一名專家，通常必須受過大學以上教育以取得專業知識，因為專業知識乃是由大量的抽象符號與概念組成，非經嚴謹訓練難以掌握。所以，做為一名專家通常必須經歷以下過程：首先，獲取專業知能；然後，追求專業進步和提昇。相較之下，非專業人士在個人能力成長和進步方面的取向和表現就顯得相當無力。

第二，專業的權威：雖然專家不一定擔任主管，也不一定直接影響人們的決策與行動。但不可否認的是，在當代社會中，專家總是比較容易擔任主管職務，對於部屬甚至顧客擁有權威。相對而言，非專業人士往職場當中以及在消費生活（高度資本主義社會的主要層面）之中，總是缺乏權

威，並且總是位處專家的權威影響之下。

　　第三，專業的優遇：職此之故，專業人士的特權越過了職場而進入了人們今日生活的所有層面。楊格指稱此種當代社會人們生活上對專業權威的依賴特性爲「專家崇拜」（respectability of professional），它使得人們隨時準備聽取專家意見，並加以遵從而採取行動。此種崇拜法則本質上是伴隨著當代社會的「專家文化」而生，所謂專家文化的現象就是：專家的服飾、言談、口味、風範等業已成爲人們爭相仿效的對象；一般而言，只要是專家就會爲人們尊重和接納，在諸如銀行、飯店、仲介公司的辦公室等許許多多公共場所乃至於媒體，專家總是比非專業人士獲得較多禮遇。所以，當非專業人士在貸款、謀職、購屋、買車時，總是羨慕專家所得到的待遇。

（四）暴力（violence）

　　在美國社會中，許多群體長期面對暴力威脅的陰影，這些群體的成員多半憂心於那些對自身生命財產之非預期的和無端的暴力攻擊，雖然這些攻擊不見得是蓄意或預謀，但其結果仍會帶來巨大傷害和羞辱甚至將人徹底摧毀。以美國社會爲例，女人、非裔、亞裔、阿拉伯裔、同性戀者等，就是生活在此種系統性暴力威脅下的群體，而在某些特定區域中，猶太人、波多黎各人、西班牙語系的族群也是暴力威脅的恐懼者。楊格認爲，這些群體所受的暴力威脅和攻擊之嚴重程度，已經不是單純的個人行爲偏差所能解釋，而應該是一種系統性（systematic）的產物，也就是社會對於他異性的壓抑（Young, 1990: 61）。此種對於他異性的系統性壓抑，由以下統計數字可見一斑：美國強暴危機中心（Rape Crisis Center）曾經統計美國婦女遭受意圖性侵或是性侵的人口比例，數字顯示，竟有超過三分之一的婦女表示曾有此類經驗。此外非裔、亞裔、西班牙語系族群、同性戀者遭到暴力攻擊甚至是來自於警察不當執法或刻意偏差行爲（如強暴）的統計數字也同樣令人驚心（Marable, 1984: 238-241）。

　　楊格認為，美國社會長期以來漠視這些弱勢群體所遭受的暴力威脅，學者更未能將之視為一種社會不公的現象加以思考，促使了人們將弱勢群體承受暴力威脅視為僅是個人行為偏差的現象。所以，他主張應該將這些弱勢群體遭受暴力威脅的現象視為是對他異性的壓抑，更能說明為什麼在某些群體中，出現暴力威脅的機率總是大於其他群體。唯有將此種現象視為「社會」不公的產物時，才有可能從結構改造的層次著手，試圖解決壓抑。例如，對婦女的強暴行為，源自於社會中男尊女卑的觀念；對非裔、亞裔、猶太人、西語系族群的暴力攻擊，源自於白人種族至上的文化帝國主義心態（Young, 1990: 62-63）。易言之，在美國社會中，那些對於女性、有色人種的暴力肆虐行為，所針對的並非個體而是整個群體，其產生的原因在於群體的差異性。或者更精確而言，其根源乃是某些群體自認優於其他群體，因而這些「優等」群體認為自己享有可以恣意侵犯這些「低等」群體的合法性。

三、超越全稱法則和總體敘事對於他異性的壓抑：一種局部觀點或策略（local perspective or local strategy）

　　以上是學者楊格以當代美國社會為例，針對漠視他異性形成壓抑所做之研究觀察，對於本書提出以後現代主義正視他異性為基礎以豐富公務倫理思維應有所啟發。換言之，或許邁向一個更符合當代社會的倫理行政，應該在政策實務方面採取較能重視他異性的局部觀點或是局部策略，而在理論建構方面採取局部敘事（local narratives），以彌補現代主義、理性主義慣常的全稱法則和總體敘事之限制。

　　誠如後現代主義健將傅柯剖析啟蒙哲學所界定之現代政體的權力基礎─「主權」時指出，此種關於政治權力的「總體敘事」（或稱「鉅觀敘事」（grand narratives）也就是全稱法則的思維），並不能夠有效澄清權力的真正面貌（至少在後現代社會是如此）。傅柯指出，實際上權力是各種論述（知識）、利益、勢力的結盟，發生於各種場域之中，性質鬆散

且不穩定。因此面對後現代社會，政治學傳統的總體敘事、宏觀政治應該為微觀的、分散的、多元中心的解放策略所取代，因為權力本來就屬實務並非純粹的概念，無法抽離系絡單獨地予以分析，唯有在實踐之中權力作用始得展現。誠如另一位後現代主義健將李歐塔所言，人際間的互動其實就是各種語言戲局，而不同語言戲局所呈現的多樣性和異質性，無法以總體性的敘事方式加以涵蓋，是以在語言戲局當中權力的運使當然也無法透過總體敘事予以呈現（Haber, 1994: 12-15, 23-24）。

職此之故，對傅柯或是李歐塔而言，權力是在人類日常生活中一種散佈性的、無中心的實務，它們並不是現代政治學或社會學所理解的那種單一定義的概念。所以，傅柯經常將權力稱為「權力的關係」（relations of power）而認為它具有一種「無所不在」（omnipresence）的特性，體現於微觀政治的多樣性之中（Haber, 1994: 81-82, 87-88）。權力不是透過廣博理論能夠完全掌握和普遍思考的課題，惟有採取一種局部策略（local strategy）加以觀察，針對具體情境加以探討始能正確地釐清（楊大春，1995：107-108）。

總言之，從後現代主義的角度觀之，公共事務運作的理論意象之一，便是對於諸如結構功能論（系統論）、多元論、公共選擇理論等宏觀的政治學理論提出質疑，進而主張採取系絡性的、實務性的策略，拋棄全稱法則的思維以及總體性的論述，將權力視為是臨時性的（ad hoc）行動才是對其的適當理解。職此之故，在實務層次，後現代主義論者主張應將啟蒙以來民主實踐的主要機制，如代議、政黨、工會政治等，視為當代公共事務運作的多元途徑之一，而不應再將它們視為主要的甚至是唯一合法的途徑（Bertens, 1995: 186-187；cf. Heller & Feher, 1988）。

基於上述後現代主義論者的觀點，作者認為，促進更為開放並以「對話」為基礎的實質公民參與應是化解民主政治之後現代性危機的可行策略之一。易言之，建構更為多元和開放的參與機制並提升公民從事公共

對話的意願和能力，應是公共行政積極努力的方向。因為此舉將使任何操縱資訊、扭曲真相的政治要弄空間相對縮小，讓公共政策真正成為名副其實的「公共」政策之機會提升。同時此種以對話為基礎的公民參與在本質上是一種拋棄全稱法則或總體敘事的思維模式，以社區或社群為範圍，使之能夠根據本身的需求去參與設計關於社區或社群的政策方案，以避免方案規劃總是著眼於一體適用性卻經常導致削足適履之後果。在當代直接民主日漸受到重視的氛圍下，政府積極建置實質公民參與機制顯然已是一種實務上的措施不只是理想而已，而且在某些國家已經有了具體成果和實際經驗（*cf.* Cavaye, 2004: 89-91; Lovan, 2004: 115-126; Lovan *et al.*, 2004: 3-17; Meldon, Kenny & Walsh, 2004: 46-47; 許立一，2008c：103-112; 許立一，2011: 75-76）。

綜合而言，作者以為，後現代主義顛覆以理性為社會中心結構的真正精髓應在於：促使我們深思並正視現代主義著重全稱法則之思維以及總體敘事之政治理論漠視差異的限制。是以，公共行政透過公共對話正視差異（以德希達的用語即是「他異性」）存在的事實，才能讓人們「有機會」從壓抑和宰制以及表象民主的政治要弄中解放出來，實現正義的政治（Young, 1990: 163-183），並讓公共行政更具道德倫理內涵。職此之故，本章主張，一方面後現代主義對於現代基礎價值信念的解構固然形成了民主政治的危機，但另一方面此種解構也有助於我們反思民主政治慣用全稱法則思維與多數原則的決策規則所導致的壓抑和宰制。所以作者才會主張公共行政應積極促成公民參與機制，透過對話讓人們在理解彼此差異的基礎上，營造共同利益。

以下將從開放與對話為基礎，提出一種以局部觀點和策略為取向的後現代主義路線之自由民主政治思維，進而闡述後現代主義對於建構更具道德倫理內涵之公共行政的啟發。

第四節　啟發：取向後現代的自由社群主義

後現代主義的解放策略，乃是將主體哲學觀的思維模式予以離心化，對文化各個層面之中所隱含的權力與制度的因素加以揭露。其次，則是針對理性主義和基礎主義予以抨擊，認為其漠視差異性將形成一種被歸類為「異常份子」的人們在社會中逐漸邊緣化的後果，而此無疑為一種壓抑（Haber, 1994: 15-62, 84-89）。是以，後現代主義透過語言的解構，呈現出由語言所構成的規範理論通常只是暫時性的論述，因為對話的情境總是多變，所以後現代主義論者李歐塔認為在各種對話情境（語言戲局）之中以及之間沒有任何所謂最高權威的存在（cf. Botwinick, 1993: 17, 33; Haber, 1994: 9-10）。唯有如此，人們才能擺脫全稱法則的思維和總體敘事的論述壓抑，而獲得真正的自由，並從精英和權力支配者所形塑的「終極真理」（ultimate truth）中獲得解放。根據後現代主義此種批判思維，學者巴維尼（Aryeh Botwinick）提出一種「後現代主義的自由社群主義」思維（Botwinick, 1993: 55-59），作者認為值得參考，以下首先扼要闡述其內容要點，其次再據以論述後現代主義對於建構倫理的公共行政所帶來的啟發。

一、後現代主義的自由社群主義

學者巴尼克認為，後現代主義可以提供一些超越當代哲學家羅爾斯的正義論（見本書第二章）或是社群主義（communitarianism）的政治思維，將之稱為後現代主義的自由社群主義，分成四項重點加以說明，本章茲臚列闡述如下。

（一）關於理論為真實之再現的反思及其與政治運作的關係

後現代主義論者認為符號並非真理的再現，意即永恆的真實總是不得而知，此謂反再現主義，或稱不可知論（agnosticism）。從另一種角

度理解前述觀點，或者我們可以說所謂的真實總是以一種「持續浮現的真實」（continually emerging truth）之姿態呈現於世人眼前，因為誠如後現代主義論者所言，語言的意義是在特定言談情境中的產物，不同言談情境語言的意義將會變動，所以當下（present now）的意義可說就是一種當下的真實，此種對於真實的理解就是所謂持續浮現的真實。

基於上述後現代主義之觀點，巴維尼認為政治唯一能夠制度化的真實就是「開放性」。易言之，我們應該抱持一種開放的態度，不排除當下政治氛圍普遍認定為真者下一刻就會遭到否定的可能性，所以公共行政對於任何政策方案進入議程的發展過程應該採取更為開放的視野（Botwinick, 1993: 55-56）。是以，讓更多元的利害關係人參與政策對話過程、避免對特定議題採取預設立場、關注經常遭到邊緣化者的意見等，都是開放性的展現。

（二）關於正義的內涵

後現代主義論者認為世界上並不存在所謂不變的基礎或永恆的規律，所以社會並無中心結構，此即顛覆結構主義－基礎主義（邏各斯中心主義）之思維。基於此種思維，巴維尼認為我們可以將正義界定為「人們『當下』試圖制訂成為規範的觀點或計畫」，因此他特別強調後現代主義思維下的正義特質就是「變易」（change），此種正義不同於羅爾斯或是社群主義論者眼中的正義，而且既定的制度安排之變易的發生不是基於某種基礎結構或規則產生，而是來自於公民對於變革所做的努力。職此之故，正義產生自特定活動中的參與行動（engagement），其為一種持續作為的形式（a form of doing），並且必須避免任何扭曲與人為的阻力去限制關於何謂正義之論述的「持續性」建構過程（Botwinick, 1993: 56）。

（三）關於權利的內涵

　　長期以來，民主國家基於憲政體制為保障人民權利所採取的實際行動總是受到相當程度的限制，例如有關平等權利的憲法條文總是因為種族歧視而不能真正落實，而此種限制總是被歸結為某一特定歷史時期當中人們不願意遵守憲政制度使然。但是巴維尼認為，根據依循後現代主義的思維，憲法中的理念之所以無法落實，就是因為人們無法落實它們。亦即，並不是因為人們沒有意願實踐憲法，而是因為人們根本無法達成它的要求。易言之，現代民主國家的憲政制度是一種給定的、封閉性的制度結構，以後現代主義論者的觀點言之，此一封閉性的制度結構是啟蒙哲學「欽定的產物」，或許憲法中關於權利保障的條文可以成為很多人的信念，但它們絕不是一種永恆的規則。所以，巴維尼主張關於權利的內涵也應該以如同前述那種不可知論的態度而採取開放性的理解方式，亦即我們要追求的並非意義定於一尊的權利，而是要追求一種讓權利之意義可以開放性地予以填充的合理制度。基於開放性，巴維尼認為當我們要描繪權利的內涵時，就必須盡可能地讓所有負面與對立的意見充分展現，包括對於開放性本身之正確性的質疑在內（Botwinick, 1993: 56）。

（四）政治責任

　　根據後現代主義的思維，巴維尼認為，政治責任並非來自於諸如啟蒙哲學家所謂的社會契約，而是個人在其連續性的表意過程中對自我本身負起義務，意即，人們有義務遵守自己應該遵守的義務。此一觀點使得人們的政治責任呈現出一種開放而內容可以任意填充的性質，而不是如同啟蒙哲學所主張的那一種預設的和既定的內涵。所以，巴維尼認為此種關於政治責任的界定方式，使得諸如正義此類的概念具有向未來開放的特質，也就是使其具備展望甚而引導未來行動的前瞻性（Botwinick, 1993: 57）。

　　從以上的所述，不難發現巴維尼為何稱其所提出之政治主張為後現代主義的自由社群主義，原因可扼要歸納如下，以下也可說是巴維尼上述主

張的理論柱石（theoretical pillars）：

1. 以後現代主義反基礎主義為根基，對總體敘事形式的政治論述之限制提出的因應策略。

2. 自詡為自由社群主義，其中對於自由的強調，著墨於對「他異性」的重視以及伴隨而來的「開放性」之概念。

3. 承上所述，其中對於社群概念的強調，則是意味相互理解的「對話」過程。

　　根據以上後現代主義的自由社群主義所提供的線索，本章提出以下參考後現代主義精神的公務倫理思維。

二、參考後現代主義精神的公務倫理思維

　　後現代主義全面性地顛覆現代主義固然有許多值得商榷的問題，但是其某些觀點卻也值得我們深思並且帶來諸多啟發，例如其對於差異的重視，以及在知識建構途徑方面對將科學視為唯一途徑的批判，都有助於為公務倫理補充更為多元和豐富的內涵。以下本章提出一些參考後現代主義精神的公務倫理思維。

（一）公共行政應重視社會的異質性

　　後現代主義將主體離心化，批判文化之中的權力和制度的因素往往形塑所謂道德的原則，此種觀點的用意乃在於避免意識型態的壓抑（White, 1992: 83-85）。後現代主義認為，主流的論述依其立場界定了事務的判準，根據其所界定的判準將社會中的人們區分為「多數」的正常人和「少數」的異類，此無疑為一種宰制的意識型態。是以，後現代主義傾向於重視他異性，而他異性對於公共行政的意義是：異見或少數聲音不應在「多數決」的政治決策模式以及強勢團體的主導之下遭到壓抑。換言之，重視「他異性」的思考能夠促使政策決策者、公共組織的管理階層，重視另類

聲音，以更爲開闊的視野和胸襟接納異議。抑有進者，其能夠刺激公共行政學者思考，當下的主流論述背後的基本假定爲何？究竟其隱含的價值和信念爲何？一項政策的制訂和執行，其背後眞正的原因何在？如果，公共行政學者能夠經常以此種思考方式進行學術研究，則公共政策淪爲特定既得利益者與政客私相授受的籌碼之機率應能減少。

　　不過，就實務的層面而言，後現代主義的主張，難以全面性地爲公共行政所採用。尤其，公共政策一旦制訂便不可否認地具有權威性和強制性，其性質往往多爲零和賽局，而且多數決的決策模式，雖然在理論上或哲學思考上其與「共識」或盧梭的「公意志」（general will）（Rousseau, 1762 trans. by Cole, 2003; *cf.* Sabine & Thorson, 1973: 539-541）相距甚遠，其仍然爲現今政治運作在沒有其他更好的替代方案之下最好的方案。是以，作者認爲後現代主義重視差異性的觀點或許能夠在理念上提供公共行政更爲寬廣的視野，卻不盡然能夠徹底地改變其本質。所以，後現代主義對於公共行政而言，應在於：其能夠揭示一種包容、寬闊的決策視野，並且對於社會中的弱勢投以更多的關懷。在某些時候，公共政策應該摒棄維護多數利益的框架，提醒政策決策者不應只從特定的立場思考政策的內涵，或者是死守法令規章而將之奉爲圭臬，而忽略了統整性的要求背後可能造成的宰制和壓抑。進而，後現代主義對於「他異性」的重視，可以促使政策決策者改變傳統二元論的決策心態[5]，避免個人的預設立場在政策充分論辯之前，即阻斷了某些意見的表達機會。作者試舉一例說明後現代主義重視差異之思維對公共政策決策中的啓發：

> 「某礦業公司欲在原住民居住區內採礦，原住民卻希望保有自然
> 的原貌與舒適的生活環境而持反對立場。礦業公司極力說服當地
> 政府和居民，其主張的理由爲設立採礦公司將促進當地經濟繁榮
> 與增加就業機會；原住民則是寧願維持現狀以便留給後世子孫

5　以絕對的標準區分對、錯或好、壞。

一塊乾淨的土地，同時，他們的祖靈一直寧靜地在幽幽山林中徜徉，一旦開礦將破壞先人的安息。

在現代主義的思維方式之下，當地政府決定核准礦業公司的申請，乃是順理成章之事，理由是：在現代化的發展下，貧窮與落後儼然是一種罪惡的象徵，而進步與繁榮才是正途。然而，公共行政官員若以後現代主義的思維方式思考此一個案，則原住民的訴求便不致在決策的起始點上（即行政官員認為進步是一樁美事的意識型態）就受制於主流論述而居於劣勢，因為行政官員若具有後現代主義的思維，則各種主張和價值觀便沒有孰優孰劣的先後次序之分。亦即，公共行政不再以所謂的「進步」，作為政策制定的依據，而是將重點置於維護各種價值平等地各自表徵與對話，也就不致於淪入多元論（pluralism）的虛偽陷阱之中[6]。」

經濟學者高伯瑞（John K. Galbraith）（楊麗君、王嘉源譯，1992：3）曾為現代社會中總是隱存著結構性的偏差（structural bias）作了相當精闢的註腳，他指出：

「任何經濟、社會與政治體制下的既得利益者，無論是個人或團體，都會依據其所需而塑造社會道德和政治安定；即使有充分的證據顯示，他們所塑造的結果其實與他們原先的目標是背道而馳的。」。

總言之，後現代主義對於政策決策者可以產生的啟發為：即使個別差異不可能在政策制定的過程中周延地受到關照，但政策決策者仍應該致力提供政策利害關係人，於政策決策過程中平等對話的管道，俾以減少制度對於社會中的少數造成結構性的偏差（多數決原則和公共政策即維護多數利益的意識型態），此乃是後現代主義批判主流論述隱含著權力與制度因

6　多元論常被批評為偏私於強勢團體。

素以及重視他異性，對於公共行政所產生的啓發。

（二）公共行政應反思宏觀制度與行政實務的差距

後現代主義反對總體性的敘事，而重視「局部性的敘事」（local narratives），此一觀點對於公共行政的啓發在於其可以促使公共行政學者或實務人員反思：公共行政學術長久以來過度強調建構廣博理論，而實務方面則著重宏觀的制度，卻忽略了廣博理論與宏觀制度與具體的行政實務脫節的嚴重性，其結果導致人民與政府的政策作為、行政人員與組織的管理措施、學者與實務人員等之間呈現高度落差，造成表面上公共行政似乎存在一套運作良好的制度且能正常地發揮功能，但實質上這一套制度卻是架構在人們言行不一和自我欺騙的基礎之上，亦即，形式主義在行政體系中大行其道。筆者試舉以下的例子說明此一窘境：

「軍隊的裝備有一套管理準則，其中規定了軍用車輛一律必須使用由軍方自行生產的零件，不准各單位私購民間的料件。但問題是，基層單位如步兵營，若遇車輛故障卻經常無法順利地取得所需的零件，因為搶手的零件通常早已被層級較高的單位取走，基層單位總是必須耐心等待撥補。每年一度的裝備檢查時，車輛煥然一新地陳列在檢閱場上，板金重新烤漆，包括輪胎也用鞋油擦得烏黑發亮，但是實際上它可能根本動彈不得！」

「相關法令規定，政府機關電腦設備的使用年限六年，除非故障，否則六年期限屆滿，始能辦理報廢繳庫。但以今日電腦科技的發展速度，一部電腦超過三年可能就無法有效地運作。像微軟（Microsoft）公司的『視窗作業環境』（Windows），從Windows3.1進入Windows95是一個大幅的躍進。因為，在Windows3.1的時代，幾乎大部分的作業軟體仍與DOS系統相容（Windows3.1本質上仍為DOS的附屬品，DOS還是此一階段的主要作業環境），所以其硬體的要求原不如Windows95（例

如，光碟機的配備、硬碟的空間、以及記憶體的容量等），而此一階段最佳的電腦機型不外為配備英代爾（Intell）公司所生產之486或其他公司生產之相當等級的中央處理器（CPU）。

然而，就在1995年至1996年中，微軟推出Windows95並在市場佔有率方面急速地成長，彷彿一夕之間DOS系統和Windows3.1成為昨日黃花，而486電腦則儼然成為廢鐵一堆。因為，486的電腦雖然仍能使用，但是市面上的軟體迅速地更新為Windows95專用，網際網路也似乎配合著Windows95而迅速地發展，只有使用Windows95才能輕鬆上網，DOS系統根本無法使用網際網路，使用Windows3.1上網則十分麻煩。此時486電腦的使用者，如果為了跟上時代的腳步，將其電腦裝載Windows95的話，他可能會發現他是用一頭牛在拉火車！

如果某政府機關在1992年購置了一部486電腦，在1995年時電腦歷經世代交替，但依據相關規定此部電腦在1998年始得報廢，那麼事實上該電腦早已不堪使用。」

上述兩個例子，說明了宏觀的制度——即後現代主義論者所謂的總體性的敘事——與具體的行政實務脫節的現象。後現代主義強調以局部性的敘事取代總體性的敘事，就某種角度而言，便是意指我們有時應該站在個體的角度觀看世界，或者應該將視野從宏觀的角度向下調整以體察微觀層次的問題。此種主張，對於政策決策者的思考模式具有相當的啟發性，誠如前述的例子中，如果政策決策者能夠立於基層的角度體察行政實務，則出現前述窘境的機率將可大為降低。

（三）公共行政應擺脫公共官僚體制的唯理化與唯物化

毫無疑問地，後現代主義的思維模式亦將對深具現代主義性格的官僚體制之形貌與理解方式產生重大的影響（*cf.* Law, 1994: 248-268; Power, 1990: 109-124），特別是根據反再現主義（anti-representationalism）

的觀點，我們可以發現官僚體制的中心——規則，其實是一種「語言戲局」中的參與者對話的產物，而不一定是客觀實體的再現，因此規則不應被奉爲圭臬。

　　申言之，官僚體制以規則約束個體的差異，促成效率的達成，卻是以個體的自主性作爲「解除魔咒」代價。對此發展，韋伯早已洞悉官僚體制所引發的危機，而產生了悲觀的論點，其大致的內涵爲：

1. 官僚體制幾乎滲透侵入生活的每一個領域。

2. 官僚體制之所以受到青睞，乃是肇因於科學的進展導致現代經濟與生產活動型態的變遷，爲了達成規模經濟所欲追求的效率，規格化的機器生產方式大量被引入工廠，在其中人成爲機器的附件（cogs of machine），人性必須與機器妥協。

3. 原本官僚體制爲人類的創造，卻逐漸失控於人，彷彿成爲現代世界中的巨靈。

　　韋伯認爲，造成前述災難的深層原因在於：現代化以來對於理性的憧憬，然而理性所引發的科學成就，卻全面地侵入人類所有的生活領域，在技術掛帥的情境下，官僚體制成爲必然的、無可避免的、無可阻止的、難以逃脫的、寰宇皆然的、甚而是牢不可破的生活型態。由於理性化的官僚體制存在著化異求同的功能，包括：社會關係的唯理化和唯物化、現代生活所必須的專業化等，所以，理性化的結果使人的行爲可以計算、能夠預見，且有明確的規則可以依循，避免無謂的時間、金錢、精力的浪費而獲得效率。然而，在此一過程，人性必須臣服於冰冷的、無生命的、以及原爲人所創造的規則，形成官僚體制的「鐵的牢籠」（iron cage）（Clegg, 1990: 29-33; 1994）。總之，韋伯已經意識到，官僚體制因重視規則所帶來的摒棄性情，雖然可以「解除魔咒」，但卻遭致另一套魔法，另一種形式的枷鎖，應運而生。

　　歸結而言，以上對於官僚體制所做的探討，至少指出了如下的問題，值得進一步深思：

　　第一，將官僚體制對於規則的推崇，盲目地奉為圭臬，我們若仔細思考此種現象背後的意涵，可以發現令人憂心的危機是：人們經常以排斥深度思考、只重形式（表象）不重實質、捨本逐末等態度，甚至面對其日常生活的境遇，往往將前述態度視為理所當然。此種生活態度的深化，官僚體制的成員（不論是公、私部門），在處理其職務時，多半可能不會優先考慮服務對象的特殊處境，而會先考慮規則的適用性。

　　第二，從反再現主義的觀點而言，每一個個人、團體、社群、乃至於國家之間，擁有不同的世界觀，對於實體各有其詮解的方式，所呈現者是異質性而非同質性。組織成員透過官僚化的建制過程化異求同，不論是否出於自願，依照韋伯的悲觀論或是傅柯的對於文化的觀察，極有可能導致的是「人們已然習慣的極權」（鐵的牢籠）。工具理性主義物化與異化了人際交往、人與社會，以及人與自然的關係。申言之，組織成員在官僚體制當中將無法獲得實質的滿足（由於其僅能提供的是通則），還要強迫自己去順服此一體制，不然就是與之疏離（邊緣化），因為，「理所當然」的運作之道已經成為一種信仰──「解除魔咒」本身成為「魔咒」。

　　基於對於前述思維模式的反動，後現代主義健將李歐塔，認為人類的生活應該是由一場場「語言戲局」所構成。李歐塔認為語言決定社會生活的型態，是以，公共組織的型態必然多變而不確定。因此，追求定於一尊的論述或敘事，諸如官僚體制的核心──規則，並不符合公共組織的原貌。

　　有別於官僚體制，以李歐塔的語言戲局思考組織，將排除預先設定組織及個人的功能型態，同時，也不認為在人類的經驗之中存在著一成不變的結構型態。於是，組織的行動乃是行動者自願性地語言交談之結果，而不是訴諸權威性判準的結果（Godfrey & Madsen, 1998: 711）。規則

之存在乃是源於組織中行動者對話所形成的協議，而且由於語言的多變性亦致使規則並非一成不變。最重要的是，人自覺作爲語言戲局中發言的主體，將盡可能地避免規則喧賓奪主，成爲組織中的「最高指導原則」。

簡言之，基於反再現主義以及李歐塔的語言戲局之觀點，對於公共組織的官僚體制運作之道，提供了以下數點不同的理解：

第一，語言戲局的切入點爲人類言談的當下，特別強調論述主體的「發言」地位，在組織之中，人的「自主性」受到更爲深切的重視；

第二，語言戲局十分重視發言者的具體情境，以及語言社群之間的不可共量性。將前述觀念用以理解組織，成員的個體「差異性」將可更加受到重視；

第三，在各種語言戲局地位平等的觀念之下，排除了「宰制性」權威存在的可能性，所謂的「規則」將呈不穩定的展現。因爲最高權威並不存在或者只有「暫時」的權威，作爲權威之符號的規則，隨時可能遭到質疑、修改或推翻。

藉由語言戲局思考組織，自然是一種對於組織之理念的呈現。雖然是一種理念的呈現，但未必無法在實務當中運用。舉例而言，當代有論者提出「變形蟲組織」的觀念（天下，1993），雖然其所描繪的面向主要在於組織結構形貌的設計，但在理念上如果將以協議精神爲核心的語言戲局植入其中，作爲組織設計的思考方向，則組織之形貌將如同「變形蟲」，其效應將是：有效地快速因應外在環境以及兼顧內部成員的異質性。

第八章
語言戲局中浮現公共利益

　　公共利益在西方政治思想之中起源甚早，其原意為政體（polity）或公共生活之「善」（the good）。17世紀以來，前者在英文的表意方面由「Public Interest」取代了政治哲學中慣用的「Common Good」與「Public Weal」（Morgan, 1994: 126）。「Common Good」或是「Public Weal」，其實是一套形上學的論述，意指存在於政體之中理所當然的先驗本質。受到後現代主義的衝激，所謂公共利益是否是一種基礎主義式的本變本質？在今日社會的實際政治運作中處處可現其侷限性，更接近實際情況的是，公共利益通常是在公共對話以及政治互動（協商、討價還價過程中）被界定出來。亦即公共利益的體現，必須透過政治活動的過程浮現，而公共利益的內涵則屬動態。本章試將引介黑堡宣言所提出之「理想─過程取向的」（ideal-process oriented）公共利益界定途徑（Wamsley *et al.*, 1990: 40-42），嘗試說明此一公共行政論述與後現代論者所主張之以對話為根本的語言戲局（language game）頗具契合之處（此即黑堡所謂「過程」取向），但又不漠視公共治理的理性本質（此即黑堡所謂「理想」取向），因而在當今此一紛擾動盪的環境系絡中，其似乎可以提供吾人建構倫理的公共行政一種思維的線索。

第一節　難以捉摸的公共利益

　　撰述黑堡宣言的論者（見本書第五章）認為，公共利益之內涵的模糊性應屬理所當然，不但不應因此而刻意避談公共利益，還應該正視此一模糊性，建構適當的論述架構以做為實務的指引。所以，黑堡宣言發展了理想─過程取向的（ideal-process oriented）公共利益界定途徑（*cf.* Wamsley *et al.*, 1990: 40-42），以解決公共利益的模糊性所帶來的理論困境，進而希望此一論述有助於民主行政的實踐。以下先行說明公共利益的模糊特質，再闡述公共利益在政治過程中的功能。

　　各家對於公共利益之具體內容的界定見解殊異，其模糊性、抽象性、以及不確定性，在行為主義主導之下的政治科學領域中，令研究者大傷腦筋。因此，政治科學家基於實證主義的認識論取向，將公共利益視為價值的範疇避而不談。然而，學者Goodsell主張公共利益雖然是一種迷思，但卻是一種好的迷思。其之所以是好的迷思，乃是因為Smith相信公共利益可以產生某種壓力，因而有益於促成民主社會的兩種政治習慣：一為政策決策者回應公眾的習慣、一為根據已經建立的共識制定政策的習慣。易言之，Smith堅信公共利益藉由促使政策決策者，在政策拍板定案之前，保持心胸的開放，是以，提昇了政治的回應性（Goodsell, 1990: 99）。

　　進而，Goodsell引用Downs的看法指出，雖然公共利益的內容充滿模糊性，但並不意謂其無法產生有用的功能。Downs認為，高舉公共利益的大纛，至少可以促使官員思考其對於公共政策所持之立場的邏輯性，並使他（她）們的立場緊扣合理的價值取向（Goodsell, 1990: 100）。Goodsell又採取學者Frank Sorauf的觀點，將公共利益視為「有用的政治迷思」（potent political myth）。論者Sorauf也指出，公共利益的不確定性與模糊性，雖然無助於實證分析，但此種特質正可以在政治爭議的過程中，產生凝聚（unifying）、正當化（legitimating）、授權（delegating）、與代表（representing）的功能（Sorauf, 1963 cited by Goodsell, 1990: 98-99），茲將其意涵扼要地臚列如下：

1. 凝聚的功能——公共利益可以作為一種凝聚的符號（symbol），在其之下，不同的團體能夠整合它們的差異，並且參與政治的結盟。

2. 合法化的功能——公共利益向公民保證，利益的平衡可以從公共政策的制定中獲得，使得任何的政策並不僅僅只是意味著強勢利益的勝利，它還意味著值得我們給予更多的支持。易言之，公共利益的揭示，使得既定的政策獲得正當性。

3. **授權的功能**——公共利益的模糊性意味著允許立法者將含糊、不明確的權威授權給行政機關，由其擴張、解釋公共利益的內容。雖然官員們掌握了，在具體情境中詮釋公共利益內涵的實質權力，不過，此並不意謂官員可以因此而專斷。因為，憲法之中早已對公共利益作了原則性的闡述，官員的任何詮釋必須符合憲法所訂定的標準。官員們提出其所認定的公共利益，並做為其行事之依據，但另一方面，公共利益的符號意義，又需要官員們明示其正當性的來源，以達成官員們的目的（Goodsell, 1990: 99-100）。

4. **代表的功能**——公共利益隨時提醒公民及公共行政人員，重視政體之中未經組織的（unorganized）、未被伸張的（unrepresented）利益。

　　由前述各家的說法觀之，儘管公共利益充滿曖昧模糊與價值判斷的特質，使得政治科學家望之卻步，甚至於對之刻意避而不談。然而，因為其在政治實務上，的確可以發揮實際的功能，所以在治理過程中，公共利益的重要地位未曾有所動搖，此點由所有的民主政府施政時，必須高舉公共利益為大纛可見一斑。

第二節　現代主義色彩的公共利益論述

　　在前一節黑堡一派學者的看法之中，其實也點出了公共利益的模糊性，往往有賴於公共行政的補充，始得在具體的政治生活當中獲得實踐。職此之故，黑堡一派學者認為，在治理過程中居於核心地位的公共行政，對於公共利益的伸張當然責無旁貸，而且相信公共利益的伸張必然是某些核心價值的實現，這些價值存在並且必須公共行政予以倡議，以此些價值為核心展開各種施為，始能達到所謂善治的目的。黑堡宣言一文中提及此類價值即以「社會公正」（social equity）為核心。由此觀之，黑堡觀點

可說是採取了一種基礎主義的立場，反映了高度的現代主義。其次，它主張一種理想性質濃厚之「理想─過程取向」的公共利益界定途徑，也是一種現代主義的投射。

一、公共利益界定途徑的理念類型

　　綜觀黑堡宣言一文，再三提及公共利益此一概念，視之為公共行政的終極價值，並且試圖建構一套界定公共利益的理念類型（ideal type），強調公共行政在公共利益的界定方面所扮演的積極角色。對此，該宣言提出所謂理想─過程取向的公共利益界定途徑（Wamsley *et al.*, 1990: 40-41）。所謂「理想」意指，所有政策利害關係人均應有平等的表意機會，共享公共利益實質內涵的界定，以達成盡可能最廣泛的公共利益（Wamsley *et al.*, 1990: 39）；而「過程」則是意謂，一種研究公共利益的方法論取向，主張應將行政論述的焦點置於公共對話的「過程」之上，而不是將焦點置於公共利益的「實質內涵」。黑堡宣言之所以如此主張，原因在於：一方面，公共利益的實質內涵並非公共對話的任何一方的參與者能夠片面決定，包括行政施為在內，所以，關於公共利益的論述，應該採取過程取向較為適當。過程取向意味著，由政策利害關係人就其特定系絡進行界定，行政學者或實務人員不應採預設立場、先行訂立標準；另一方面，採過程取向建構公共利益的論述，可以避免長久以來行政論述當中，對於公共利益實質意涵的爭議以及理論建構上的困難（Wamsley *et al.*, 1990: 40）。亦即，公共利益的實質意涵，只有在具體的系絡當中始能確定。最後，過程取向的公共利益論述，使得公共利益的實質內涵，可以隨著具體情境的不同而有所變化，更能符合實際的需求。歸納黑堡宣言對於公共利益的原則性主張，計有如下數項（Wamsley *et al.*, 1990: 40-42）：

　　第一，將公共利益的界定從具體內容的確認，轉變成為一種理想─過程取向的途徑，並且將重點從追尋定於一尊的定義，轉移至將公共利益備

受爭議的本質視爲理所當然。是以，界定公共利益內涵所遭遇的困境便不再無可化解；

第二，公共利益意味著決策與政策制訂時，應具備如後的心智傾向（habits of mind）——試圖調和議題的多元分歧性，而非自限於少數的選項之中；將長程的視野納入思維當中，以平衡人們過度將焦點置於短期效果的自然傾向；盱衡攸關個人與團體的各種彼此競爭之需求，而非採取單一立場；決策時考量較多的知識和資訊，而不是將目光集中於少數資料之上；體認所謂公共利益的內涵固然迭有爭議，但其並非毫無意義；

第三，人們必須對以下的危機傾向有所體認——對於以實現公共利益爲由，主觀地採取任何所謂「正確的」抉擇，固然提供了確定性和穩定性，卻可能適足以危害公共利益。易言之，任何宣稱其爲正確的抉擇者，必須經由以下的標準予以檢驗——所有公共決策的標準，最終必須獲得利害關係人的同意。任何標準的正當性，包括公共利益，並非取決於其是否主觀，而是取決於在界定此種標準時，利害關係人是否有機會參與其中。

第四，儘管主張將公共利益視爲一種理想、過程、以及心智傾向，但不應排斥其他界定公共利益的途徑。對於公共利益的內容，應該採取一種開放的眼光視之，亦即，其總是難以捉摸、令人質疑（problematic）。不過，公共利益在一定的範圍內仍然可以界定。公共行政的角色便在於，提供制度化的傳統和支援系統，俾以建構得以界定公共利益之內容的過程（即公共對話的機制）。此種過程強調周延的、長程的、審慎的、以及訊息完整的特質，而有益於公共利益之追求。易言之，公共行政或許並不確知公共利益的內容，但是其仍處於一個相對而言較佳的戰略位置，以孕育追求公共利益的過程。尤其是，當公共行政對於此一過程採取寬闊的視野，而能夠提出可以包容所有利害關係人之利益的詮釋時，更是如此。

第五，總結言之，公共利益的內容總是值得質疑和修正，其可以爲公共行政帶來實際而且有益的結果，此一立場能夠促使公共行政形成以下觀

點：1.暫時性的步驟和實驗性的行動而非典型「答案」；2.對於目的和手段的關注和對話；3.個人和制度之間的學習和回應；4.對於「鉅觀設計」（grand design）有所保留並質疑；5.對於個人在探討公共利益的全國性對話中，所擔負的獨特責任以及潛在貢獻，獲得更深入的瞭解；6.更為重視公共對話。

　　根據上述的內容，審視黑堡宣言對於公共利益的原則性主張，可以抽繹出以下幾個特徵：

1. 公共利益的具體內涵可以透過理想─過程取向的途徑獲得，而所謂的理想─過程途徑之核心即公共對話，其以充分參與和尊重多元性為基本精神；

2. 對於公共利益的具體內涵，應該不斷地予以質疑、時時進行反思和修正，而公共決策的正當性則是來自於，參與對話者表意機會的平等；

3. 公共行政的主要任務在於，建立並維護前項所述的公共對話機制；

4. 黑堡宣言認為公共利益的視野不應侷限於短期的現實利益，而應該採取周延、長遠的眼光，以獲得社會長遠的利益。

5. 學者G. S. Marshall和O. F. White（1990）指出，從認識論的角度析述前項的特徵，其乃是高度現代主義的展現。所謂高度現代主義，誠如Marshall和White所言：「它之所以是現代的，乃是因為行政顯然地被視為是創造進步、解決社會問題、以及帶來更好的社會情境之工具。其核心的承諾是理性，體現為公共利益並由公共機構執行之。它之所以是高度的現代主義，乃是因為其超越了不合時宜的科學主義，並且超越了古典行政思維的理性工具主義」（cf. Marshall & White, 1990: 71-72; Wamsley & Wolf, 1996: 22-24）。

二、公共利益即理想政治生活的公共論述

　　公共利益是一種論述（discourse），但這種論述是對於一種基礎性質的（foundational）理想的或良善的政治生活的一種描述，所以它是一種再現性的描述。這便是現代主義的體現，而黑堡學者普遍採取了此種態度。

　　誠如前述，Sorauf（1963）指出公共利益如同一種符號，其能夠發揮凝聚的功能，可以將不同的團體整合在一種共同的口號之下，並將公共政策的結果合法化為某種超越團體利益的東西。而當我們將公共利益視為一種符號時，勢將從明確地界定公共利益的具體意涵的泥淖之中解脫。所謂的符號意指：一種任意界定、模糊、只能部分地理解、但憑感覺而非透過精確的認知方式，予以知曉者。所以，一個言詞上的表達，如果其實質內容可以清楚地表明，那麼它就不是一種符號，而是一種記號（sign）。符號所指涉的深層對象，其實就是對於其權力基礎和神祕色彩的闡釋。是以，社會科學家試圖明確地界定公共利益，俾以獲得某種方法論上的益處時，他（她）們其實並未參透此一根本的道理。如果一種符號能夠精確地運作化，則其內涵不是在解釋的過程中遭到破壞，就是無法獲得完整的理解（Goodsell, 1990: 102）。

　　公共利益顯然地是一種政治符號，而且，此種符號在治理過程中具有優越的地位。Roger W. Cobb和Charles D. Elder將政治符號分為三種類型：1.社群（community）的，或可以喚起全政體情感的符號（例如，民主、憲法）；2.政制（regime）的，普遍性較低，其具體陳述為人所接受的治理規則（例如，正當程序、多數決原則）；以及3.情勢的（situational），普遍性最低，明確地指涉政治行動或政策議題（例如，槍械管制）。根據前述的建構類型（typology），Goodsell認為，公共利益或許可以被視為前述第二種類型的政治符號。此外，依照Richard M. Merelman所做的分類，公共利益亦可被視為他所謂之「形而上的符號」

（metasymbol）。所謂形而上的符號，是一種高層次的符號，其有助於較低層次的符號獲得正當性。公共利益似乎正是此種形而上的符號，因此，Bailey才會認為，公共利益是「一個文明政體的中心概念」（Goodsell, 1990: 103）。

抑有進者，公共利益作為一種言詞上的符號，因為其處於論述當中，使之更具影響力。所謂論述，意指敘事性的（narrative）語言，亦即：「說一個希望他人相信的故事」。公共利益作為一種公共的論述，其所意涵的是關於理想的公共生活之敘事，言說者希望公眾能夠接受它的指引，採取具體的行動，進而促成它所描述的狀態。然而，Goodsell亦指出，只是言詞上的表達，並不見得會引發行動或是使得其所欲形塑的價值為人所接受。不過，公共利益論述的貢獻在於，其有助於建構一個公共政策論辯，以及引發崇高理想的規範性架構。誠如，語言哲學家John Searle所言，當我們使用特定語彙之際，我們會對該語彙所衍生的基本價值前提有所承諾，他稱此為「制度的根本法則」（constitution rule of institution）。舉例言之，「公債」一詞的根本法則就是「政府必須償還其向債務人的借款」（Goodsell, 1990: 103）。根據此一根本法則的觀點，Goodsell指出，作為一種論述的公共利益，亦包含著六項根本法則或價值，它們分別是：合法與道德（legality-morality）、政治回應性（political responsiveness）、政治共識（political consensus）、重視邏輯性（concern for logic）、重視效果（concern for effects），以及議程的敏銳感（agenda awareness）。

1. 合法與道德：公共利益的具體內涵雖然經常由政府官員補充解釋，但是，並不意味著政府官員可以毫無限制地運用其裁量權，換言之，此種裁量權的運用必須依據憲法、法律、以及道德行為的戒律（諸如誠實和正直）。合法與道德通常被視為善的展現，而政府官員合法與道德的行為，無庸置疑地正是實現公共利益的前提。職此之故，任何以公共利益為名的論述，不應是心懷不軌和居心叵測之陰謀者的語言（language

of conspirators）。使用公共利益此一詞彙，意味著言說者的訴求具有法律的基礎與正當性（Goodsell, 1990: 103-104）。

2. **政治回應性**：公共利益一詞所強調的第二個價值為，順應公民或相關團體的期望。Downs明確地指出，任何長期而言將危及多數決原則和少數權利之保障的舉措，必然違背公共利益。舉例言之，消費者權益的保護，由於其攸關廣大民眾的福祉，通常理所當然地被視為公共利益的語言。由於，黑堡宣言的公共利益一詞意味著，多元的訴求可以獲得充分的討論，並且政府官員應該重視外部的聲音甚於堅持己見。因此，有助於達成消費者權益的保護之目標的各種論述，皆可以公共利益為名進行訴求（Goodsell, 1990: 104）。公共行政人員的任務，就在於維護此一公共對話機制的公正性，使各種論述皆有平等的表意機會。在各種論述充分表意之後所獲得的共識，透過審慎的辯證過程，可以使該結果因為短視近利造成長期傷害的可能性大為降低。

3. **政治共識**：公共利益的論述，不僅要求政府官員為其所主張的公眾需求而辯護，其還促使公眾之中的反對聲音為其所採取立場進行辯護，但此種辯護必須超越自我利益。Sorauf指出，公共利益語言的模糊性，可以包容政策主張之間的差異性。然而，並不能就此認定公共利益只是一種虛幻的矯飾，誠如Sorauf所言，公共利益隱含著某種莊嚴的意義（Goodsell, 1990: 105）。申言之，關於公共利益的論述，應該超越團體及其成員的私利，基於此種立場，各個團體始能宣稱其主張優於其他的主張。是以，此一對話基礎的創造，使得特定的主張有更大的機會展現其優越性。

詮釋學者Peter Berger與Thomas Luckmann在論及建構的社會實體時，提出一項結論：共同基礎的形成並不需要對立各方的客觀、堅定的立場之轉向，反之，對立的立場可以主觀地重新建構並因此融合，此即「互為主體的理解」（intersubjectively understanding），其之所形成乃肇因

於競爭者重塑他（她）們的要求所致（Berger & Luckmann, 1966 cited by Goodsell, 1990: 105）。換言之，各個競爭者先前的立場並非被迫放棄或妥協，而是為新生成的觀點所取代。職此之故，公共利益的理念成為一種有用的觀念儲存庫，在其中互為主體的理解（intersubjective understanding）得以容身，因而，所謂的「共善」（common good）必然不會存在於個人私己的言論之中。

4. **重視邏輯性**：公共利益論述之中所宣揚的第四種價值應為，倡導性的公共政策及隱含於其中的規範目的，二者之間應有關連性。基於此一價值前提，政策制定者對於其所提倡的主張負有接受課責的義務，然而，此種課責卻超越於法律和信託的層次。Bailey指出，由於公共利益的詞彙具有鎮痛的作用，官員必須避免對其的運用淪為犬儒主義，意即，避免使公共利益成為僅僅是合理化不正當行為的矯飾。因此，官員們在使用公共利益一詞時，必須審慎為之，其意謂公共利益的內涵，必須鑲嵌於廣泛為人所共享的價值假定之上。Downs亦持此一立場，他認為公共利益對於官員而言，如同一道檢查的機制，要求官員對於其所抱持的立場，公開地提出具有內在邏輯並且緊扣合理目的（reasonable purposes）的解釋。換言之，由於公共利益的宣稱明確地指涉廣泛的社會目的之實現，所以，使用此一概念者必須對其論述所欲訴求的內容負有義務，至少此種義務包括：(1)其所表達之社會目的有其根據；(2)其所倡導的政策必須有助於促成其宣稱的社會目的；以及(3)其所倡導的政策本身為合理的（reasonable）並且具有連貫性（Goodsell, 1990: 105）。

5. **重視效果**：重視公共政策的效果，亦屬公共利益論述所隱含的價值之一。以公共利益為理由尋求支持的政策，意味著該政策可能產生的效果，已經經過評估並且可以帶來利益而值得推薦。換言之，公共利益所陳述的內容，事實上是，已經檢驗了政策對於所有利害關係人，未來會產生的效應，並且做成其所帶來的是有利的效應之結論。

此也意指，判斷某種論述是否符合公共利益的標準在於，該論述或一項具體的政策，是否全面而且公正地考量了所有利害關係人的權益。由此觀之，公共利益的論述並非盲目的或不顧後果，相反地，政策的提出必須以有見識的眼光和負責任的態度爲之。尤有甚者，此種未來取向的特質，標示著公共利益具有長遠的視野，也意謂公共利益蘊含廣博性（comprehensiveness），此即Flathman所謂之普遍性的原則（universalizability principle）（Goodsell, 1990: 106）。

6. **議程的敏銳感**：議程的敏銳感意指，公共利益的論述必須關照到社會當中未被表達的需求。易言之，人們可以宣稱，將利益施予某些在公共論辯中沈默而受到忽略的人，是一種合乎公共利益的舉措。此即Sorauf所言，在政體中存在著一些組織不良和未被表達的利益，需要細心加以體察（Goodsell, 1990: 106; 林鍾沂，2001：709）。亦即，黑堡宣言認爲堪稱爲所謂公共利益的論述，不僅應顧及社會中被彰顯而廣爲注目的聲音，更應該以細膩和敏銳的眼光，察覺那些遭到漠視乃至於邊緣化的需求。抑有進者，此種觀點也正是黑堡宣言試圖針對當今治理過程流於Theodore Lowi所稱之「利益團體自由主義」（interest group liberalism），因而，產生公共利益的認知偏狹化之困境[1]（Wamsley *et al.*, 1990: 33），所提出的解決方案。

三、公共利益即理性的公共行政之實踐

經過前面的闡述後，Goodsell希望更進一步說明，公共行政對於前揭公共利益的價值之貢獻。他認爲，公共利益不僅僅是將特定的價值，在政策制定的過程中，內化至參與者的心智當中之媒介而已，其亦爲透過公共

---

[1] 即治理過程被強勢利益團體所壟斷、把持。因此，所謂公共利益似乎等同於社會當中那些能見度高、組織健全、成員眾多、財力豐厚、人脈廣闊、或是接近權力核心的利益團體所主張的利益。至於，某些能見度低、組織不良、或根本沒有組織的弱勢者與沈默大眾，他（她）們的需求似乎不被公共利益所涵蓋。

官僚體系，將特定價值外化的媒介。簡言之，公共利益不僅是言詞上的符號，其同時也是一種制度的力量。據此，公共利益的論述，才能成為Flathman所稱的公共利益的政治。

　　官僚體系總被認為是行政效率不彰的禍源，一般給予負面的評價多於正面的肯定。即便在探討其與公共利益的關係時，亦多半以狹隘的眼光看待它在其中所處的積極地位，尤其是受到政治與行政分離論的引導，公共行政人員被視為不會介入政策制定之中，因而，誤以為他（她）們不關心公共利益。然而，黑堡觀點推翻前述的看法，而認為公共官僚應是公共利益的主要倡議者之一，並且其基於專業能力對於公共利益所能做出的貢獻，甚至還超越法官與立法人員之上。可是，此並非意指，公共官僚比較高貴或聰慧，而是由於行政施為本身的特色使然。亦即，公共行政人員對於公共利益的貢獻是一種制度的性質（Goodsell, 1990: 107）。

　　Goodsell亦將官僚體系對於公共利益的貢獻，依照前述六個價值面向分別予以闡釋，茲將其內容敘述如下：

1. **合法與道德**：公共行政至少可以從四個方面，鞏固政府的合法與道德基礎。首先，政府公務員的專業主義本身即為合於倫理和道德標準的來源；其次，早已融於行政文化當中的課責機制，亦為政府合法和道德性的基礎。諸如記錄的保存、審計、會計流程、績效評估、以及聽證等行政程序，人們固然經常將之詬病為官樣文章（red tape），但前述措施卻是授予政府行為的標準之來源（Goodsell, 1990: 108; cf. Stillman II, 1995: 33）；再者，由於公共利益語言的模糊性，立法授權行政進行政策制定，此即行政立法，也可以為政府提昇合法與道德性。而且，前者並無損及憲政主義的實踐之疑慮，因為，其仍需遵循嚴格的標準，並且受到立法與司法部門的監督與審查，避免法律的意義淪於狹隘或遭到權宜性的操控（Goodsell, 1990: 108）。最後，行政人員居於超然的地位，可以指陳黨派性的濫用權力之不當舉措，而有助於政府的

合法與道德性。亦即，民選官員經常會運用行政權以取得選舉優勢，或是濫用權力以滿足私欲，但永業的事務官卻可以基於職權加以揭發（Goodsell, 1990: 108; *cf.* Barth, 1996: 173-178）。舉例而言，美國總統Bill Clinton的白宮性醜聞案，正是獨立檢察官鍥而不捨地偵辦，才使之公諸於世並受到審判。

2. **政治回應性**：因為，行政機構大權在握以及其各部門首長通常並非選舉產生，所以，經常被疑為有害於民主政治（*cf.* Wamsley *et al.*, 1990: 36）。就政治回應性的價值而言，公共行政的貢獻表面上似乎遠不及於立法部門。然而事實上，龐大的官僚體系本身就是廣大民眾的縮影，而立法部門卻不見得具備充分的代表性。換言之，從人口統計學的角度而論，官僚體系之成員可能比立法人員更具庶民的代表性。尤有甚者，官僚個人的政治觀點，可能比選舉產生的官員還要接近於民眾。職此之故，公共官僚體系實蘊含著政治回應性的價值。舉例而言，從一些研究報告中顯示，美國政府推動就業公平政策，而行政機關僱用的弱勢族群，諸如——身障人士、少數族裔、女性等的比率遠比私人企業為多。此外，在美國的政治系統當中，公民參與制度有許多亦由行政機構所發起、創設。此等現象正可說明，公共行政的政治回應性，不亞於民主治理過程中的任何其它的參與者（指行政、立法、司法）。最後，官僚體系的回應性亦可由表意的（expressive）概念，即政策執行的角度予以理解（Goodsell, 1990: 108-109）。申言之，當民眾所企盼的政策獲得立法通過後，其關注的焦點隨即轉向官僚體系的政策落實之上，此時官僚體系的成員與民眾的面對面接觸、所採取的行動，正是一種政治回應的具體呈現。

3. **政治共識**：前述公共行政之表意的特質，亦可促成政治共識，並且營造一種共同體的社群意識。Goodsell指出，在距離大選較遠的期間，如果沒有公共行政活動的能見性（visibility），資本主義經濟體制之下的公民，幾乎感受不到政府或甚至是國家的存在（Goodsell, 1990:

109）。易言之，在公共行政活動的能見性，以及所有民眾無不受之影響的基礎上，社會大眾形成了一種集體性的歸屬意識，此即社群共同體的意識，也就是政治共識。而所謂公共行政活動的能見性，亦即形塑政治共識的途徑，在人們的日常生活中舉目可見，諸如：行政官署的建築物——郵局的樓廈、鄉鎮公所、地方辦事處；號誌與聲響——如交通標誌、垃圾車所播放的樂聲、公立學校的上課鐘聲、警車與消防車的警笛、以及媒體的宣傳——如軍隊的募兵廣告和酒後勿駕車的醉不上道之宣導短片等等。綜上所述，以詮釋學的用語描繪之，所謂政治共識就是一種互為主體的理解，而公共行政在此一過程中，扮演著主動積極的角色。

4. **重視邏輯性**：公共官僚體系以兩種方式，彰顯其重視公共政策邏輯性的價值。首先，他（她）們將政府行動的備選方案，置於嚴謹的檢驗程序當中，此即政策分析。雖然，政策分析不見得符合嚴格的科學分析之客觀標準，但是，其可以增進三項政策邏輯的要素：(1)根本目的的表彰；(2)指陳政策所提出的行動方案如何達成前述目的；以及(3)彰顯政策所欲採取的行動方案的合理性與連貫性。同時，由於官僚體系之結構的特質，亦有助於合乎邏輯的政策之達成。官僚體系當中不同機構之間的競爭、層級節制的監督、不同功能部門的專業視野、管轄權的重疊、地域的差異、預算爭取的過程等等，皆會產生一種觀點或立場上的爭辯與對話效果，使得政策主張的邏輯性，可以在競爭的過程中獲得試煉。換言之，公共行政並不如Max Weber所言之理念類型的官僚體制，是一個緊密整合的結構，相反地，其所呈現的是割裂的（fragmented）特質。然而，此種割裂在合作的系統和決策制定的過程中獲得統合，因此，使得建設性的觀點交流成為可能（Goodsell, 1990: 109-110）。

5. **重視效果**：政府當中的官僚體系，擁有優越的專業、知識、資料、經驗以及技能（*cf.* Wamsley *et al.*, 1990: 37），相形之下，立法部門、司法部門、乃至於民選的行政首長，就前述的各項條件而言，皆要遜色許

多。是以，官僚體系有能力蒐集資訊並活用專業才幹，對於公共政策的效果進行研究分析。如我們所見，在瞭解政策對於政經部門的衝擊，以及預測成本利益的效用方面，公共行政表現得優於其他的部門。職此之故，缺乏公共行政的協助，政府的施政將顯得茫然無措而且喪失焦點，反之，由於公共行政的助力，政府的作爲不但呈現出以知識爲基礎、有擔當的特色，並且符合公共利益（Goodsell, 1990: 110）。

6. **議程的敏銳感**：民選的政治人物，包含行政首長與立法人員，通常熱中於追求新的以及引人注目的議題。而且，他（她）們的作爲通常具有高度的政治考量。易言之，他（她）們以回應選區的需求爲要務，若非如此，其權位恐怕難保。由此角度觀之，官僚或許在政治上可以更爲前瞻。因爲，他（她）們的管轄權可能比民選的官員顯得更不穩定，雖然，官僚並不代表固定的選區，他（她）們所倚恃的是政府功能部門的持久性，但是，就美國聯邦政府的發展歷程觀之，公共組織的調整經常可見，計畫和機構的成立與裁撤已然司空見慣，此導致官僚必須成爲主動積極的企業家，致力於界定問題並謀求資源加以解決。換言之，官僚一如私人公司的企業家，必須努力開拓市場和尋找顧客，其結果將導致社會中未經代表的需求，不斷地被發掘出來，包括那些經常爲人所忽略的少數和居於劣勢者之權益，進而成立新的機關專門處理這些事務。誠如Goodsell所言：「官僚一如其他凡夫俗子也擁有矛盾的行爲動機，或許亦具有自利的傾向，但是其行政行爲卻不會以自利爲基礎。因爲，公部門的終極目的不在於追求利潤，而官僚在此社會化的過程中，培養出公共服務的專業精神，創造出不同於私人企業以利潤爲依歸的服務理念。事實上，公共行政乃是一種社會良知的所在，其對於苦難和未經察覺的問題，自有一種敏銳感」（Goodsell, 1990: 111）。

第三節　後現代主義色彩的公共利益論述

　　黑堡學者O. C. McSwite曾經爲文從後現代主義的角度，析論後現代主義對於思考公共利益的啓發，以下將扼要地引介其所做的分析。此外，黑堡宣言對於公共利益的主張，也與曾提及之Jean-Francois Lyotard的正義多元性（multiplicity of justice）之觀念不謀而合，以下亦將簡單地說明之。

一、反對絕對主義的霸權意識

　　黑堡宣言的理想—過程取向之公共利益界定途徑，蘊含著後現代主義的基本精神：反對霸權的意識型態，特別是針對任何宣稱享有優越地位的論述之反動（cf. McSwite, 1996: 219）。此種後現代主義的精神體現於：

1. 主張公共利益沒有絕對的標準，但只有一個原則就是，其具體內涵必須在政策利害關係人，擁有平等的表意機會之前提下參與界定之。

2. 該宣言又指出，理想—過程取向的模式，只是揭示一種理念，其本身不應該成爲一種絕對的標準。

3. 過程取向意味著，公共利益的具體內涵永遠是一個未定之數，其隨著參與者、時空系絡的變遷，可以不斷地更換其實質內容，因此沒有一種論述可以宣稱其爲最終的判準。

二、公共利益的界定過程是詮釋的詮釋

　　如本書稍前所述，Derrida認爲，對於社會的理解就如同對於文本的閱讀一樣，根據他對於語言的解構，文本的閱讀乃是詮釋的詮釋，因此，對於社會的研究也是詮釋的詮釋。所謂詮釋的詮釋之意義，就是意指文本並無中心或基礎的結構，其意義是自我指涉的（self-referential）性

質，而不是指向外在於它的事物，而讀者則是根據文本不斷進行詮釋而已（*cf.* Sarup, 1993: 33-34; McSwite, 1996: 211-212）。以此觀察黑堡宣言的公共利益界定途徑，可以發現二者的相通之處。

第一，黑堡一派的學者承認公共利益的模糊性，提出理想—過程的途徑，以解決公共利益之具體內涵，總是造成爭議的理論困境，此一旨趣與Derrida認為文本無中心結構的觀念相同（*cf.* Sarup, 1993）。換言之，公共利益究竟為何？理想—過程的模式並未提出解答，反之，前述途徑提供了詮釋的詮釋之空間。

第二，延續前項的看法，由於公共利益內涵的模糊性，因此，參與公共對話的政策利害關係人，得以在對話之中填充、詮釋所謂的公共利益之內涵，而且其內容可以不斷地翻新、修正。

第三，從Derrida所提出之自我指涉的概念觀之，黑堡觀點所建構的理想—過程取向的公共利益界定途徑，正蘊含著此種後現代主義的特質。因為，就認識論的角度而言，該途徑的重點不在於，建構一套關於公共利益之實質內涵的知識，而在於其本身所揭櫫的理想，即公正的參與和多元的對話。易言之，此一途徑的正當性，並非來自於它所指向的一個公共利益的實質意義，而是來自於該途徑本身的修辭（rhetoric）或敘事（narrative）（*cf.* McSwite, 1996: 211-212）。

三、理想—過程途徑與正義的多元性

後現代主義代表人物Lyotard提出正義的多元性（multiplicity of justice）之觀念，其意義為：語言產生於特定的系絡之中，每一個語言戲局（language game）當中都有其特定的規則，所以沒有所謂的普遍性法則，作為共通的評價標準，超越各個語言戲局的特殊系絡，以決定某一個語言戲局所產生之論述的優劣。是以，所有的論述都應該獲得表意的機會，此謂為正義的多元性（*cf.* Haber, 1994: 26-32）。上述的觀點，不啻

正是理想──過程取向的公共利益界定途徑所揭櫫的理念,可由以下的兩個面向窺其堂奧:

第一,該途徑主張各個政策利害關係人擁有平等的表意機會,意即,各種論述主張皆應該被保障其發言的地位不受排擠,亦即,沒有絕對的標準可以評價,任何關於公共利益的論述之優劣。

第二,透過公共對話(語言戲局)所形成的公共利益之具體內涵,乃是特定時空系絡的暫時性界定,其沒有永恆不變的特質,也沒有至高無上的優越地位,只有不斷地遭到修正、補充、乃至於推翻的可能性。

從前述二個角度觀之,理想──過程的公共利益界定途徑,明顯地與Lyotard所提出之正義的多元性之觀念,在觀念上頗有相仿之處。

結語:揉合現代與後現代觀點的公共利益論述

誠如本書稍前所言,公共行政必然以理性為基礎,但後現代主義卻可以扮演一種啟發的角色,對思維的僵固性造成衝擊,刺激吾人從不同的角度因應公共問題。本章的重點在於以黑堡觀點為例指出,其實一種關於公共利益的論述可以兼具現代和後現代二種思維。或有論者會認為此似為一種詭辯,但作者卻以為,與其說此為一種詭辯,不如說它是一種權變或者是務實。

為什麼不能在動態對話中產生「類似」基礎主義式的公共利益?從嚴格的哲學角度加以分辨,反基礎主義就是一種極端的詮釋的詮釋,所以在後現代主義的觀點下不可能會有基礎主義式的公益存在,因此作者提出所謂「類似」基礎主義的公共利益。為什麼期待公共對話能夠產生「類似」基礎主義的價值或公共利益?因為在實務上,公共政策或許正是此類產物,不管後現代主義如何地反諷它、現代主義如何稱頌它,公共政策往往在一段時間內(甚至是頗長的一段時間內)被人們認為是公共利益的具現,能夠維持多久不一定。它是不是就是一種基礎主義性質的價值?吾人

無法確定，但似乎可以將之保守地稱為「類似」基礎主義的狀態。是以，作者提出以下命題作為本章立論的結語：

1. 後現代的反基礎主義提醒吾人沒有一種價值可以超越特定系絡獲得永恆的權威地位，因此質疑當下公共利益之論述是確保不受宰制的一種妙方。

當我們的主觀認知或是客觀局勢改變時，公共政策就有修正的必要，而此種改變，應該透過對話加以揭露，此處所謂對話正與後現代論者主張的語言戲局有著異曲同工之妙。所以：

2. 以對話為本質的語言戲局所形成的公共利益論述，或將不致於淪為宰制者的工具。

然而，上述的命題要能獲得實現，還得有賴於：

3. 避免語言戲局流於宰制者的「完全」操控，正是公共行政所應肩負的責任，而公務倫理的內涵由此彰顯。

歸納而言，以上命題的最終目的就是：

使得民主自由的實現變得更具可能性。

第九章
全觀視野的公務倫理思維

本書結語、本章前言：結束正是開始

誠如本書稍前提及，各種道德哲學其實是可以兼容於公共行政與治理之中，在某些情況下，個體可以視具體情境進行裁量與採擇。在此理念之下，工具理性思維和實質理性思維其實不應偏廢一方，融合於公共治理。抑有進者，在後現代情境與後現代主義的衝擊下，公共行政的治理作為和道德倫理規範的內涵，或多或少也應有所調整，以適應當代時空背景與人心思維的特性，似乎也是解決某些公共問題應採取的態度和策略。

以實質理性為主軸的行政論述，源於對工具理性行政的批判，而此些反思指出了工具理性的視野窄化了公務倫理之內涵，不論在理論還是哲學層次。換言之，以實質理性為主軸的行政論述對於公務倫理的建構有所啓發，甚至可以說以實質理性為主軸的行政論述本身就充滿了倫理和規範色彩。然而，工具理性視野下的公務倫理自有其效用，對於確保行政目標之達成有相當的助益，亦即，它有限制但並非一無是處，從某種角度觀之，其甚至是利大於弊。職此之故，偏重一方之視野，必有其失。若從更為宏觀的層次思考，前述實質理性和工具理性之公務倫理思維皆屬現代主義之範疇，因此融入後現代的觀點，或更能夠為公務倫理帶來更為豐富的內涵，而且更能夠兼顧現實的需要，發展出一種較為周延、適切的公務倫理體系。作者認為，此種公務倫理體系所需要的是一種更為開放的心態以及更具彈性的作法，本書稱之為全觀視野的公務倫理。作者以為公共行政以及治理必然需要某種程度的理性，畢竟公共事務的運作需要基本的秩序和規則，只是後現代的思維可以促使我們反思現狀、檢討秩序和規則對於社會中某些群體的壓抑，此並不意味公共行政和治理可以完全拋棄秩序和規則，否則何需探討公務倫理？

於此先行扼要界定全觀視野的公務倫理之意涵。所謂全觀視野可以分為狹義與廣義兩種意涵。狹義的全觀視野意指，公務倫理不應偏執於工具理性或實質理性，亦即主張公務倫理應兼顧工具理性以及實質理性。至

於廣義的全觀視野則是融入後現代主義對於他異性的重視、對於全稱法則的省思之精神,作者提出以下公務倫理應採取的各種視野:1.倫理的目的在於確保目標的正當性以及手段的適當性;2.倫理的實務兼顧內省途徑以及外控途徑;3.倫理的觀照層面結合微觀—個體行動與宏觀—整體系絡;4.倫理的知識包容價值辯證以及科學技術。

　　事實上,以上四種視野,乃是本書寫作的涵蓋層面。全觀視野的公務倫理思維,並不意謂要建立一套單一法典或是一套實務制度以容納各種考量,因為如此一來顯然與本書希望參酌後現代思維、邁向更符合時代需求的倫理行政之訴求相違背。亦即,全觀視野的公務倫理思維之重點在於指出,公務倫理的理論與實務不應偏廢於單一視野。也就是意謂,公務倫理體系的建構必須以更為開放的胸襟採取多元的觀點,進行設計和安排。作者以為,教育和訓練途徑不但較適於實質理性取向之公務倫理的培養,若能以更為開放的胸襟設計教育和訓練內容,將既存的意識型態作為辯證和反思的標的,其便具有某種後現代的開放特性。而法規制度的設計雖是建構工具理性之公務倫理的主要場域,但也可以融入後現代的開放思維,例如在政策運作的實務中加入公民實質參與的機制,以對話作為民眾參與政策的本質,甚至讓民眾主導政策方案的規劃,將之視為達成倫理行政的一種必要途徑。總之,一個社會的公務倫理體系,應該透過教育訓練體系孕育公共行政人員的開放胸襟,並且以法規制度提昇公共行政實務作為的包容性,調和實質和工具理性、兼容現代和後現代不同視野的差距,臻於彼此互補、相互增益的境界。

　　以下將闡述本書所主張之全觀視野之下公務倫理的建構取向。

第一節　倫理的目的在於確保目標的正當性以及手段的適當性

　　在工具理性行政的觀點下，公共行政乃是達成政治目標的手段，而其追求的價值主要就是效率，故公務倫理的建構取向亦以確保效率之達成為目的。然而在以實質理性為主軸的行政論述中，公共行政應關注政策目標是否符合公共利益、正義、社會公正等價值。本書所主張的全觀視野，則是以為公共行政應同時兼顧實質理性與工具理性，在考慮手段的效率性時不應漠視目標的正當性。故而公務倫理的目的應是在於為公共行政預立一種警示機制，避免目標錯置（goal displacement）──誤將手段視為目標的情形發生。抑有進者，當我們在省思目標的正當性時，不能只從「多數」的角度思考一項政策的正當性，而應該考慮少數或者是弱勢在此過程中是否遭到壓抑？換言之，重視弱勢利益的社會公正價值，應是檢視公共行政目標之正當性的重要標準。是以在此視野下，公務倫理的內涵與機制應該要能夠包含：

1. **目標的反省**：思考政策目標及行政行為的結果是否符合民主政治的價值──公共利益、正義；以及思考公共政策是否以犧牲少數或弱勢利益為代價？或者更應考慮積極地維護弱勢或少數利益，不只是講求平等，更以實現社會公正為核心價值。此種不以多數利益為唯一思考的政策運作倫理，乃是融合了現代實質理性與後現代重視差異的正義。

2. **手段的反省**：思考達成政策的各種手段是否過當？各種手段是否違背政策目標甚而違背民主政治的價值？此又稱為程序的正義。

　　以上二種內涵，必然包含了工具理性所強調的工具價值：依法行政、政治中立、忠誠執行政策、服從命令。但同時它更著重於政策目標之正當性的堅持，而且目標之正當性不以多數原則為基礎，所以蘊含著後現代對於他異性的強調之精神。易言之，一方面主張，如果政策目標缺乏正

當性的基礎，也就是政策目標根本違背民主政治的基本價值的話，達成政策之手段具有多高的效率也是徒然；另一方面，主張公共政策實現多數利益時必須考慮對少數或弱勢者可能形成的壓抑作用。今日此種視野不盡是一種「理想」，其已見諸於實務，至於實踐的效果是否能夠符合預期的目的，則有賴於參與者的決心。舉例言之，我國現行的「行政程序法」其實就一種強化政策正當性的機制，其立法目的就在於讓政策利害關係人能夠在政策制訂之前有機會參與政策諮商、表達意見。此類型的法制不啻為一種蘊含倫理的機制，而理想的境界是，參與者（包含政府代表）可以在政策諮商的過程中彼此相互理解並充分瞭解政策方案的利弊得失，然後政府基於「尊重」諮商的結果且更要設法避免參與過程流於民粹，將諮商結果制訂成政策並予貫徹落實。所以，此處所闡述價值包括了所謂實質正義和程序正義。至於此二種價值的意涵進一步析論如下：

一、實質正義：做對的事（a doing of the right things）

何謂做對的事？用政治學的詞彙，對的事就是正義。然而何謂正義？現代主義與後現代主義確有不同的理解。概括言之，現代主義的正義界定於化異求同的基礎上，總是在追求一套全稱法則，冀求該原則能夠在各種情境中適用，作為行動的共通標準。然而，後現代主義卻在「彰顯異質」的基礎上主張正義。現代主義的正義論述，對公共生活的必要性當然不容質疑，但後現代主義的正義觀點，卻也值得參考。誠如後現代主義論者李歐塔所言，關於社會的知識並非產生自共識或同質性之中，而是源於歧識（dissent），由質疑主導典範（dominant paradigm）進而創造新典範此一連串過程而產生。他指出：「共識的確施暴於語言戲局的異質性。而創新總是從異議中產生。後現代知識不單純是權威的工具；其增進我們對差異性的敏感程度而且強化了我們忍受不可共量之事物的能力」（Lyotard, 1984 cited by 朱元鴻等譯，1994：210）。對於李歐塔此一後現代理論家而言，尊重差異、傾聽異議（to recognize the voice of the other），才是一種正義的展現。他從解構啟蒙運動之後的主流論述對於

不同於理性主義之思想（即非西方白人種族的文化族群之價值）所施展的壓抑和排擠為起點，省思了包括自由主義的現代政治敘事對於他異性的漠視。因而主張各種的觀點必須平等而且能夠自由表達，沒有任何的意見可以宣稱其擁有高於他者的權威而唯我獨尊。從而，李歐塔的理論似乎提供了被迫順服於社會之中宰制意見之標準而言談、行動的人們一條解放的道路（Haber, 1994: 14）。

雖然後現代主義的激進解放路線不一定與公共生活必要的秩序和規則完全相容，但是當我們在思考公共行政所欲追求的價值和公共政策所要達成的目標時，卻可以參酌後現代主義將尊重差異視為正義之體現的精神，反思當下追求之價值的正當性。而如何讓行政與政策更能尊重差異？本書作者認為，真誠的對話是一種起點。換言之，避免以求同為基礎而是以彼此理解為重點的對話，或能益於公共決策獲得以尊重差異為前提的共識。誠如行政學者杜得力（Larkin Dudley）指出：「公共領域（public domain）是構成社會和政治的先決條件，其使得社會可能創造某些同意，讓社會生活得以持續並獲得發展……基於此一假定，美國社會能夠進行對話，以決定政府的角色。而〔關於〕政府的代表性之觀念，如果〔我們〕認真予以分析的話，正當性必然在其中被建構和維繫」（Dudley, 1996: 77）。言下之意，杜得力認為，公共行政的各種作為必須以正當性為基礎，其正當性的來源可以在治理的動態過程中予以觀察。更重要的是，對話是讓各種多元意見表達的基礎，充分的對話才有可能讓差異呈現，增進彼此理解，因此達成的公共決策，應是頗具後現代重視差異的精神，讓政策更具正當性。

二、程序正義：把事情做對（things are done right）

政府施政而影響民眾的權益或對人民課以義務，皆必須依循法律的程序為之，而且這些法律都根據憲法中對於人民自由權利之保障原則所制訂，乃是當代所有自由民主社會的基本政治原則，在憲政主義的觀念下，

此稱爲「法律的正當程序」（due process of law）。換言之，政府固然有權以捍衛公益爲名，影響人民的權益，但在程序上仍必須依憲法和法律爲之。公共行政維持其正當性的基礎之一便在於：以適當的方法達成適當的目的（March & Olsen, 1989: 49）。此一觀念意味著，公共行政的正當性亦來自於其確保決策的實行乃是根據法定程序的方針（procedural guideline）爲之，簡言之就是『把事情做對』」（cf. Dudley, 1996: 77）。而爲了確保公共行政把事情做對，則需要從兩個公務倫理角度的思考：一爲課責（accountability），一爲效果（effects）（cf. Dudley, 1996: 79）。課責的意義是，確保行政的作爲符合程序正義，避免因爲施政不擇手段，對民眾造成傷害。至於，重視效果的意義則在於，防止行政作爲的結果違背政策目標。

第二節　倫理的實務兼顧內省途徑以及外控途徑

在工具理性的視野下，公共行政被認爲無異於企業或組織管理（即管理主義），而其內涵主要就是「控制」，再加上科學主義的推波助瀾，公務倫理的建構取向之一便是著重外控途徑甚於內省途徑。事實上，外控途徑有其優點亦有其限制，其限制就在於法令規章有時而窮，且行政人員缺乏自律精神時，法令規章將徒具形式。然而一味重視內省途徑也可能難收立竿見影之效。問題就在於，內省和外控二種途徑的各自支持者，通常都陷入對立的態度，使得二種途徑形成對立或互斥的狀態。支持內省途徑的陣營認爲法律、規則、懲戒以及層級節制等效果有限；反之支持外控途徑的陣營則是將公共行政人員視爲機器人一般，認爲他（她）們的內省和自律能力毫無作用、並不可靠（Cooper, 2006: 150-151）。

不過，本書作者卻認爲，公務倫理的建構取向應採取兼顧內省途徑以及外控途徑的視野，一方面以內省途徑彌補外控途徑之不足，另一方面則

以外控途徑強化立竿見影之效。誠如公務倫理的權威學者庫伯（Terry L. Cooper）所言：「行政人員在公共組織中的眞實際遇迫使我們必須超越二分法的立場，眞正的議題應在於將兩種（內省與外控）途徑進行最佳的整合於一種設計之中，在時間、精力、與人性的各種條件限制之下，促成最有責任感的作爲」（Cooper, 2006: 151）。

一、以內省途徑補充外控途徑之不足

　　主張內省途徑的先驅學者傅立德（Carl J. Friedrich）認爲，個人的心理因素可以對客觀的法規責任產生補強作用，其論述成爲當代內省途徑的先驅（Friedrich, 1935: 38）。而以實質理性爲主軸的行政論述，例如新公共行政就傾向於支持傅立德所主張的內省途徑（Cooper, 2006: 151）。所謂公務倫理的內省途徑意指，藉由誘發公共行政人員內心良知之途徑，例如透過道德觀念的養成教育或是內在修爲（interior discipline）的途徑，建立公共行政人員對於負責任之行動的意識和認知，進而促使公共行政人員「自我約束」，避免做出逾越倫理或違背道德、法律的行動。以下將引介傅立德的諸多觀點以及庫伯對其觀點的分析。

　　傅立德認爲外控途徑並不能達到完全的效果，內省途徑則有彌補其不足之處的作用。他以政治與行政無法截然二分爲出發點，指出政治對行政的課責[1]並不能充分地確保負責任的行政作爲（Friedrich, 1972）。而主張外控途徑的先驅費能（Carl J. Finer）（1941）則是認爲，諸如教育、對民意的敏銳感等內省途徑，對於法律的懲戒制度具有「補充」作用（Cooper, 2006: 155）。現代社會中公共行政人員經常涉入政策制訂，並且當代政府活動的複雜性使得選舉產生的官員無法監督行政人員的全部行動。行政人員和政客甚至無法充分溝通，藉由政策共識以維繫課責

---

[1]　意即政治部門對行政的監督，所謂政治部門包括立法機關以及位居官僚體制上層之民選行政首長與政務官，透過立法和設定規則的途徑，也就是外控途徑，期使行政人員的行爲合於倫理的標準。此也是威爾遜以降，主張政治與行政分離論的基調之一。

（Cooper, 2006: 173）。因此，傅立德進一步提出問題指出：是否有任何可能的機制可以讓行政人員爲其裁量權的行使負起更多的責任？對此，他的解答是：在考慮外在制度性的保全措施之前，應先正視那些能夠促使行政人員採取負責任之作爲的心理條件（Friedrich, 1935: 320）。

職此之故，傅立德認爲，行政責任等同於公共行政人員對於兩個主要因素之回應：「技術知識」與「民眾感受」。對傅立德而言，此處所謂回應是人們行動的內在態度或意向，故而雖然「技術知識」與「民眾感受」是外在於個人的因素，但此處他所欲強調的是，技術知識的內化（internalization of technical knowledge）以及對於民眾感受之積極的敏銳感（positive sensitivity）（Cooper, 2006: 173）。首先，傅立德將技術知識視爲一種能夠對公共行政人員施以課責的「標準」，換言之，對於專業知識的堅持就是一種行政責任的展現，而且唯有專業同行可以依據科學的知識進行評估（Friedrich, 1935: 321-322）。一般又稱此爲專業責任（professional responsibility）或專業倫理，也就是專業社群所公認之關於從事其專業活動所應履行之責任和倫理原則。舉例言之，醫師不得因爲病人身分而拒絕施行緊急醫療，例如急診室的醫師不得拒絕救助警察送來之身繫重案的嫌犯。此種專業責任或專業倫理的訂定以及執業行爲得當與否的判斷，皆需由專業社群的成員亦即「同行」決定，例如醫師公會即屬專業社群。相同地，公共行政人員若爲一種專業人員，他（她）們也受到專業責任或專業倫理的約束，其行爲是否合乎專業責任或專業倫理乃是由專業社群判斷，例如政府會計部門之人員是公共行政人員同時亦身爲會計專業社群的一分子，其將受到會計專業社群所公認的專業責任與專業倫理之約束。其次，傅立德所提出的第二種行政責任爲對於民眾感受的敏銳感。他指出民主社會中民眾與政府自由溝通原本就是常態，但立法的延宕使得民眾與公共行政人員的直接互動變得更加頻繁，民眾希望行政人員能夠回應他（她）們的偏好和需求之期待也愈來愈高（Cooper, 2006: 175）。職此之故，並不是只有選舉產生的官員才需要回應民眾的需求，

公共行政人員也被要求必須採取符合社會期待的行動，公共行政人員對於民眾感受的責任感，就是一種內省的倫理途徑。

　　歸納言之，二種行政責任雖然起源於外（一者來自專業社群，一者來自民眾），但是它們都是內化之後的產物，亦即二種責任對於行政作為的導引作用是源自於行政人員對於專業或回應民眾的價值和信念（Cooper, 2006: 175）。例如公共行政人員身為專業人員，其所受的科學知識早已內化成為從事專業活動的「內在態度」。或是，公共行政人員認為回應民眾的需求是一種使命，而不是因為法令的要求。所以，二者在本質上全然不同於依照外部制度規約行事。

　　公務倫理的內省途徑之運用主要應是經由教育和訓練為之，其目的在於形塑和啟發公共行政人員對於道德標準和倫理行動的認同感，功能則在於培養公共行政人員做出自發性的倫理行動而不在產生控制行為的強制力。易言之，內省途徑希望從內在認知的層次上讓公共行政人員相信做出負責任（不違反法令乃至於合乎更高道德標準）的行為是自己應為而且必須實踐的作為；而外控途徑則是讓公共行政人員對於做出不負責任（違反法令）之行為可能產生的後果——即必須遭受的懲罰——感到畏懼，因此不得不採取合乎倫理的行動。然而，一方面法令規章有時而窮，無法在制訂時就預知所有可能的情況而加以規範；另一方面，當行政人員缺乏自律精神時，因為法令規章送有漏洞或是執法不嚴，則法令規章將徒具形式。故而內省途徑應有彌補外控途徑之效。

二、以外控途徑收立竿見影之效

　　相對於內省途徑，外控途徑強調法律和制度施加於公共行政人員身上的客觀責任，誠如學者卡爾‧費能（1936）主張被治者唯有透過法律和制度的控制措施，才能促使公共行政人員做出負責任的作為。其主要原因在於，外控途徑具備強制和懲戒的力量，故而可收立竿見影之效。在前一章，已經說明外控途徑的基本內涵，此處不再贅言，以下著重於闡述外控

途徑的必要性，將引介費能的諸多觀點以及庫伯對其觀點的分析。

庫伯指出，費能之所以認為公務倫理的外控途徑是實踐民主政治的憑藉，其原因可從如下三項命題一窺堂奧（Cooper, 2006: 154-155）：

1. 當家作主的公眾需要政客與公務人員都致力於滿足其需求，而非政客與公務人員所以為的公眾需求；

2. 此種當家作主的落實，需要處於中心地位的選舉機制所發展出來的各種制度做為保障；

3. 當家作主的公眾不僅要具備向政府表達需求的能力，也要具備促使政府確實遵守其需求的權力。

上述三項命題指涉如後意義：民主政治的實踐必須以法律制度也就是公務倫理的外控途徑做為保障機制。

根據費能的觀點，負責任的行政人員必須臣服於由法律制度所展現的外部政治控制，而僅憑行政人員的良知或對責任的主觀道德意識，總是導致權力的濫用。是以費能認為，缺乏外部的懲戒控制，公務人員將無可避免地會怠惰、瀆職和濫權（Finer, 1941: 329）。換言之，費能強調內省途徑的作用僅止於補充性質。因為，所有這些內省途徑的問題在於，它們的效果僅限於對政府官員行使裁量權時的勸導功能，卻不具任何的強制權和控制力（Finer, 1941: 343）。因此，在費能眼中，內省途徑僅具補充作用，而不應扮演公務倫理的主要角色。職此之故，根據費能的見解，首要之務就是要透過法律責任的機制增進對於公共行政人員的立法控制。而且，還應該藉由層級節制的結構將機構內部的紀律做更為有效的運用，並對如後幾種工具予以更多的關注：職業生涯的前景、加薪、升遷、榮譽、退休給付等（Cooper, 2006: 155）。

總之，費能對於以內省途徑導引公共行政人員運用裁量權有著高度

疑慮，於是他主張以外控途徑箝制裁量權。所以，費能重新肯定韋伯對於官僚體制的論述。費能依循著Weber的看法，主張行政人員應該服從擁有正當權力的上級主管，而所謂行政責任則是包含著行政人員對公眾需求進行實質判斷的限制，亦即行政人員無權判斷政策（政治）目標。行政人員僅能處理如何更為有效率地提供政客所決定之公共服務的工具性判斷。據此，費能強調行政裁量權必須限縮在一定範疇之內，並且唯有外控途徑可以有效約束裁量權的行使（Cooper, 2006: 156）。

作者以為，費能對於公共行政人員的高度不信任，頗有商榷餘地。然而，他對於外控途徑的探討，至少彰顯了完全倚恃內省途徑實不可行。由於外控途徑具備強制力和懲戒性，相對於內省途徑較能有效約束和導引行政行為，而具有立竿見影之效，其乃是確保民主實踐與民眾權益的保障機制。

第三節 倫理的觀照層面整合微觀的個體行動與 宏觀的整體系絡

在工具理性行政的視野下，非人化的人性論將解決倫理問題的重心置於制度結構之上，反之原子論的個人主義則是假定公務倫理的焦點應在公共行政人員的個體身上。以上兩種觀點皆有所偏，作者認為應採一種折衷或整合的視野，將人觀點假定為：個體行動必受整體系絡制約，但個體行動也可能改變整體系絡。此即學者哈蒙所稱之主動—社會的自我的人性論（Harmon, 1981: 40-42）。黑堡宣言所主張的施為觀點（Wamsley, 1990b: 20-22; Wamsley *et al.*, 1990: 36-39）便採取此一視野。

黑堡宣言的首席作者萬斯來剖析該宣言所主張之施為觀點的意涵，正可為本書此處的觀點做一補充。他認為，施為觀點的源頭之一是社會學

者紀登斯提出的結構化理論（structuration theory）（Wamsley, 1990c: 124-125）。紀登斯主張，行動者必然受社會結構的約束，但他（她）也有能力衝撞社會結構、改變現狀（to make a difference）（Giddens, 1979: 14）。其次，施為觀點也受到政治學者艾莫加（E. M. Immergut）提倡的歷史制度論（historical institutionalism）所啓發（Wamsley, 1990b: 19）。艾莫加為了修正傳統結構主義過度重視結構因素卻忽視個體的缺失，因而強調個體的理念與行動在政治過程中的積極角色，同時他又主張對於個體行動的理解必須置於歷史的系絡之中（Immergut, 1998）。

　　不論是社會學中的結構化理論，還是政治學的歷史制度論，亦或是行政學中的黑堡宣言，以及哈蒙提倡之行動理論中的人性論—主動—社會的自我，都是試圖整合個體行動與整體系絡的觀點，對於公務倫理的建構頗具啓發意義。換言之，不論是整體（組織、社群、乃至社會國家）系絡還是行政人員個體，都是建構公務倫理時必須考量的重要部分，缺一不可（Denhardt, 1988: 3）。

　　其次，根據後現代主義論者的看法，局部策略乃是瞭解行動的重要途徑。從此一角度觀之，在某些時候和系絡下，對於微觀層次的關注是探究公務倫理非常重要的一環。例如後現代主義論者傅柯眼裡的權力是多樣的、散布於不同的場合，換言之，傅柯主張權力乃是無所不在，而且形式並不固定（Haber, 1994: 81-82; cf. Nicolson, 1992: 86）。因此，傅柯對權力進行研究時，並未將之置於總體敘事性質的政治學或社會學之中加以探討，而是以一種反傳統的離心化觀點，從醫院、監獄等政治學者鮮少關注的場域，從事分析與解構的工作。所以，對傅柯而言，權力不再是一個政治學或社會學的概念，而是在人類的日常生活之中一種散佈性的、無中心的實務，它不是一種透過廣博理論能夠完全掌握和普遍思考的課題，惟有採取局部策略，針對具體問題加以探討始能正確地釐清（楊大春，1995：107-108）。以傅柯觀察，權力不是一種靜態的概念，而是在行

動中被製造出來，它是一種「關係的勢力」（force of relation）（毛榮富，1992：172-173）。

後現代主義論者李歐塔也對於具體而微的行動系絡關注頗多。李歐塔提出一種異教論（paganism）的政治策略（Haber, 1994：15-26），他以語言的多元性為基礎主張各種局部行動乃是多樣性的語言戲局，如果我們總是採取總體性或者通則性的觀點去忽視各種語言戲局的多樣性時，就會形成壓抑以及霸權宰制，因此他認為他異性才是社會的真貌。換言之，李歐塔認為，不可能在語言戲局的異質性之間存在著超然的規則，任何的敘事皆屬特定系絡的產物，他稱此種特定系絡的敘事為「異教的訓示」（pagan instructions）並主張以之取代傳統的規則，意指：沒有放諸四海而皆準的律則，因為此種全稱法則代表著忽視差異並對他異性造成恐怖壓抑，任何的「規則」只能局部性地適用於既定的實務系絡（pragmatic context）之中，而其所產生的訓示效用亦限於此一特定系絡。

一如前述，姑且不論傅柯還是李歐塔的後現代主義是否適用於秩序為必要基礎的公共生活，但是他們對於局部行動的重視對於公務倫理的理解確有其啟發。易言之，套用傅柯和李歐塔的思考方式，道德倫理也應該經常是在具體行動中產生出來的相互關係和特定系絡的敘事，所以對於公務倫理的完整理解，除了宏觀層次的制度法規、社會文化、道德意識探討之外，遍佈於社會、組織各種場域之具體而微的人際互動關係，也是倫理產生作用的所在或根本就是產出倫理的源頭。

第四節　倫理的知識建構應包容價值辯證與科學實證二種途徑

在工具理性的視野下，行政知識以科學化為努力目標，因而公務倫理的知識研究也漸次朝科學化發展，同時在管理主義的影響下著重實用性。

科學化與實用性確實對於公務倫理的實務有極大助益，而從知識建構的角度，實證研究也有助於釐清事實層面的公務倫理課題，只不過本書的立場是主張除了實證途徑之外，任何有益於充實和豐富公務倫理知識內涵的其他途徑，亦不可偏廢。職此之故，在研究課題方面，例如價值辯證，當屬公務倫理重要的層面，不應漠視之；在研究方法的選擇方面，除了量化（如問卷調查或實驗）和質化（如訪談或田野調查）的實證方法外，其他如歷史研究、結構主義、甚至後現代主義的觀點，都不應被排擠於公務倫理的研究途徑之外。

哈伯瑪斯曾指出社會研究的可以歸納有三種知識途徑：科學的經驗分析途徑、歷史的釋義（詮釋）途徑、批判的反思途徑，其分別對應三種目的：預測和控制、理解、解放（Blaikie, 1993: 52-53）。對於公務倫理的知識建構而言，哈伯瑪斯所做的歸納實可作為一種參考架構，提醒論者採取多元途徑將有助於獲得更為完整的公務倫理知識。作者以為以上三種途徑對於公務倫理知識研究可以產生如下功能：

1. 科學的經驗分析途徑所獲得的知識有助於建構更為精確的公務倫理外控機制。

2. 歷史的釋義（詮釋）途徑所獲得的知識有助於發展更富同理心的公務倫理論述，進而影響政策內涵。

3. 批判的反思途徑所獲得的知識有助於發現既存制度和現行政策的不合理性或不正當性，進而阻卻不當的制度與政策。

最後，作者欲補充另一知識途徑，即「後現代主義的解構策略」，可資作為對科學主義反思的參考。例如傅柯認為，人類所建構的科學根本不是科學所宣稱之真實的陳述，而是人類主觀希望而且能夠知識的範圍。而且傅柯認為，將科學奉為至高無上獨一無二的真理陳述，其實亦不過是一種迷思（myth），此所造成的後果是對於另類聲音（voice of otherness），的高度鎮壓措施（subjugation），是以科學知識所展現的並非真理的陳述卻是權力作用（毛榮富，1992：170-171；楊大春，1995：51；Smart, 1986; Haber, 1994: 90）。

　　李歐塔對原始時代的知識與現代的科學知識進行比較分析後發現，現代科學知識與原始時代的知識相同，現代科學其實是一種貫徹其在現代文化中權威地位與合法性的敘事（narrative），儘管現代科學的途徑方法與原始知識大相逕庭，但二者的作用卻十分神似。所謂敘事意指「故事的敘述」（story telling），李歐塔指出原始知識以敘事的形式呈現，其功能在於傳遞文化，促使當時的文化在不同的情境中反覆取得合法的地位，科學在現代也擔負著相同的功能（鄭祥福，1995：58-61；Haber, 1994）。申言之，科學一方面亟欲制止與消除原始敘事的合法性（即理性對抗非理性的信仰或迷思，此稱爲解除魔咒，disenchantment），俾以傳遞「現代」文化，但是另一方面科學自己卻又依賴類似於原始時代的知識形式──後設敘事（meta narratives）以獲得合法性[2]。職此之故，李歐塔與傅柯的看法如出一轍，他認爲科學並不是一種關於眞實的知識（knowledge of truth）（Lyotard, 1984 cited by 朱元鴻等譯，1994：210）。

　　李歐塔又從資本主義的邏輯剖析科學知識，從而發展出一種後現代主義式的認識論。其指出，外部合法性的取得過程，充滿了資本主義的色彩。就高度發展的工業文明社會而言，科技已經被證明爲一種極爲有用的工具，因爲科技的長足進展，使人類更加對於科學深信不疑。但李歐塔指出，作爲科學研究之實際成效的科技，其實是一種從科學訊息接收者獲得一致意見的產品，而不是或不僅僅是眞理的發現（鄭祥福，1995：67）。舉例言之，電子計算機的發明，並不意謂著創造「運算能力」，

2　後現代論者用後設敘事一詞稱呼哲學。科學背後仍有形而上的科學哲學作爲支撐，甚至這些科學哲學是某種信條，可用以增強科學社群成員的認同。

人類本來就具備運算能力。那麼，科技代表什麼？李歐塔指出，科技意謂「效率」，是投入產出的方程式，因此，科學研究的目的因為資本主義的作用不再是真理的發現，而是生產力的提昇。抑而進者，李歐塔以笛卡兒的《方法論》（1637；仰哲編譯，1982）中對實驗基金的申請為例，說明了技術設備在提供證據的過程中的命題作用，指出—「沒有錢，就沒有證據，沒有證據也就無法證實，也就沒有所謂的『真理』」（鄭祥福，1995：66）。

　　後現代主義對於現代科學的解構或許過激，但是其所做之批判可以提醒我們，公務倫理的知識建構途徑其實可以有多元的選擇。不論是現代主義論者如哈伯瑪斯抑或後現代主義論者傅柯、李歐塔，他們對於現代科學的批判，皆有助於人們思考：公務倫理的知識建構可以採取更為寬廣的路線和眼光，科學實證與價值辯證二種途徑其實都有助於公務倫理知識的發展，不一定要相互排擠。

參考文獻

【中文部分】

工商時報，200/10/12，〈史蒂格利茲砲轟布希減稅政策〉。取自：http://ec. chinatimes.com.tw/scripts/chinatimes/iscstext.exe?DB=ChinaTimes&Function=ListDoc&From=4&Single=1。檢索日期：2012年1月22日。

天下編輯部，1993，《變形蟲組織》，台北：天下。

天下雜誌，1994年11月，〈政府再造特刊〉，116-168頁。

毛榮富，1991，〈傅柯〉，《當代西方思想先河》（葉啓政編），台北：正中書局。

王又如譯，1995，《西方心靈的激情》（R. Tarnas著），台北：正中。

王汶成，2010，〈文本基礎主義：回到文學研究的人文指向〉，《中國社會科學報》。取自：http://www.literature.org.cn/Article.aspx?id=65876。檢索日期：2012年1月18日。

仰哲出版社西洋哲學編譯小組譯，1982，《西歐理性論哲學資料選輯》（R. Descartes等著），台北：仰哲。

仰哲出版社西洋哲學編譯小組譯，1984，《英國經驗論哲學資料選輯》（F. Bacon等著），台北：仰哲。

任宏傑，2005，〈後現代哲學中的基礎主義傾向〉。取自：http://devilred.pixnet.net/blog/post/6661501-%E5%BE%8C%E7%8F%BE%E4%BB%A3%E7%BE%A9%E5%93%B2%E5%AD%B8%E4%B8%AD%E7%9A%84%E5%8F%8D%E5%9F%BA%E7%A4%8E%E4%B8%BB%E7%BE%A9%E5%82%BE%E5%90%91。檢索日期：2011年12月26日。

朱元鴻、馬彥彬、方孝鼎、張崇熙、李世明譯，1994，《後現代理論：批判的質疑》（S. Best與D. Kellner著），台北：巨流。

江岷欽、林鍾沂，1995，《公共組織論》，新北：國立空中大學。

余致力，2000，〈論公共行政在民主治理過程中的正當角色：黑堡宣言的內涵、定位與啓示〉，《公共行政學報》，第4期，1-2頁。

余致力，2001，〈民意與政策分析〉，《政策分析》，新北：國立空中大學，85-112頁。

吳秀光、許立一，2008，《公共治理》，新北：國立空中大學。

吳定、張潤書、陳德禹、賴維堯、許立一，2007，《行政學（上）》（修訂再版），新北：國立空中大學。

吳定、張潤書、陳德禹、賴維堯、許立一，2007，《行政學（下）》（修訂再版），新北：國立空中大學。

吳瓊恩，2005，《行政學的範圍與方法》（2版），台北：五南。

李英明，1986，《哈伯馬斯》，台北：東大。

李茂興、李慕華、林宗鴻譯，1992，《組織行為》（S. P. Robbins著），台北：揚智文化。

李謁政，1999，〈建構社區美學：邁向台灣集體記憶之空間美學〉，文建會主辦「1999社區美學研討會」宣讀之論文，地點：台北。

沈清松，1993，〈從現代到後現代〉，《哲學雜誌》，第4期，4-25頁。

周功和，2004，〈Plantinga的知識論應用在詮釋學〉，「華神教師研討會」宣讀之論文。取自：http://wwwlibe.ces.org.tw/library/thesis/Articles/%E5%91%A8%E5%8A%9F%E5%92%8C_Plantinga%E7%9A%84%E7%9F%A5%E8%AD%98%E6%87%89%E7%94%A8%E5%9C%A8%E8%A9%AE%E9%87%8B%E5%AD%B8.pdf。檢索日期：2012年1月10日。

周伯戡譯，1983，《社會思想的冠冕：韋伯》（D. G. MacRae著），台北：時報文化。

尚衡譯，1992，《性意識史-第一卷：導論》（M. Foucault著），台北：桂冠。

林春明，1993，〈後結構主義與差異哲學〉，《哲學雜誌》，第4期，42-49頁。

林鍾沂，1994，《政策分析的理論與實踐》，台北：瑞興書局。

林鍾沂，2001，《行政學》，台北：三民書局。

林鎮國，2006，〈龍樹《迴諍論》與基礎主義知識論的批判〉，《國立政治大學哲學學報》，第16期，163-196頁。

侯景芳，1994，〈公務人員行政中立法草案簡介〉，《人事月刊》，第19卷，第6期，60-65頁。

姜雪影、朱家一譯，2010，《失控的未來：揭開全球中產階級被淘空的真相》（J. E. Stiglitz著），台北：天下遠見。

施能傑，1999，〈政府的績效管理改革〉，《公共管理論文精選I》（R. T. Golembiewski、孫本初與江岷欽編），107-127頁，台北：元照。

洪佩郁、藺青譯，1994，《交往行動理論》（J. Habermas著），重慶：重慶。

唐力權，1993，〈權力、意志與詮釋：尼采的透視主義與後現代思想〉，《哲學雜誌》，第4期，26-41頁。

唐小兵譯，1993，《後現代主義與文化理論》（F. Jameson著），台北：合志文化。

孫本初，1999，〈前言〉，《公共管理論文精選I》（R. T. Golembiewski、孫本初與江岷欽編），3-32頁，台北：元照。

徐崇溫，1994，《結構主義與後結構主義》，台北：結構群。

張世杰、黃新福、許世雨、倪達仁、張瓊玲、陳愷譯，1994，《公共組織理論》（R. Denhardt著），台北：五南。

張國清，1995，《羅逖》，台北：生智文化。

張潤書，1998，《行政學》，台北：三民。

許玉雯譯，2003，《當企業購併國家：全球資本主義與民主之死》（N. Hertz著），台北：經濟新潮社。

許立一，1999，〈後現代主義與公共行政：理論與實務的反思〉，《行政暨政策學

報》，第1期，219-265頁。

許立一，2002，〈新公共管理的反思：以黑堡觀點為基礎〉，《公共行政學報》，第6期，29-65頁。

許立一，2003，〈行政中立之審視：概念意涵的重新界定（上）〉，《空大學訊》，第316期，103-108、頁。

許立一，2003，〈行政中立之審視：概念意涵的重新界定（下）〉，《空大學訊》，第317期，69-75頁。

許立一，2004，〈公共行政的社會公正與公共對話理念之研究〉，《空大行政學報》，第14期，47-80頁。

許立一，2005，〈地方公務人力發展的倫理課題：第一線行政人員應採取的角色與作為〉，《人事月刊》，第41卷，第2期，27-37頁。

許立一，2007，〈公共服務面向〉，《行政學（上）》（吳定、張潤書、陳德禹、賴維堯、許立一合著）（修訂再版）。新北：國立空中大學，281-307頁。

許立一，2008a，〈實質公民參與：台灣政治後現代性危機的解決途徑？〉，《人文社會學報》，133-158頁。

許立一，2008b，〈公共治理主流模式的反思：以傅柯對治理意識的解構為途徑〉，《空大行政學報》，第19期，1-40頁。

許立一，2008c，〈公民治理：理論的探索以及澳洲、美國、愛爾蘭的實踐經驗〉，《競爭力評論》，第12期，83-121頁。

許立一，2009，〈公務倫理思維及其實踐行動的再思考：從人性假定出發〉，《文官制度》，第1期，77-96頁。

許立一，2011，〈從形式參與邁向實質參與的公共治理：哲學與理論的分析〉，《行政暨政策學報》，第52期，39-85頁。

許立一、梁美慧、李沛慶，2011，〈政府策略規劃與公共價值創造的理論建構：金門縣古蹟維護政策的啟發〉，《空大行政學報》，22期，57-92頁。

許立一、許立倫、夏道維、韋柏宏譯，2000，《後現代組織》（W. Bergquist著），台北：地景。

許立一、許立倫、夏道維、韋柏宏譯，2001，《鉅觀變局》（S. Crook、J. Pakulski與M. Waters著），台北：地景。

許南雄，1994，〈政務官與事務官的體制〉，《中國行政》，54期，1-13頁。

許濱松，1988，〈如何建立公共行政人員中立體制-從外國制度談起化〉，《人事月刊》，第7卷，第5期，頁4-13。

許濱松，1994，〈英美公務員政治中立之研究-兼論我國公務員政治中立應有之做法〉，中研院歐美研究所主辦「公共行政人員體制之跨國比較學術研討會」宣讀之論文。

陳金貴，1990，〈從兩次明瑙布魯克會議看美國公共行政學的發展〉，《美國月刊》，第4卷，第9期，110-117頁。

陳德禹，1988，〈國家發展與行政中立〉，《中國論壇》，第26卷，第311期，6-9頁。

陳德禹，1993a，〈公共行政人員中立的理論與實際（上）〉，《人事月刊》，16
　　卷，第1期，5-10頁。

陳德禹，1993b，〈公共行政人員中立的理論與實際（下）〉，《人事月刊》，16
　　卷，第2期，5-10頁。

彭文賢，1986，《組織原理》，台北：三民。

彭文賢，2000，〈後現代組織理論的空幻〉，《行政管理論文選輯》，14輯，89-
　　109頁。

程樹德、傅大爲、王道還、錢永祥譯，1989，《科學革命的結構》（Thomas Kuhn
　　著），台北：遠流。

項靖，2002，〈數位化民主〉，《數位化政府》，新北：國立空中大學，69-91
　　頁。

黃東益，2000，〈審慎思辯民調：研究方法的探討與可行性評估〉，《民意研究季
　　刊》，211期，123-143頁。

黃東益，2002，〈審慎思辨民調「全民健保公民論壇」評估報告〉，行政院衛生署
　　委託研究計畫。

黃訓慶譯，1996，《後現代主義》（R. Appignanasi & C. Garratt著），台北：立緒
　　文化。

楊大春，1995，《傅柯》，台北：生智。

楊洲松，1998，〈哈伯瑪斯（J. Habermas）「現代性哲學論辯」與李歐塔（J.-F.
　　Lyotard）「後現代知識論述」的論戰及其教育意義〉，《教育研究集刊》，第40
　　期，73-90頁。

楊深坑，1997，《溝通理性：生命情懷與教育過程》，台北：師大書苑。

楊鈞池，2002，〈公民投票制的實踐〉，《國政評論》，台北：國家政策研究基金
　　會。取自：http://www.npf.org.tw/PUBLICATION/IA/091/IA-C-091-114.htm。檢索
　　日期：2012年2月1日。

楊麗君、王嘉源譯，1992，《自滿年代》（J. K. Galbraith著），台北：時報文化。

葉啓政，2000，《進出「結構-行動」的困境》，台北：三民。

鄔理民譯，1991，《社會實體的建構》（P. L. Berger & T. Luckmann著），台北：
　　桂冠。

趙敦華，1992，《勞斯的正義論解說》，台北：遠流。

劉北成、楊遠櫻譯，1992，《規訓與懲罰-監獄的誕生》（M. Foucault著），台北：
　　桂冠。

劉北成、楊遠櫻譯，1992，《瘋顛與文明》（M. Foucault著），台北：桂冠。

劉絮凱譯，1994，《臨床醫學的誕生》（M. Foucault著），台北：時報文化。

劉繼譯，1990，《單向度的人：發達工業社會意識型態研究》（H. Marcuse著）台
　　北：桂冠。

蔡良文，2007，《考銓人事法制專題研究》，台北：五南。

蔡錚雲，1993，〈後現代的哲學論述是如何可能的？德里達對胡塞爾現象學的解
　　構〉，《哲學雜誌》，第4期，50-67頁。

鄭祥福，1995，《李歐塔》，台北：生智。
盧嵐蘭譯，1991，《社會世界的現象學》（A. Schutz著），台北：桂冠。
蕭武桐，2002，《公務倫理》，台北：智勝。
顧慕晴，2009/1，〈行政人員的控制：德性途徑的探討〉，《哲學與文化》，第36
卷，第1期，25-44頁。

【英文部分】

Appleby, P. H. (1949). *Big Democracy*. New York, NY: Knopf.
Argyris, C. (1957). *Personality and Organization*. New York, NY: Harper and Row.
Argyris, C. (1962). *Interpersonal Competence and Organizational Effectiveness*. Homewood, IL: Dorsey Press.
Argyris, C. (1973). Some Limits of Rational Man Organization. *Public Administration Review*. Vol. 33, No. 3 (253-267).
Aristotle. (1976). *The Ethics*. Baltimore, MD: Penguin.
Aristotle. (1980). *The Nichomachean Ethics*. Trans. by D. Ross. Oxford, UK: Oxford University Press.
Aristotle. (1995). *The Politics*. New York, NY: Oxford University Press.
Aronowitz, S. (1992). The Tensions of Critical Theory: Is Negative Dialectics All There Is? In S. Seidman, & D. G. Wagner (Eds.), *Postmodernism and Social Theory: the Debate over General Theory* (289-321). Cambridge, MA: Basil Blackwell Ltd..
Bailey, S. K. (1964). Ethics and the Public Service. *Public Administration Review*. No. 24 (234-243).
Bailey, M. T. (1992). Beyond Rationality: Decision Making in a Interconnected World. In M. T. Bailey & R. T. Mayer (Eds.), *Public Management in an Interconnected World* (33-52). New York, NY: Greenwood Press.
Barbalet, J. M. (1988). *Citizenship*. Minneapolis, MN: The University of Minnesota Press.
Barber, B. (1986). *Strong Democracy: Participatory Politics for a New Age*. Berkeley, CA: University of California Press.
Barber, B. (2003). *Strong Democracy: Participatory Politics for a New Age* (2nd Ed.). Berkeley, CA: University of California Press.
Barnard, C. I. (1938). *The Functions of the Executives*. Cambridge, MA: Harvard University Press.
Barth, T. J. (1996). Administering in the Public Interest: the Facilitative Role for Public Administrators. In G. L. Wamsley & J. F. Wolf (Eds.), *Refounding Democratic Public Administration: Modern Paradoxes, Postmodern Challenges* (168-197). Thousand Oaks, CA: Sage Publications, Inc..
Baudrillard, J. (1983). *Simulations*. New York, NY: Semiotext.
Bauman, Z. *Postmodern Ethics*. Cambridge, MA: Blackwell
Benington, J., & Moore, M. H. (2011). Public Value in Complex and Changing Times. In J.

Benington & M. H. Moore (Eds.), *Public Value: Theory and Practice (1-30)*. New York, NY: Palgrave Macmillan.

Bennett, R. W. (1997). Democracy as Meaningful Conversation. *Constitutional Commentary*, Vol. 14, No. 3 (481-533).

Berger, P. L., & Luckmann, T. (1966). *The Social Construction of Reality: A Treatise in the Sociology of Knowledge*. New York, NY: Anchor Books.

Bertens, H. (1995). *The Idea of the Postmodern: A History*. New York, NY: Routledge.

Blaikie, N. (1993). *Approaches to Social Enquiry*. Oxford, UK: Polity Press.

Bohman, J., & Rehg, W. (1997). *Deliberative Democracy*. Cambridge, MA: The MIT Press.

Bohman, J., & Rehg, W. (1997).Introduction, In J. Bohman, and W. Rehg (Eds.), *Deliberative Democracy* (ix-xxx). Cambridge, MA: The MIT Press.

Botwinick, A. (1993). *Postmodernism and Democratic Theory*. Philadelphia, PA: Temple University Press.

Box, R. C. (1997). *Citizen Governance: American Communities in the 21st Century*. Thousand Oaks, CA: Sage.

Box, R. C. (2004). *Public Administration and Society*. Armonk, NY: M. E. Sharpe, Inc..

Brittan, A. & Maynard, M. (1984). Sexism, Racism and Oppression. Oxford, UK: Blackwell Publishing Ltd..

Brown, C. (1981). Mothers, Father, and Children: From Private to Public Patriarchy. In L. Sargent (Ed.), *Women and Revolution*. Boston, MA: South End.

Bryman, A. (1988). *Quantity and Quality in Social Research*. London, UK: Unwin Hyman Ltd..

Burrell, G. (1994). Modernism, Postmodernism and Organizational Analysis 4: the Contribution of Jürgen Habermas. *Organization Studies*, Vol. 15, No. 1 (1-45).

Burrell, G., & Morgan, G. (1979). *Sociological Paradigms and Organizational Analysis: Elements of the Sociology of Corporate Life*. Hants, England: Gower Publishing Company, Ltd..

Cabinet Office of UK (1998). *An Introductory Guide: How to Consult Your User*. WebSite: http://archive.cabinetoffice.gov.uk/servicefirst/1998/guidance/users/index.htm#cont.

Callinicos, A. T. (1989). *Against Postmodernism: A Marxist Critique*. Cambridge, UK: Polity Press.

Cavaye, J. (2004). Governance and Community Engagement: The Australian Experience. In W. R. Lovan, M. Murray, & Shaffer, R. (Eds.), *Participatory Governance: Planning, Conflict Mediation and Public Decision-Making in Civil Society* (85-101). Burlington, VT: Ashgate Publish Co.

Charney, E. (1998). Political Liberalism, Deliberative Democracy, and the Public Sphere. *The American Political Science Review*, Vol. 92, No. 1 (97-110).

Clay, J. A. (1996). Public-Institutional Processes and Democratic Governance. In G. L.

Wamsley, & J. F. Wolf (Eds.), *Refounding Democratic Public Administration: Modern Paradoxes, Postmodern Challenges* (92-113). Thousand Oaks, CA: Sage.

Clegg, S. R. (1990). *Modern Organizations: Organization Studies in the Postmodern World*. Newbury Park, CA: Sage Publications Inc.

Clegg, S. R. (1994). Max Weber and Contemporary Sociology of Organizations. In L. J. Ray & M. Reed (Eds.), *Organizing Modernity* (46-80). New York, NY: Routledge.

Clemons, R. S., & McBeth, M. K. (2001). *Public Policy Praxis, Theory and Pragmatism: A Case Approach*. Upper Saddle River, NJ: Prentice-Hall, Inc.

Cohen, I. J. (1989). *Structuration Theory: Anthony Giddens and the Constitution of Social Life*. London, UK: Macmillan Education Ltd..

Cohen, M. D., March, J. G., & Olsen, J. G. (1972). A Garbage Can Model of Organizational Choice. *Administrative Science Quarterly*, Vol. 17 (1-26).

Comstock, A. (2007). Establishing, Expectations, Providing Guidelines, and Building Trust Maintaining Government Integrity. In W. L. Richter & F. Burke (Eds.), *Combating Corruption, Encouraging Ethics: A Practical Guide to Management Ethics* (2nd Ed.), (165-184). Lanham, MD: Rowman & Littlefield Publishers, Inc..

Cooper, T. L. (1987). Hierarchy, Virtue, and the Practice of Public Administration: A Perspective for Normative Ethics. *Public Administration Review.* No. 47 (320-328).

Cooper, T. L. (1990). *The Responsible Administrator: An Approach to Ethics for the Administrative Role* (3rd Ed.). San Francisco, CA: Jossey Bass Publishers.

Cooper, T. L. (1991). *An Ethic of Citizenship for Public Administration*. Englewood Cliffs, NJ: Prentice Hall.

Cooper, T. L. (2006). *The Responsible Administrator: An Approach to Ethics for the Administrative Role* (5th Ed.). San Francisco, CA: Jossey-Bass.

Crenson, M. A., & Ginsberg, B. (2002). *Downsizing Democracy*. Baltimore, MD: The Johns Hopkins University Press.

Courville, S. (2003). Social Accountability Audits: Challenging or Defending Democratic Governance? *Law & Policy*, Vol. 23, No. 3 (269-297).

Dahl, R. A. (1963). *Modern Political Analysis*. Englewood Cliffs, NJ: Prentice-Hall, Inc..

Dahl, R. A. (1989). *Democracy and Its Critics*. New Haven, CT: Yale University Press.

DeLeon, L., & Denhardt, R. B. (2000). The Political Theory of Reinvention. *Public Administration Review*. Vol. 60, No. 2 (89-97).

Denhardt, J. V., & Denhardt, R. B. (2003). *The New Public Service: Serving, not Steering.* Armonk, NY: M. E. Sharpe.

Denhardt, K. G. (1988). *The Ethics of Public Service: Resolving Moral Dilemmas in Public Organization*. Westport, CT: Greenwood Press, Inc..

Denhardt, K. G. (1991). Unearthing the Moral Foundations of Public Administration: Honor, Benevolence, and Justice. In J. S. Bowman (Ed.), *Ethical Frontiers in Public Management* (91-113). San Francisco, CA: Jossey-Bass Publishers.

Denhardt, R. B. (2004). *Theories of Public Organization* (4th Ed.). Belmont, CA: Wadsworth Group.

Dennard, L. F. (1996). The Maturation of Public Administration: the Search for a Democratic Identity. In G. L. Wamsley & J. F. Wolf (Eds.), *Refounding Democratic Public Administration: Modern Paradoxes, Postmodern Challenges* (293-326). Thousand Oaks, CA: Sage.

Deutsch, K. W (1980). *Politics and Government: How People Decide Their Fate*. Boston, MA: Houghton Mifflin.

Downs, A. (1967). *Inside Bureaucracy*. Boston, MA: Little Brown and Company.

Downs, A. (1993). *Inside Bureaucracy* (2nd Ed.). Long Grove, IL: Waveland Press Inc..

Dudley, L. (1996). Fencing in the Inherently Governmental Debate. In G. L. Wamsley, & J. F. Wolf (Eds.), *Refounding Democratic Public Administration: Modern Paradoxes, Postmodern Challenges* (68-91). Thousand Oaks, CA: Sage.

Dunleavy, P., & O'Leary, B. (1987). *Theories of the State: The Politics of Liberal Democracy*. New York, NY: The Macmillan Press Ltd.

Dunleavy, P., & O'Leary B. (1987). *Theories of the State: The Politics of Liberal Democracy*. London, UK: The Macmillan Press.

Dunleavy, P. (1991). *Democracy, Bureaucracy and Public Choice: Economic Explanations in Political Science*. New York, NY.: Harvester Wheatsheaf.

Dobel, J. P. (1990). Integrity in the Public Service. *Public Administration Review.* No. 50 (354-366).

Dye, T. R. (1992). *Understanding Public Policy* (7th Ed.). Englewood Cliffs, NJ: Prentice-Hall, Inc..

Dye, T. R. (2007). *Understanding Public Policy* (12th Ed.). Englewood Cliffs, NJ: Prentice-Hall, Inc..

Edge, H. L. (1994). *A Constructive Postmodern Perspective on Self and Community: from Atomism to Holism*. Lewiston, NY: The Edwin Mellen Press.

Eisner, M. A. (1993). *Regulatory Politics in Transition*. Baltimore, MD: The John Hopkins University Press.

Ellis, A. (1989). Neutrality and the Civil Service. In R. E. Goodin & A. Reeve (Eds.), *Liberal Neutrality* (84-105). London, UK: TJ Press.

Elster, J. (1999). The Market and the Forum: Three Varieties of Political Theory. In J. Bohman & W. Rehg (Eds.), *Deliberative Democracy* (3-33). Cambridge, MA: The MIT Press.

Etzioni, A.(1967). Mixed Scanning: A Third Appraoch to Decision-Making. *Public Administration Review*. No. 27 (385-392).

Etzioni, A.(1968). *The Active Society: A Theory of Societal and Political Processes*. New York, NY: Free Press.

Etzioni, A. (1993). *The Spirit of Community: Rights, Responsibilities and the*

Communitarian Agenda. New York, NY: Crown Publishers.

Etzioni, A. (1996). *The New Golden Rule: Community and Morality in a Democratic Society.* New York, NY: Basic Book.

Farmer, D. J. (1995). *The Language of Public Administration: Bureaucracy, Modernity, and Postmodernity.* Tuscaloosa, AL: University of Alabama Press.

Finer, H. (1936). Better Government Personnel. *Political Science Quarterly.* Vol. 51, No. 4 (569-599).

Finer, H. (1941). Administrative Responsibility in Democratic Government. In F. Rourke (Ed.), *Bureaucratic Power in National Politics* (2nd Ed.). Boston, MA: Little, Brown & Company.

Fisher, F. (1990). *Technocracy and the Politics of Expertise.* Newbury Park, CA: Sage.

Fishkin, J. S. (1991). Democracy and Deliberation: New Directions for Democratic Reform. New Haven, CA: Yale University Press.

Fishkin, J. S. (1991). *Democracy and Deliberative.* New Haven, CT: Yale University Press.

Foot, P. (1959). Moral Beliefs. *Proceedings of the Aristotelian Society, 1958-59,* No. 59 (83-104).

Foucault, M. (1991). Governmentality, in G. Burchell, C. Gordon, & P. Miller (Eds.), *The Foucault Effect: Studies in Governmentality with Two Lectures by and An Interview with Michel Foucault* (87-104). London, UK: Harvester Wheatsheaf.

Fox, C. J., & Miller, H. T. (1995). *Postmodern Public Administration: Toward Discourse.* Newbury Park, CA: Sage Publications, Inc..

Frederickson, H. George. (1980). *New Public Administration.* Tuscaloosa, AL: University of Alabama Press.

Frederickson, H. G. (1989). Minnowbrook II: Changing Epochs of Public Administration. *Public Administration Review,* Vol. 49, No. 2 (95-100).

Frederickson, H. G. (1990). Public Administration and Social Equity. *Public Administration Review,* Vol. 50, No. 2 (228-237).

Frederickson, H. G. (1994). Research and Knowledge in Administrative Ethics. In T. L. Cooper (Ed.), *Handbook of Administrative Ethics* (31-47). New York, NY: Marcel Dekker, Inc..

Frederickson, H. G. (1997). *The Spirit of Public Administration.* San Francisco, CA: Jossey-Bass Publishers.

Frederickson, H. G. (2005). Public Ethics and the New Managerialism: An Axiomatic Theory. In H. G. Frederickson, & R. K. Ghere (Eds.), *Ethics in Public Management* (165-183). Armonk, NY: M. E. Shrpe, Inc..

Frederickson, H. G., & Smith, K. B. (2003). *The Public Administration Theory Primer.* Boulder, CO: Westview Press.

Friedrich, C. J. (1935). Responsible Government Service under the American Constitution.

In C. J. Friedrich *et al.* (Eds.), *Problems of the American Public Service*. New York, NY: McGraw-Hill.

Friedrich, C. J. (1972). Public Policy and the Nature of Administrative Responsibility. In F. E. Rourke (Ed.), *Bureaucratic Power in National Politics* (2nd Ed.). Boston, MA: Little, Brown & Company.

Gaarder, J. (1995). *Sophie's World* (P. Moller, Trans.). London, UK: Phoenix, Orion Books Ltd.. (Original work published 1991).

Gardner, J. (1991). *Building Community*. Washington, DC: Independent Sector.

Garofalo, C., & Geuras, D. (1999). *Ethics in Public Service: the Moral Mind at Work*. Washington, DC: Georgetown University Press.

Garvey, G. (1993). *Facing the Bureaucracy: Living and Dying in a Public Agency*. San Francisco, CA: Jossey-Bass Publishers.

Gawthrop, L. C. (1998). *Public Service and Democracy*. New York, NY: Chandler.

Gawthrop, L. C. (1998).*Public Service and Democracy: Ethical Imperatives for the 21st Century*. Chappaqua, NY: Chatham House publishers of Seven Bridges Press, LLC.

Gay, P. D. (2000). In Praise of Bureaucracy: Weber, Organization, Ethics. Thousand Oaks, CA: Sage.

Geuras, D., & Garofalo, C. (2005). *Practical Ethics in Public Administration* (2nd Ed.). Vienna, VA: Management Concepts.

Giddens, A. (1976). *New Rules of Sociological Method*. London, UK: Hutchinson.

Giddens, A. (1979). *Central Problems in Social Theory: Action, Structure and Contradiction in Social Analysis*. Berkeley, CA: University of California Press.

Giddens, A. (1984). *The Constitution of Society: Outline of the Theory of Structuration*. Berkeley, CA: University of California Press.

Gilbert, D. U., & Rasche, A. (2007). Discourse Ethics and Social Accountability: The Ethics of SA 8000. *Business Ethics Quarterly*, Vol. 17, No. 2 (187-216).

Godfrey, P. C. & Madesen, G. C. (1998). Bureaucracy in the Postmodern World: Problems and Solutions. *International Journal of Public Administration*, Vol. 21, No. 5 (691-721).

Goffman, E. (1963). *Behavior in Public Places: Notes on the Social Organization of Gatherings*. New York, NY: Free Press of Glencoe.

Golembiewski, R. T. (1967). *Men, Management, and Morality*. New York, NY: McGraw-Hill.

Goodnow, F. J. (1992). Politics and Administration. Reprinted In J. M. Shafritz & A. C. Hyde (Eds.), *Classics of Public Administration* (3rd Ed.), (25-28). Pacific Grove, CA: Book/Cole Publishing Company.

Goodsell, C. T, (1990). Public Administration and the Public Interest. In G. L. Wamsley *et al.* (Co-authored). *Refounding Public Administration* (96-113). Newbury Park, CA: Sage.

Goodsell, C. T. (1994). *The Case for Bureaucracy: a Public Administration Polemic* (3rd

Ed.). Chatham, NJ: Chatham House Publishers, Inc..

Gore, A. (1993). *Report of the National Performance Review: Creating a Government that Works Better & Costs Less*. Washington, DC: The White

Gordon, C. (1991). Governmental Rationality: An Introduction. in G. Burchell, C. Gordon, & P. Miller (Eds.), *The Foucault Effect: Studies in Governmentality (with Two Lectures by and An Interview with Michel Foucault)* (1-51). London, UK: Harvester Wheatsheaf.

Gormley, Jr., W. T. (1989). *Taming the Bureaucracy: Muscles, Prayers, and other Strategies*. Princeton, NJ: Princeton University Press.

Green, R. T. and L. Hubbell (1996). On Governance and Reinventing Government, in G. L. Wamsley and J. F. Wolf (Eds.), *Refounding Democratic Public Administration: Modern Paradoxes, Postmodern Challenges* (38-67). Thousand Oaks, CA: Sage.

Haber, H. F. (1994). *Beyond Postmodern Politics: Lyotard, Rorty, Foucault*. New York, NY: Routledge.

Habermas, J. (1972). *Knowledge and Human Interests*. London, UK: Heinemann.

Habermas, J. (1989). *The Structural Transformation of the Public Sphere*. Cambridge, MA: The MIT Press.

Habermas, J. (1992). Modernity: An Incomplete Project. In Patricia Waugh (Ed.), *Postmodernism: A Reader* (160-170). London, UK: Edward Arnold.

Habermas, J. (1997). Popular Sovereignty as Procedure. In J. Bohman & W. Rehg (Eds.), *Deliberative Democracy* (35-65). Cambridge, MA: The MIT Press.

Harmon, M. M. (1981). *Action Theory for Public Administration*. New York, NY: Longman Inc..

Harmon, M. M., & Mayer, R. T. (1986). *Organization Theory for Public Administration*. Boston, MA: Little, Brown &Company.

Hart, D. K. (1984). The Virtuous Citizen, the Honorable Bureaucrat, and "Public Administration". *Public Administration Review*. No. 44 (111-120).

Hart, D. K. (1994). Administration and the Ethics of Virtue: In All Things, Choose First for Good Character and Then for Technical Expertise. In T. L. Cooper (Ed.), *Handbook of Administrative Ethics* (107-123). New York, NY: Marcel Dekker, Inc..

Hatch, M. J. (1997). *Organization Theory: Modern Symbolic and Postmodern Perspectives*. New York, NY: Oxford University Press.

Heckscher, C. C. (1994).*The Post-Bureaucratic Organization: New Perspectives on Organizational Change*. Thousand Oaks, CA: Sage.

Heller, A., & Feher, F. (1988). *The Postmodern Political Condition*. Cambridge, UK: Polity Press.

Henry, N. (1992). *Public Administration and Public Affairs* (5th Ed.). Englewood Cliffs, NJ: Prentice-Hall, Inc..

Hill, L. B. (Ed.), (1992).*The State of Public Bureaucracy*. New York, NY: M. E. Sharpe, Inc..

Hill, Jr. T. E. (2000). Kantianism. In H. LaFollette (Ed.), *The Blackwell Guide to Ethical Theory* (227-246). Malden, MA: Blackwell Publishing Ltd..

Hollinger, R. (1994). *Postmodernism and the Social Sciences: a Thematic Approach*. Thousand Oaks, CA: Sage Publications Ltd..

Holub, R. (1992). *Antonio Gramsci: Beyond Marxism and Postmodernism*. New York, NY: Routledge.

Hood, C. (1991). A Public Management for All Seasons? *Public Administration*, Vol. 69, No. 1 (3-19)

Hughes, O. E. (1998). *Public Management and Administration* (2nd Ed.). New York, NY: St. Martin's Press, Inc..

Hughes, O. E. (2005). *Public Management and Administration* (4th Ed.). New York, NY: St. Martin's Press.

Hummel, R. P. (1989). I'd Like to Be Ethical, but They Won't Let Me. *International Journal of Public Administration*, Vol. 12, No. 6 (855-866).

Hummel, R. P. (1990). Bureaucracy Policy: Toward Public Discourse on Organizing Public Administration. *Policy Studies Journal*, Vol. 18, No 4 (907).

Immergut, E. M. (1998). The Theoretical Core of the New Institutionalism. *Politics & Society*, Vol. 26, No. 1 (5-34).

Ingraham, P. W., & Romzek, B. S. (1994). Issues Raised by Current Reform Efforts. In J. L. Perry (Ed.), *New Paradigms for Government: Issues for the Changing Public Service* (1-14). San Francisco, CA: Jossey-Bass Publishers.

Jackson, P. M. (1993). Public Sector Bureaucracy: the Neoclassical Perspective. In N. Garston (Ed.), *Bureaucracy: Three Paradigms* (113-130). Norwell, MA: Kluwer Academic Publishers.

Jameson, F. (1981). *The Political Unconsciousness: Narrative as a Socially Symbolic Act*. Ithaca, NY: Cornell University Press.

Jones, P. (1989). The Ideal of the Neutral State. In R. E. Goodin & A. Reeve (Eds.), *Liberal Neutrality* (9-38). London: TJ Press.

Jun, J. S. (1986). *Public Administration: Design and Problem Solving*. New York, NY: Macmillan Publishers.

Kant, I. (1964). *Groundwork of the Metaphysic of Morals*. H. J. Paton (Trans. and Ed.). New York, NY: Harper & Row.

Kant, I. (2003). The Categorical Imperative. In J. Rachels (Ed.), *The Right Thing to Do: Basic Readings in Moral Philosophy* (3rd Ed.), (76-81). New York, NY: The McGraw-Hill.

Kettl, D. F. (1994). Managing on the Frontiers of Knowledge: the Learning Organization. In P. W. Ingraham et al. (Co-authored). *New Paradigms for Government: Issues for the Changing Public Service* (19-40). San Francisco, CA: Jossey-Bass Publishers.

King, C. S., & Stivers, C. (1998). Citizens and Administrators: Roles and Relationships. In

King, C. S., & Stivers, C. (Eds.), *Government Is Us: Public Administration in an Anti-Government Era* (49-67). Thousand Oaks, CA: Sage.

Kingdon, J. W. (1984). *Agendas, Alternatives, and Public Policies*. Boston, MA: Little, Brown and Company.

Kingdon, J. W. (1995). *Agendas, Alternatives, and Public Policy*. New York, NY: Haper Cllins.

Kobrak, P. (1996). The Social Responsibilities of a Public Entrepreneur. *Administration & Society*, Vol. 28, No. 2 (205-237).

Kuhn, T. S. (1970). *The Structure of Scientific Revolutions* (2nd Ed.). Chicago, IL: The University of Chicago Press.

Law, J. (1993). Organization, Narrative and Strategy. In J. Hassard, & M. Parker (Eds.), *Toward a New Theory of Organizations* (248-268). New York, NY: Routledge.

Lipsky, M. (1980). *Street-Level Bureaucracy: Dilemmas of the Individual in Public Service*. New York, NY: Russell Sage Foundation.

Locke, J. (1689). *Second Treatise of Government*. Review from: http://oregonstate.edu/instruct/phl302/texts/locke/locke2/2nd-contents.html.

Lovan, W. R. (2004). Regional Transportation Strategies in the Washington, D. C. Area: When Will They be Ready to Collaborate. In W. R. Lovan, M. Murray, & R. Shaffer (Eds.), *Participatory Governance: Planning, Conflict Mediation and Public Decision-Making in Civil Society* (115-128). Burlington, VT: Ashgate Publish Co..

Lovan, W. R., Murray, M., & Shaffer, R. (2004). Participatory Governance in a Changing World. In W. R. Lovan, M. Murray, & R. Shaffer (Eds.), *Participatory Governance: Planning, Conflict Mediation and Public Decision-Making in Civil Society* (1-20). Burlington, VT: Ashgate Publish Co..

Lowi, T. J. (1979). *The End of Liberalism*. (2nd Ed.). New York, NY: W. W. Norton.

Luckmann, T., & Berger, P. L. (1967).*The Social Construction of Reality*. Garden City, NY: Doubleday.

Luke, J. S. (1992). Managing Interconnectedness: the New Challenge for Public Administration. In M. T. Bailey & R. T. Mayer (Ed.), *Public Management in an Interconnected World* (13-32). New York, NY: Greenwood Press.

Lyotard, J-F. (1984). *The Postmodern Condition: A Report on Knowledge*. Trans. by G. Bennington, & B. Massouri (Original work published 1979). Minneapolis, MN: University of Minnesota Press..

MacIntyre, A. (1981). *After Virtue*. Notre Dame, IN: Indiana University Press.

Mansbridge, J. (1994). Public Spirit in Political System. In H. Aaron, T. Mann, & T. Taylor (Eds.), *Values and Public Policy* (146-172). Washington, DC: Brookings Institute.

Marable, M. (1984). *Race, Reform and Rebellion: The Second Reconstruction in Black America, 1945-1982*. Jackson, MS: University Press of Mississippi.

Maranto, R., & Skelley, B. D. (1992). Neutrality: An Enduring Principle of the Federal

Service. *American Review of Public Administration*, Vol. 22, No. 3 (173-186).

March, J. G., & Olsen J. P. (1989). *Rediscovering Institutions: the Organizational Basis of Politics*. New York, NY: Free Press.

March, J. G., & Olsen, J. P. (1995). *Democratic Governance*. New York, NY: The Free Press.

Marini, F. (Ed.), (1971). *Toward a New Public Administration: the Minnowbrook Perspective*. New York, NY: Chandler Publishing Co..

Marini, F. (1971). The Minnowbrook Perspective and the Future of Public Administration Education. In F. Marini, (Ed.), *Toward a New Public Administration: the Minnowbrook Perspective* (346-367). New York, NY: Chandler Publishing Co..

Marini, F. (1992). Introduction. In M. T. Bailey & R. T. Mayer (Ed.), *Public Management in an Interconnected World* (1-9). New York, NY: Greenwood Press.

Marshall, G. S., & White, O. F. (1990). The Blacksburg Manifesto and the Postmodern Debate: Public Administration in a Time without a Name. *America Review of Public Administration*. Vol. 20, No. 2 (61-76).

Marshall, G. S., & Choudhury, E. (1997). Public Administration and the Public Interest: Re-presenting a Lost Concept. *The American Behavioral Scientist*. Vol. 41 (119-131).

Maslow, A. (1954). *Motivation and Personality*. New York, NY: Harper & Row.

Massey, A. (1993). *Managing the Public Sector*. Aldershot, UK: Edward Elgar.

Mathews, D. (1994). *Politics for People*. Urbana, IL: University of Illinois Press.

McSwite, O. C. (1997). *Legitimacy in Public Administration: A Discourse Analysis*. Thousand Oaks, CA: Sage Publications, Inc..

McSwite, O. C. (1997a). Jacques Lacan and the Theory of the Human Subject: How Psychoanalysis Can Help Public Administration. *The American Behavioral Scientist*. Vol. 41 (43-63).

McNaughton, D. (2000). Intuitionism. In H. LaFollette (Ed.), *The Blackwell Guide to Ethical Theory* (268-287). Malden, MA: Blackwell Publishing Ltd..

Meier, K. J. (1997). Bureaucracy and Democracy: the Case for More Bureaucracy and Less Democracy. *Public Administration Review*, Vol. 57, No. 3 (193-199).

Meier, K. J. (2007). *Politics and the Bureaucracy: Policymaking in the Fourth Branch of Government*. Pacific Grove, CA: Books/Cole Publishing Company.

Meldon, J., Kenny, M., & Walsh, J. (2004).Local Government, Local Development and Citizen Participation: Lessons from Ireland. In W. R. Lovan, M. Murray, & Shaffer, R. (Eds.), *Participatory Governance: Planning, Conflict Mediation and Public Decision-Making in Civil Society* (39-59). Burlington, VT.: Ashgate Publish Co..

Menzel, D. C. (2005). State of the Art of Empirical Research on Ethics and Integrity in Governance. In H. G. Frederickson, & R. K. Ghere (Eds.), *Ethics in Public Management* (16-46). Armonk, NY: M. E. Shrpe, Inc..

Michels, R. (1959). *Political Parties*. New York, NY: Dover.

Milward, H. B. (1994). Implications of Contracting Out: New Roles for the Hollow State. In J. L. Perry, P. W. Ingraham, & B. S. Romzek (Eds), *New Paradigms for Government: Issues for the Changing Public Service* (41-62). San Francisco, CA: Jossey- Bass Publishers.

Moore, M. (1995). *Creating Public Value: Strategic Management in Government.* Cambridge, MA: Harvard University Press.

Moore, G. E. (1996). The Subject Matter of Ethics. In M. Weitz (Ed.), *Twentieth Century Philosophy: the Analytic Tradition.* Toronto, Canada: Collier McMillan.

Morgan, G. (1986). *Image of Organization.* Newbury Park, CA: Sage.

Morgan, G. (1998).*Image of Organization: The Executive Edition.* Thousand Oaks, CA: Sage.

Morgan, D. F. (1994). The Public Interest. In, T. L. Cooper (Ed.) *Handbook of administrative ethics.* New York, NY: Marcel Dekker.

Nicholson, L. (1992). On the Postmodern Barricades: Feminism, Politics, and Theory. In S. Seidman, & D. G. Wagner (Eds.), *Postmodernism and Social Theory: the Debate Over General Theory* (82-100). Cambridge, MA: Basil Blackwell Ltd..

Niskanen W. A. (1973). *Bureaucracy: Servant or Master.* London, UK: Institute of Economic Affairs.

Oldfield, A. (1990).*Citizenship and Community: Civic Republicanism and Modern World.* New York, NY: Routledge.

O'Nell, J. (1995). *The Poverty of Postmodernism.* New York, NY: Routledge.

Osborne, D., & Gaebler, T. (1992). *Reinventing Government: How the Entrepreneurial Spirit Is Transforming the Public Sector.* New York, NY: Addison-Wesley Publishing Company, Inc..

Ostrom, V. (1974). *The Intellectual Crisis in American Public Administration.* Tuscaloosa, AL: The University of Alabama Press.

Palmer, D. D. (1999). *Structuralism and Poststructuralism for Beginners.* New York, NY: Writers and Readers Publishing Inc..

Parkin, J. (1994). *Public Management: Technocracy, Democracy and rganizational Reform.* Brookfield, VT: Avebury Ashgate Publishing Limited.

Parsons, W. (1995). *Public Policy: An Introduction to Theory and Practice of Policy Analysis.* Brookfield, VT: Edward Elgar Publishing Company.

Peters, B. G. (1996). Models of Governance for the 1990s. In D. F. Kettl, & H. B. Milward (Eds.), *The State of Public Management* (15-44). Baltimore, MD: The Johns Hopkins University Press.

Peters, G., & Wright, V. (1996). Public Policy and Administration, Old and New. In Goodin, R. E., & Klingemann, H-D. (Eds.), *A New Handbook of Political Science* (628-641). New York, NY: Oxford University Press.

Pierre, J. (1995). The Markitization of the State: Citizens, Consumers, and the Emergence of the Public Market. In G. Peters, & D. J. Savoie (Eds.), *Governance in a Changing Environment* (55-81). Montreal, Canada: Canadian Centre for Management Development.

Pincoffs, E. L. (1986). *Quandaries and Virtues: Against Reductivism in Ethics*. Lawrence, KS: University Press of Kansas.

Popper, K. (1961). *The Poverty of Historicism* (2nd Ed.). London, UK: Routledge.

Power, M. (1990). Modernism, Postmodernism, and Organization. In J. Hssard, & D. Pym (Eds.), *The Theory and Philosophy of Organizations: Critical Issue and New Perspectives* (109-136). New York, NY: Routledge.

Putnam, R. (2000). *Bowling Alone*. New York, NY: Simon and Schuster.

Rae, D., & Yates, D. (1989). *Equalities*. Cambridge, MA: Harvard University Press.

Rawls, J. (1971). *A Theory of Justice*, Cambridge, MA: Harvard University Press.

Rawls, J. (1997). The Idea of Public Reason. In J. Bohman & W. Rehg (Eds.), *Deliberative Democrac* (93-134). Cambridge, MA: The MIT Press.

Reed, M. I. (1994). Max Weber and the Dilemmas of Modernity. In L. J. Ray, & M. Reed (Eds.), *Organizing Modernity: new Weberian Perspectives on Work, Organization and Society* (58-197). New York, NY: Harvester Wheatsheaf.

Rhodes, R. A. W. (1997). *Understanding Governance: Policy Networs, Governance, Reflexivity and Accountability*. Buckingham, UK: Open University.

Rhodes, R. A. W. (2000). Governance and Public Administration. In J. Pierre (Ed), *Debating Governance* (54-90). New York, NY: Oxford University Press.

Rice, C. S., & Kuhre, C. (2004). "Rural Action: Participatory Planning for Healthy Communities in Appalachian Ohio." In W. R. Lovan, M. Murray, & Shaffer, R. (Eds), *Participatory Governance: Planning, Conflict Mediation and Public Decision-Making in Civil Society* (189-205). Burlington, VT: Ashgate Publish Co.

Rhodes, R. A. W. (1997). *Understanding Governance: Policy Networs, Governance, Reflexivity and Accountability*. Buckingham, UK: Open University.

Rhodes, R. A. W. (2000). Governance and Public Administration. In J. Pierre (Ed.), *Debating Governance* (54-90). New York, NY: Oxford University Press.

Rice, C. S., & Kuhre, C. (2004). Rural Action: Participatory Planning for Healthy Communities in Appalachian Ohio. In W. R. Lovan, M. Murray, & Shaffer, R. (Eds). *Participatory Governance: Planning, Conflict Mediation and Public Decision-Making in Civil Society* (189-205). Burlington, VT: Ashgate Publish Co.

Roberts, N. C. and P. J King (1996). *Transforming Public Policy: Dynamics of Entrepreneurship and Innovation*. San Francisco, CA; Jossey- Bass.

Rogers, C. (1961). *On Becoming A Person*. Boston, MA: Houghton Mifflin.

Rohr, J. A. (1986). *To Run a Constitution: the Legitimacy of the Administrative State*. Lawrence, KS: University Press of Kansas.

Rohr, J. A (1989). *Ethics for Bureaucrats: An Essay on Law and Values*. New York, NY:

Marcel Dekker, Inc..

Rohr, J. A. (1990). The Constitutional Case for public Administration. In Gary L. Wamsley *et al.* (Co-authored), *Refounding Public Administration* (52-95). Newbury Park, CA: Sage.

Rohr, J. A (2002).*Civil Service and Their Constitutions*. Lawrence, KS: University Press of Kansas.

Rosenbloom, D. H., & Kravchuk, R. S. (2002). *Public Administration: Understanding Management, Politics, and Law in the Public Sector* (5th Ed.). New York, NY: McGraw-Hill Book Co..

Ross, W. D. (1930). *The Right and the Good*. Oxford, UK: Clarendon Press.

Rousseau, J.-J. (1762). *On the Social Contract*. Translated by G. D. H. Cole, 2003. Mineola, NY: Dover Publications, Inc..

Sabine, G. H. & Thorson, T. L. (1973). *A History of Political Theory* (4th Ed.). Hinsdale, IL: Dryden Press.

Sandel, M. J.(1982).*Liberalism and the Limits of Justice*. Cambridge, UK: Cambridge University Press.

Sandel, M. J. (1996). *Democracy's Discontent*. Cambridge, MA: Harvard University Press.

Sarup, M. (1993). *An Introductory Guide to Post-Structuralism and Postmodernism* (2nd Ed.). Athens, GA: University of Georgia Press.

Savas, E. S. (1982). *Privatizing the Public Sector*. Chatham, NJ: Chatham House.

Schütz, A. (1954). Concept and Theory Formation in the Social Science. *Journal of Philosophy*, Vol.51, No. 9 (257-273).

Schütz, A. (1976). *The Phenomenology of the Social World*. London, UK: Heinemann.

Schneider, M., P. Teske and M. Mintrom (1995). *Public Entrepreneurs: Agents for Change in American Government*. Princeton, NJ: Princeton University Press.

Scott, W. R. (1992). *Organizations: Rational, Natural, and Open Systems*. (3rd. Ed.). Englewood Cliffs, NJ: Prentice-Hall, Inc.

Scott, W. G. (1973). Organization Government: The Prospect for a Truly Participative System. In J. S. Jun, & W. B. Storm (Eds.), *Tomorrow's Organizations*. Glenview, IL: Scott Foresman.

Scott, F. E. (2000). Participative Democracy and the Transformation of the Citizen: Some Intersections of Feminist, Postmodernist, and Critical Thought. *American Review of Public Administration*, Vol. 30, No. 3 (252-270).

Senge, P. M. (1990). *The Fifth Discipline: the Art and Practice of the Learning Organization*. New York, NY: Currency Doubleday.

Self, P. (1993). *Government by the Market? The Politics of Public Choice*. London, UK: the Macmillan Press Ltd..

Self, P. (2000). *Rolling Back the Market: Economic Dogma and Political Choice*. London, UK: Macmillan Press Ltd..

Shafritz J. M., & Hyde A. C. (Eds.), (1992). *Classics of Public Administration* (3rd Ed.). Pacific Grove, CA: Book/Cole Publishing Company.

Shafritz J. M., & Ott, J. S. (Eds.), (1996). *Classics of Organization Theory* (4th Ed.). New York, NY: Harcourt Brace College Publisher.

Sim, S. (1992). *Beyond Aesthetics: Confrontations with Poststructuralism and Postmodernism*. New York, NY: Harvester Wheatsheaf.

Simon, H. A. (1946). The Proverbs of Administration. *Public Administration Review*, Vol. 6, No. 1. (53-67).

Simon, H. A. (1997). *Administrative Behavior: A Study of Decision-Making Process in Administrative Organization* (4th Ed.). New York, NY: The Free Press.

Simons, H. W., & Billing, M. (Eds.). (1994). *After Postmodernism: Reconstructuring Ideology Critique*. Newbury Park, CA: Sage.

Smart, B.(1993). *Postmodernity*. New York, NY: Routledge.

Sorauf, F. J. (1963). *Party and Representation: Legislative Politics in Pennsylvania*. New York, NY: Atherton Press.

Stillman II, R. J. (1995). The Refounding Movement in American Public Administration: From "Rabid" Anti-Statism to "Mere" Anti-Statism in the 1990s. *Administrative Theory & Praxis*, Vol. 17, No. 1 (29-45).

Stivers, C. M.(1990).Active Citizenship and Public Administration. In Gary L. Wamsley *et al.* (Co-authored). *Refounding Public Administration* (246-273). Newbury Park, CA: Sage.

Stivers, C. M. (1996). Refusing to Get It Right: Citizenship, Difference and the Refounding Project. In G. L. Wamsley, & J. F. Wolf (Eds.), *Refounding Democratic Public Administration: Modern Paradoxes, Postmodern Challenges* (260-278). Thousand Oaks, CA: Sage.

Tansey, S. D. (2000).*Politics: The Basics* (2nd Ed.).London, UK: Routledge.

Taylor, C.(1992). *Multiculturalism and the "Politics of Recognition"*. Princeton, NJ: Princeton University Press.

Taylor, F. W. (1947). *Scientific Management*. New York, NY: Harper and Brothers.

Taylor, F. W. (1992).Scientific Management. In J. M. Shafritz & A. C. Hyde (Eds.), *Classics of Public Administration* (3rd Ed.), (29-32). Pacific Grove, CA: Book/Cole Publishing Company.

Thompson, P. (1993). Postmodernism: Fatal Distraction. In J. Hassard, & M. Parker (Eds.), *Postmodernism and Organizations* (183-203). Newbury Park. CA: Sage.

Tong, R. (1986). *Ethics in Public Analysis.* Englewood Cliffs, NJ; Prentice-Hall, Inc..

Tullock, G. (1974). Dynamic Hypotheses on Bureaucracy. *Public Choice*. Vol. 17, No. 2 (128-132).

Vinzant, J. C., & Crothers, L. (1998). *Street-Level Leadership: Discretion and Legitimacy in Front-Line Public Service*. Washington, DC: Georgetown University Press.

Wamsley, G. L. (1990a). Introduction. In Gary L. Wamsley et al. (Co-authored), *Refounding Public Administration* (6-18). Newbury Park, CA: Sage.

Wamsley, G. L. (1990b).The Agency Perspective: Public Administrators as Agential Leaders. In Gary L. Wamsley *et al.* (Co-authored). *Refounding Public Administration* (114-162). Newbury Park, CA: Sage.

Wamsley, G. L., Bacher, R. N., Goodsell, C. T., Kronenberg, P. S., Rohr, J. A., Stivers, C. M., White, O. F., & Wolf, J. F. (1990). Public Administration and the Governance Process: Shifting the political Dialogue. In Gary L. Wamsley et al. (Co-authored), *Refounding Public Administration* (31-51). Newbury Park, CA: Sage.

Wamsley, G. L., & Wolf, J. F. (Eds.), (1996). *Refounding Democratic Public Administration: Modern Paradoxes, Postmodern Challenges*. Thousand Oaks, CA: Sage.

Wamsley, G. L., & Wolf, J. F. (1996). Introduction: Can a High-Modern Project Find Happiness in a Postmodern Era? In G. L. Wamsley, & J. F. Wolf (Eds.), *Refounding Democratic Public Administration: Modern Paradoxes, Postmodern Challenges* (1-37). Thousand Oaks, CA: Sage.

Weber, M. (1962). *Basic Concepts in Sociology*. New York, NY: The Citadel Press.

Weber, M. (1964). *The Theory of Social and Economic Organization*. Trans. by A. M. Henderson and T. Parsons. New York, NY: Free Press.

Weber, M. (1992). Bureaucracy. In J. M. Shafritz & A. C. Hyde (Eds.), *Classic of Public Administration* (3rd Ed.), (248-268). Pacific Grove, CA: Book/Cole Publishing Company.

Weeks, E. C. (2000). The Practice of Deliberative Democracy: Results from Four Large-Scale Trials. *Public Administration Review*, Vol. 60, No. 4 (360-372).

White, O. F., & McSwain, C. (1990). The Phoenix Project: Raising Public Administration from the Ashes of the Past. In H. Kass & B. Catron (Eds.), *Images and Identities in Public Administration* (23-59). Newbury Park, CA: Sage.

White, J. D. (1992). Knowledge Development and Use in Public Administration: Views from Postpositivism, Poststructuralism, and Postmodernism. In M. T. Bailey, & R. T. Mayer (Eds.), *Public Management in an Interconnected World: Essay in the Minnowbrook Tradition* (159-176). New York, NY: Greenwood Publishing Group, Inc..

White, O. F. (1990). Reframing the Authority/Participation Debate. In Gary L. Wamsley et al. (Co-authored), *Refounding Public Administration* (182-245). Newbury Park, CA: Sage.

White, O. F. (1998). The Ideology of Technocratic Empiricism and the Discourse Movement in Contemporary Public Administration: A Clarification. *Administration & Society*, Vol. 30, No. 4 (471-476).

White, S. K. (1991). *Political Theory and Postmodernism*. Cambridge, UK: Cambridge University Press.

Willoughby, W. F. (1927). *Principles of Public Administration: With Special Reference to the National and State Governments of the United States*. Baltimore, MD: Johns Hopkins Press.

Wilson, W. (1992). The Study of Administration. Reprinted In J. M. Shafritz & A. C. Hyde (Eds.), *Classics of Public Administration* (3rd Ed.), (11-24). Pacific Grove, CA: Book/Cole Publishing Company.

Wolf, J. F. (1996). Moving Beyond Prescriptions: Making Sense of Public Administration Action Contexts. In G. L. Wamsley & J. F. Wolf (Eds.), *Refounding Democratic Public Administration: Modern Paradoxes, Postmodern Challenges* (141-167). Thousand Oaks, CA: Sage Publications, Inc.

Young, I. M. (1990). *Justice and the Politics of Difference*. Princeton, NJ: Princeton University Press.

Young, I. M. (1996). Political Theory: An Overview. In R. E. Goodin, & H-D. Klingemann (Eds.), *A New Handbook of Political Science* (479-502). Oxford, UK: Oxford University Press.

國家圖書館出版品預行編目資料

公務倫理的後設分析：現代與後現代思維／
許立一著. －－二版. －－臺北市：五南，
2014.06
　面；　公分
ISBN 978-957-11-7635-2（平裝）
1.公共行政　2.行政倫理　3.後現代主義
198.572　　　　　　　　　103008575

1PTA

公務倫理的後設分析——
現代與後現代思維

作　　　者 ― 許立一（232.9）

發 行 人 ― 楊榮川

總 編 輯 ― 王翠華

主　　　編 ― 劉靜芬

責任編輯 ― 宋肇昌

封面設計 ― P．Design視覺企劃

出 版 者 ― 五南圖書出版股份有限公司

地　　　址：106台北市大安區和平東路二段339號4樓

電　　　話：(02)2705-5066　　傳　　真：(02)2706-6100

網　　　址：http://www.wunan.com.tw

電子郵件：wunan@wunan.com.tw

劃撥帳號：01068953

戶　　　名：五南圖書出版股份有限公司

台中市駐區辦公室/台中市中區中山路6號

電　　　話：(04)2223-0891　　傳　　真：(04)2223-3549

高雄市駐區辦公室/高雄市新興區中山一路290號

電　　　話：(07)2358-702　　傳　　真：(07)2350-236

法律顧問　林勝安律師事務所　林勝安律師

出版日期　2014年6月二版一刷

定　　　價　新臺幣400元